Leonardo da Vinci gilt als die perfekte Verkörperung des *uomo universale* der Renaissance, als herausragender Repräsentant einer widersprüchlichen Epoche. Seine Faszination ist bis heute ungebrochen.

Immer wieder wurden Versuche unternommen, sein Werk auf dem jeweils neuesten Stand der Reproduktionstechnik zu dokumentieren und in opulenten Folianten zu präsentieren. Dabei vertiefte und verstieg man sich allerdings in immer speziellere Detailfragen, in Zuschreibungen und Abschreibungen, in Umdeutungen und Mystifizierungen.

Boris von Brauchitsch sichtet anlässlich des 500. Todestags Leonardos den aktuellen Stand der Forschung, filtert bemerkenswerte Thesen heraus und fasst dies alles in einer handlichen und überschaubaren Biographie zusammen, die ebenso prägnant wie differenziert dessen Werdegang und seine Bedeutung als Künstler und Forscher auf den Punkt bringt.

Boris von Brauchitsch, geboren 1963 in Aachen, studierte Kunstgeschichte in Frankfurt a. M., Bonn und Berlin und promovierte über Fotografiegeschichte. In seinen Biographien fokussiert er herausragende Künstlerpersönlichkeiten (Caravaggio, Michelangelo, Gabriele Münter u.a.) und legt in seinen Schriften besonderes Augenmerk auf die Geschichte der Fotografie und der klassischen Moderne. Er arbeitet als Kurator, Autor und Fotograf und lebt in Berlin.

insel taschenbuch 4703
Boris von Brauchitsch
Das Leben des Leonardo da Vinci

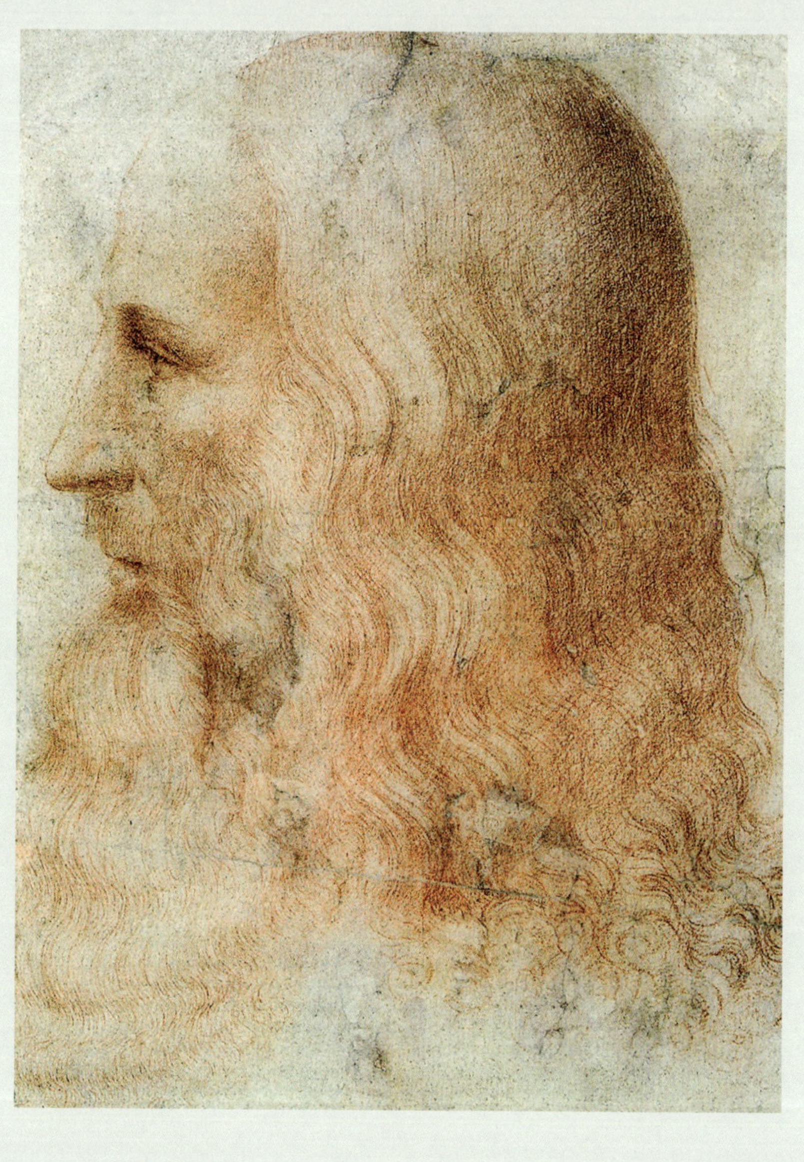

BORIS VON BRAUCHITSCH

DAS LEBEN DES LEONARDO DA VINCI

Eine Biographie

INSEL VERLAG

Abb. 1, Seite 4: Porträt Leonardos von der Hand eines seiner Mitarbeiter (Francesco Melzi?), 1515-18, Royal Library, Windsor Castle

Erste Auflage 2019
insel taschenbuch 4703
Originalausgabe

Quellennachweise zu dieser Ausgabe am Schluss des Bandes

Vertrieb durch den Suhrkamp Taschenbuch Verlag
Umschlag: Rothfos & Gabler, Hamburg
Umschlagabbildung: Leonardo da Vinci, Studie eines
nackten Mannes in Frontalansicht, 1504-06
Foto: Bridgeman Images, Berlin
Druck: CPI – Ebner & Spiegel, Ulm
Printed in Germany
ISBN 978-3-458-36403-0

INHALT

MENSCH UND MYTHOS

Leonardo da Vinci gilt als die perfekte Verkörperung des *uomo universale* der Renaissance, als herausragender Repräsentant einer widersprüchlichen Epoche voller Entdeckungen, beflügelt von dem Wunsch einer Verschmelzung und Versöhnung zwischen antikem Gedankengut und christlich geprägter Gegenwart. Überkommenes Wissen infrage zu stellen und die Welt neu zu denken schienen dafür die Voraussetzungen, doch wie stets bei neuen Impulsen gab es auch hier starke Gegenströmungen, die das freie Denken zu beschneiden suchten und in Absolutismus und Inquisition gipfelten.

Neugierig forschend, handwerklich geschult und physisch attraktiv, setzte sich Leonardo exzentrisch über Traditionen und Bildungskonventionen hinweg, skizzierte lieber mechanische Geräte und Strömungen des Wassers, als Latein oder die Grundrechenarten zu lernen, und entwickelte zugleich einen eigenwilligen Umgang mit den Mächtigen seiner Zeit.

Wollte man Technik, Anatomie, Malerei, Naturstudien, Philosophie, Design, Musik, Skulptur, Literatur und Architektur im Werk Leonardos auseinanderdividieren, so würde man ihm Unrecht tun, denn niemand beschäftigte sich umfassender mit all diesen Gebieten zugleich, und niemand bezog sie experimenteller aufeinander. Im Selbstverständnis Leonardos waren all jene Gebiete jedoch lediglich Facetten eines echten Künstlers, der »universal« zu sein hatte, um seinem Status als göttlicher Schöpfer gerecht zu werden. Überall harrten Aufgaben, die gelöst werden wollten: von den Dekorationen für eine Hochzeit bis zum Transport eines ganzen Sakralbaus, vom Helikopter bis zur Quadratur des Kreises.

Gelegentlich forschte er mit Erfolg, oft jedoch auch mit durchschlagendem Misserfolg. Ergebnisorientiert war seine Arbeit nicht, weshalb man Leonardo auch als großen Gescheiterten betrachten könnte.

So ist auch das, was von Leonardos malerischem Werk geblieben ist, überschaubar. Und dennoch lebt er im Bewusstsein der Nachwelt vor allem als Maler fort, als Schöpfer der zwei – zu Recht oder zu Unrecht – berühmtesten Bilder der Kunstgeschichte, des *Letzten Abendmahls* in Mailand und der *Mona Lisa* in Paris. Einigermaßen unstrittig zugeschrieben werden ihm zudem eine Handvoll Madonnen, zwei Heiligenbilder und ein halbes Dutzend Porträts. Ferner existieren neben zahlreichen anatomischen und technischen Zeichnungen noch zwei gezeichnete Porträts und der Karton für eine *Anna Selbdritt*, ausgeführt in Kreide auf Papier. Viel ist das nicht, aber es genügte, um seinen Mythos zu begründen und zu den wildesten Spekulationen und Verschwörungstheorien einzuladen.

Der überwiegende Teil seiner Zeichnungen belegt Leonardos unstillbaren Forscherdrang und seine ununterbrochene Selbstvergewisserung. Zeichnend lernen und verstehen, das war von jungen Jahren an eine seiner wesentlichen Strategien zur Aneignung der Welt. Dabei ist das besondere Charakteristikum von Leonardos Persönlichkeit seine Offenheit und Unvoreingenommenheit gegenüber allen Phänomenen und Stilen. Seine Talente waren vielfältiger als die Raffaels, seine künstlerischen Urteile weniger apodiktisch als die Michelangelos (1475-1564). Für ihn war es kein Widerspruch, die detailverliebte Manier Jan van Eycks (ca. 1390-1441) zu bewundern und zugleich das Studium der römischen Antike zu empfehlen.

Sein Schaffen hat in seiner Universalität daher auch etwas Verbindendes. Leonardo ist, wie kein anderer Italiener der Renaissance, ein internationaler Künstler. Und über niemanden gibt es mehr Literatur. Die Lawine von Ab- und Zuschreibungen, von Neubewertungen und

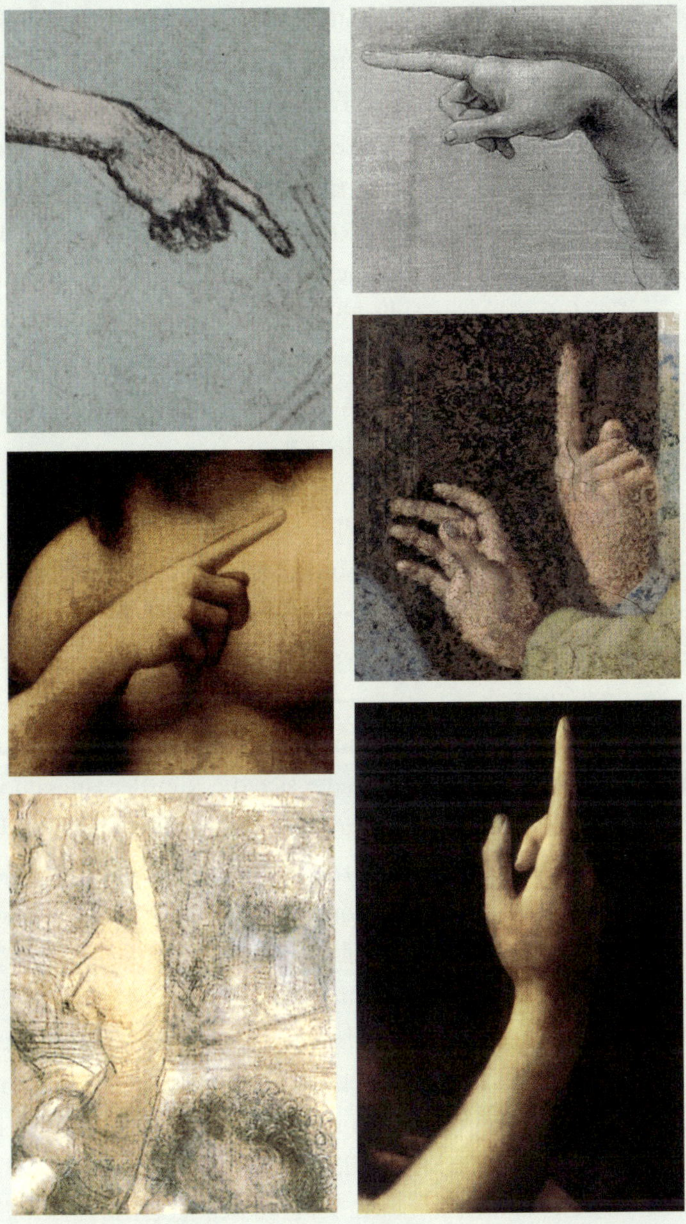

Abb. 2: Bedeutungsvolles Deuten – eine typische Leonardo-Geste

Entdeckungen, Mystifizierungen und Enträtselungen kommt nicht zum Stillstand und füllt Abertausende von Bänden aller Genres, vom wissenschaftlichen Essay bis zum Trivialroman.

Legendenbildung ist ein fester Bestandteil seiner Vita. Keinen anderen Künstler umranken derart skurrile Anekdoten und Phantasien über nächtliche Grabungen auf Friedhöfen, verschlüsselte Botschaften in Gemälden, sexuelle Absonderlichkeiten und alchemistische Experimente. Die Informationen, die über sein Leben in Dokumenten der Zeit erhalten blieben, sind jedoch gar nicht so rar, als dass man sie derart ausschmücken müsste, wie das zahllose Biographen und Romanciers immer wieder lustvoll getan haben.

Leonardo war allerdings – wie auch sein berühmtester Konkurrent Michelangelo – tatkräftig an der Bildung seines eigenen Mythos beteiligt, und spätestens seit den Lebensbeschreibungen der bedeutendsten Künstler der Renaissance, die Giorgio Vasari (1511-1574) 1550 publizierte, haben beide ihren Platz im Olymp der Kunst, auf dem sie seither allen Stürmen trotzen.

Vasari gliedert die Renaissance in drei Abschnitte, in eine mit Cimabue beginnende Kindheit, in der sich die Künstler langsam von Goldgrund und Gotik verabschieden und erste Naturstudien betreiben, in eine Jugend, in der sie die Regeln und Ordnungen der Antike erkunden, die Körper in richtigen Proportionen darstellen und die Linearperspektive perfektionieren, und schließlich in eine Epoche der Reife, an deren Anfang er Leonardo stellt, durch dessen Werk erst die Fehler offensichtlich wurden, die alle Künstler vor ihm – namentlich Francesco Francia (1447-1517) und Perugino (1445/48-1523) – noch immer gemacht hätten.[1] »Außer der Kraft und Kühnheit der Zeichnung, und außer einer gewissenhaften Nachahmung der geringsten Kleinigkeiten bis zur vollkommensten Naturtreue, brachte er gute Regel, bessere Anordnung, richtiges Maaß, vollkommene Zeichnung und überirdische Anmuth in die Kunst, und indem er sie mit den mannichfaltigsten Studien und tiefer Erkenntnis übte, hauchte er in Wahrheit seinen Gestalten Athem und Leben ein.«[2]

Als Meister der Künstlerlegende skizziert Vasari auch Leonardo durch eine Reihe von Anekdoten, die, ob wahr oder nicht, oftmals weit mehr Auskunft über dessen Persönlichkeit zu geben vermögen als sachliche Berichterstattung. Naturverbundenheit und das Bedürfnis nach Autonomie liegen Leonardos gesamtem Schaffen zugrunde, und daher, so Vasari, geschah es oft, dass er Vögel, die auf dem Markt angeboten wurden, freikaufte. Er nahm sie »aus dem Käfig, zahlte den geforderten Preis und ließ sie davon fliegen, um ihnen die verlorene Freiheit wieder zu geben«[3]. Quasi im Gegenzug war ihm die Natur so wohlgesonnen, dass sie ihm in der Darstellung des Lebendigen göttliche Begabung schenkte.

Das zeigte sich bereits in seinem ersten dokumentierten Werk, der Mitarbeit an der *Taufe Christi* seines Lehrers Andrea del Verrocchio (1435/36-1488). »Lionardo malte darin einen Engel, der einige Gewänder hält; obwohl sehr jung noch, führte er doch diese Gestalt so vollkommen zu Ende, daß sie ein besseres Ansehen gewann als die Figuren seines Meisters, und Andrea ungeduldig, daß ein Kind mehr wisse wie er, mochte von der Zeit an nicht mehr mit Farben umgehen.«[4] Verrocchio war zweifellos pragmatisch genug, auch weiterhin Malereiaufträge anzunehmen, und davon zeugt auch eine Reihe von Gemälden, aber dass auch er – und er zweifellos als Erster – die besondere Begabung des Schülers erkannt hat, mit dem er gut zehn Jahre zusammenarbeitete, dürfte außer Frage stehen. Es ist immer wieder vermutet worden, dass Verrocchio die besondere Sensibilität Leonardos für Natur- und Landschaftsdarstellung nutzte, um bei der üblichen Arbeitsteilung des Werkstattbetriebs die Hintergründe von Gemälden durch ihn ausführen zu lassen[5], und kein anderer Zeitgenosse sollte im Laufe seines Lebens so

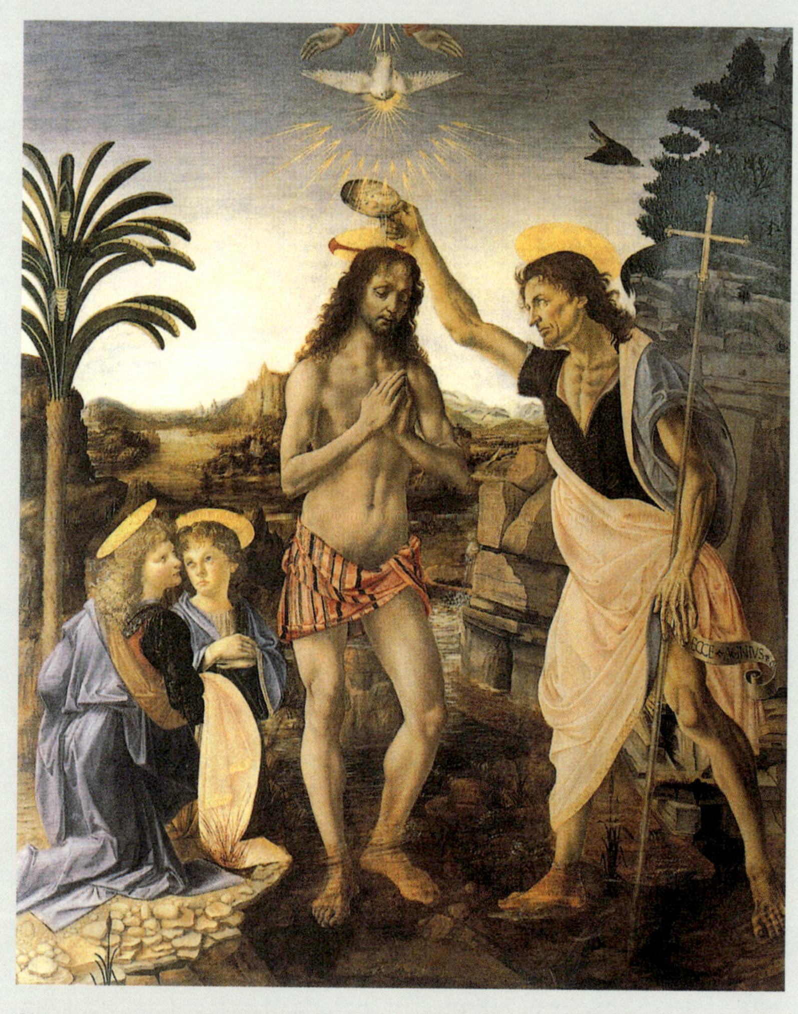

Abb. 3: Andrea Verrocchio: *Taufe Christi*, 1475, Uffizien, Florenz

ausführlich und präzise auch in schriftlicher Form die Darstellung von Bäumen und Gräsern, Zweigen und Blättern, ihre Transparenz und farbliche Wirkung in unterschiedlicher Beleuchtung beschreiben wie Leonardo.

Sein Biograph Kurt Eissler spricht immer wieder vom Ehrgeiz des Künstlers Leonardo[6], doch war weit eher seine bohrende und unstillbare Neugier die elementare Triebfeder seines Schaffens, die die Bereitschaft implizierte, sich jenseits gesellschaftlicher Normen zu stellen. Respektbezeugungen und das Lob seiner Mitmenschen waren für ihn meist nebensächlich, und so erschien er manchem als kauzig und verschroben. Die Tatsache etwa, dass er Vegetarier war, betrachtete der Indien-Reisende Andrea Carsali offenbar als derartige Marotte, dass er sich angesichts eigentümlicher Verhaltensweisen in der Fremde an den Künstler in der Heimat erinnert fühlte: »Bestimmte Ungläubige, Guzzarati genannt, essen nichts was Blut enthält und erlauben nicht, daß bei ihnen einem Lebewesen Schaden zugefügt wird, ganz so, wie unser Leonardo da Vinci.«[7]

Mythos und Anekdote sind längst untrennbar Teil der Leonardo-Rezeption geworden, und seine unvollendeten, seine verschwindenden und verschwundenen Werke, die *Anbetung der Könige*, das *Letzte Abendmahl* oder die *Schlacht von Anghiari*, sind fast so berühmt wie seine *Mona Lisa*. Seine Wahrheitssuche und sein Misstrauen gegenüber dem Althergebrachten ließen ihn ausgetretene Pfade bewusst vermeiden. Das hat eine gradlinige Karriere verhindert und führte dazu, dass Leonardo, trotz weltmännischen Auftretens und überragenden Talents als Entertainer, der wurzellose Außenstehende blieb, der sich selbst das Leben schwermachte.

Ein unbequemer Aspekt seiner Persönlichkeit war zweifellos seine Skepsis gegenüber der christlichen Religion und ihrer maßgeblichen Rolle bei der Vernichtung des antiken Erbes. In dieser Hinsicht ist er allerdings keineswegs der erste kritische Renaissancegeist. Bereits zu der Zeit, als Leonardo geboren wurde, beklagte der Bildhauer Lorenzo Ghiberti (ca. 1378-1455) in Kommentaren zur Kunstgeschichte nicht etwa die Christenverfolgung durch die Römer, sondern die Verfolgung der »Götzendienerei« durch die Christen. »Der Götzendienst litt viele Verfolgung, all so, daß alle Bildsäulen und Gemälde zerstört und verstümmelt wurden, trotz großen Adels, ehrwürdigen Alters und hoher Kunstvollkommenheit. Zugleich gingen auch die Schriften und Lehrbücher zugrunde, so die Regeln und Gesetze enthielten, daraus man über so hohe und edle Künste Belehrung und Anleitung schöpfen konnte.«[8]

Das Christentum, so erklärt Ghiberti unumwunden, habe den Künsten Schaden zugefügt, und es habe rund tausend Jahre bis zu Giotto (1267-1337) gedauert, bis ein hoffnungsvoller Neuanfang hätte gemacht werden können. Bei aller christlichen Thematik, mit der sich Künstler tagaus, tagein in ihrem Werk befassen mussten, schwingt hier doch ein Hauch von Misstrauen mit, der geradezu prophetische Züge trägt, denn nur ein knappes Jahrhundert später sollte sich der Bildersturm wiederholen und das Ende der Renaissance einläuten.

Luther brachte seine fünfundneunzig Thesen zwei Jahre vor Leonardos Tod in Umlauf. Der Unmut gegenüber dem Gebaren der Päpste gärte zu diesem Zeitpunkt zwar bereits seit gut einem halben Jahrhundert und fand mächtige Unterstützer, aber die Eskalation des Konflikts innerhalb der Kirche und die dramatischen Folgen für die Geistesfreiheit und die Künste sollte Leonardo nicht mehr erleben. Auf die Renaissance, die Wiedergeburt der Antike, folgte die Reformation, die Wiederherstellung des Glaubens. Ein Vorbote der Zerstörung und Zensur, die das 16. Jahrhundert auf reformatorischer wie katholischer Seite prägten, ist zweifellos Girolamo Savonarola (1452-1498), der bezeichnenderweise die Macht in der Geburtsstadt der Renaissance an sich ziehen

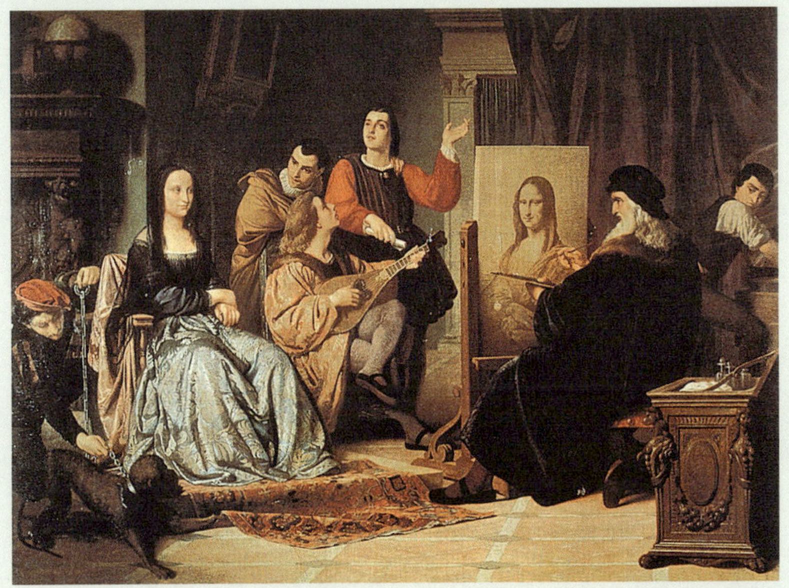

Abb. 4: Cesare Maccari: *Leonardo malt die Gioconda*, 1863, Soprintendenza per i Beni Artistici e Storici, Siena

konnte und erst durch päpstliche Intervention sein Ende fand. Es war für jeden Willigen leicht zu erkennen, dass Religion lediglich als Vehikel für Strategien der Geld- und Machtvermehrung diente. So erfüllte auch Leonardo ein tiefer Argwohn gegenüber den Beweggründen der Menschen, ihrer Unersättlichkeit und ihrem Aberglauben, der ihn durch sein gesamtes Leben begleitete. In zahlreichen Studien, Traktaten und Empfehlungen, etwa zum Studium der Antike, formulierte er seine Erkenntnisse und Zweifel. Neben den wissenschaftlichen Werken finden sich Fabeln, Aphorismen, Rezepte, Tagebuchaufzeichnungen, Allegorien und Briefe. Und auch eine Literaturliste von insgesamt siebenunddreißig Büchern – die vermutlich jene Werke aufführt, die sich in der Bibliothek Leonardos befanden – offenbart, dass christlicher Erbauungsliteratur nicht sein Hauptinteresse galt. Unter anderem finden sich hier Autoren wie Plato, Plotin, Aristoteles, Herodot und Plinius, außerdem Schriften des Universalgelehrten und Kirchenlehrers Albertus Magnus (ca. 1200-1280), des spirituellen Lehrmeisters Amadio Mendes da Silva (1420-1482), des Architekturtheoretikers Leon Battista Alberti (1404-1472) und Werke des befreundeten Mathematikers Luca Pacioli (ca. 1447-1517).

Es war Leonardo ein Bedürfnis, an die Antike anzuknüpfen und seinen Beitrag zu leisten, um jenen Verlust an Wissen, den bereits Ghiberti beklagte, wettzumachen. Er lebte dabei in der widersprüchlichen Situation, seine technischen Erkenntnisse Despoten andienen zu müssen und seine auf naturwissenschaftlichen Beobachtungen fußende Kunst in den Dienst einer Religion zu stellen, die an Aufklärung wenig Interesse bekundete.

KINDHEIT IN VINCI
(1452-1469)

Geboren wurde Leonardo am 15. April 1452 in Vinci, knapp dreißig Kilometer westlich von Florenz. Seine Mutter Catarina (ca. 1427-ca. 1495) war ein Bauernmädchen, das im Jahr nach der unehelichen Geburt ihres ersten Sohnes Leonardo den Accattabriga di Piero del Vacca da Vinci heiratete. Dessen eigenwilliger Vorname klingt sehr nach einem Schreibfehler, der sich irgendwann eingeschlichen hat und repetiert wurde. Es darf vermutet werden, dass der Gatte von Leonardos Mutter eigentlich Attaccabriga (»der Streitsüchtige«) hieß, was darauf hindeutet, dass er seinen Vornamen nicht bei der Taufe bekommen, sondern durch sein Temperament erworben hat. Catarina und Leonardos Stiefvater lebten zusammen auf einem Bauernhof in Anchiano, der der Familie von Leonardos leiblichem Vater, einem Juristen namens Ser Piero d'Antonio di Ser Piero di Ser Guido da Vinci (1426/27-1504), gehörte. Zwei Jahre nach Leonardos Geburt, 1454, wurde hier seine Halbschwester Piera geboren, der noch weitere drei Töchter und ein Sohn folgen sollten. Leonardo selbst war im Haus seiner Großeltern väterlicherseits, Lucia und Antonio di Piero di Guido da Vinci, zur Welt gekommen und verbrachte dort einen Großteil seiner Kindheit.

Dass die uneheliche Geburt in jenen Tagen für Adlige kein größeres Problem darstellte und ihren Karrieren nicht hinderlich war, lässt sich an einer ganzen Reihe von Biographien des 15. Jahrhunderts nachverfolgen, etwa der Cesare Borgias oder Giulio di Giuliano de' Medicis, der als Clemens VII. sogar den Papstthron besteigen konnte. Das galt jedoch nur sehr eingeschränkt für Menschen mit einer »bassa fortuna« – wie Giorgio Vasari die einfache Herkunft nennt.[9] Das »niedere Glück«, das landläufig auch als Armut übersetzt wird, traf Leonardo nicht in voller Härte, immerhin war er Sohn eines Rechtsanwalts, aber sein sozialer Stand hätte es ihm dennoch verwehrt, als »Bastard« beispielsweise den Beruf seines Vaters zu ergreifen.[10]

Die Familienverhältnisse Leonardos als komplex zu beschreiben scheint noch untertrieben, denn er hatte vier Stiefmütter, zwei davon jünger als er selbst, dazu mindestens dreiundzwanzig Halbgeschwister, und er wuchs in der Obhut seiner Großeltern väterlicherseits auf.

Es spricht einiges dafür, dass Leonardo bei den Großeltern auf dem Land eine gute Kindheit verbrachte. Im Haus lebte auch sein fünfzehn Jahre älterer Onkel Francesco, der auf seine Weise ein Außenseiter war, da er sich einer Karriere verweigerte, wie sie sein Bruder eingeschlagen hatte. Leonardo fühlte sich ihm lebenslang verbunden und wurde von ihm auch als Alleinerbe eingesetzt. Gegen den Widerstand von Leonardos Halbgeschwistern, die ihn in einen Prozess verwickelten, bekam er nach Francescos Tod das lebenslange Nutzungsrecht für dessen Güter übertragen. Man darf annehmen, dass die Beharrlichkeit Leonardos weniger im Wert der Hinterlassenschaft begründet war als vielmehr im Bedürfnis, dem Wunsch des Onkels zu entsprechen und der versuchten Deklassierung durch seine Familie aufgrund seiner unehelichen Geburt mit Nachdruck entgegenzutreten.

Sein Großvater Antonio starb 1469 im Alter von sechsundneunzig Jahren. Leonardo kam daraufhin nach Florenz, wo sein Vater ein Haus in der Via delle Prestanze (heute Via de' Gondi) in unmittelbarer Nähe zur Piazza della Signoria gemietet hatte und dort eine Kanzlei betrieb. Zwischen 1457 und seinem Tod zog Piero fünfmal innerhalb von Florenz um und war viel für die Benediktiner tätig, die ihn in ihrem Totenbuch, dem *Libro dei defunti*, als »nostro notaio« bezeichneten.[11] Bereits vor Leonardos Geburt hatte er seine Laufbahn als Notar eingeschlagen und wurde schon 1451 in Vinci nicht mehr in den Steuerlisten

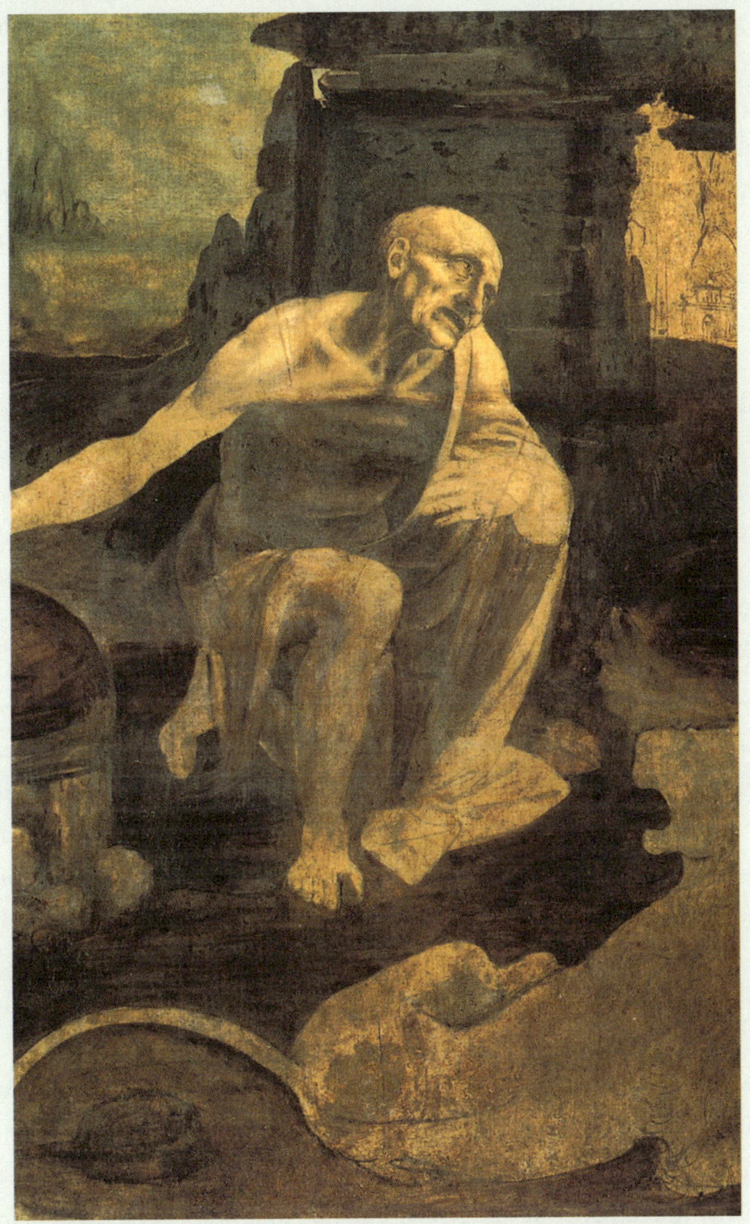

Abb. 5: Leonardo: *Hieronymus*, um 1482, Vatikanische Museen, Rom

geführt. Da er in Florenz auch für die Regierung tätig war und im Jahr nach Leonardos Geburt ein Mädchen aus einer angesehenen Florentiner Familie, Albiera di Giovanni di Zanobi Amadori (ca. 1436-1464), heiratete, kann davon ausgegangen werden, dass ihn sein Sohn bis zu seinem siebzehnten Lebensjahr nicht viel zu sehen bekam. Albiera gebar 1463 eine Tochter, die nur wenige Wochen alt wurde, und starb im folgenden Jahr im Kindbett. Als Leonardo in Florenz eintraf, war sein Vater bereits ein zweites Mal verheiratet – mit Francesca di Ser Giuliano Lanfredi (1449-1474), einer Frau, die gerade einmal drei Jahre älter war als Leonardo selbst.

In Florenz erwartete ihn ein vor Selbstbewusstsein und Patriotismus strotzender urbaner Organismus. Die vitale Stadt mit ihren rund achtzigtausend Einwohnern befand sich in ökonomischem Aufschwung, handelte mit Wolle aus England und Seide aus Fernost, ihre Märkte florierten, und ihre Zünfte übernahmen im Geiste einer prädemokratischen Zivilgesellschaft elementare Aufgaben bei der Organisation des Zusammenlebens. Neun gewählte Vertreter der Zünfte stellten die Signoria, die Stadtregierung, deren Vorsitz ein Gonfaloniere (»Bannerträger«) innehatte, der Staatschef und Oberkommandierender der Streitkräfte in einem war. Längst waren die überkommenen und scheinbar gottgegebenen Strukturen einer rationalen und säkularen Zivilisation gewichen, in der zusehends das Geld regierte.

Als Leonardo ankam, bestimmte bereits die Bankiersfamilie der Medici im Wesentlichen die Geschicke der Stadt, so dass sich im Untergrund, unter der prunkvollen Oberfläche eines florierenden Gemeinwesens, eine Opposition manifestierte, die auch vor Gewalt nicht zurückschrecken sollte. Doch bevor er sich mit den politischen Strukturen auseinandersetzen konnte, musste er sich im Haus seines Vaters und seiner jungen Stiefmutter zurechtfinden. Noch war Leonardo der einzige lebende Nachkomme, denn Francesca blieb kinderlos. Dessen ungeachtet hatte sich Piero bislang kaum eingehender um seinen Sohn gekümmert. Das beruhte wohl eher auf Pieros karriereorientiertem und arbeitsreichem Leben als auf Bedenken, seine gesellschaftliche Reputation könne unter der Tatsache leiden, in jungen Jahren ein uneheliches Kind gezeugt zu haben.

Für den siebzehnjährigen Leonardo begann in Florenz ein ganz neuer Lebensabschnitt. Piero mag sich die Frage gestellt haben, was mit diesem Landjungen anzufangen sei, der begonnen hatte, sich für Kunst zu interessieren. Ratsuchend legte er dem Bildhauer und Maler Andrea del Verrocchio Zeichnungen seines Sohns vor[12], die den gestandenen Künstler überzeugten. So begann, gerade aus dem Dorf ins Herz der Metropole versetzt, Leonardo tatsächlich noch im Jahr des Umzugs eine Lehre in der Werkstatt Verrocchios. Im florierenden und durch die Medici geförderten Betrieb des handwerklich exquisit arbeitenden Meisters lernte der wissbegierige Leonardo die Techniken der Zeichnung, der Malerei, des Bronzegusses, vielleicht auch der Herstellung von Festdekorationen kennen, wie sie für Prunkumzüge der Medici und zu Ehren aristokratischer Gäste der Stadt, etwa anlässlich des Besuchs des Mailänder Herzogs Galeazzo Maria Sforza im Frühjahr 1471, erdacht wurden. In Verrocchios Werkstatt wurde Leonardo auch Zeuge der Vergoldung und Installation der Kugel auf der Laternenspitze der Florentiner Domkuppel, eine technische Herausforderung, die der Schüler fasziniert verfolgte.

Glaubt man dem Biographen Vasari, ließ sich der hochbegabte Leonardo vor der Ausbildung zum Künstler ein wenig treiben und versuchte sich auf unterschiedlichstem Terrain, machte »in der Rechenkunst in wenigen Monaten reißende Fortschritte, und trug seinem Meister so vielfache Zweifel und Einwendungen vor, daß er ihn in Verwirrung setzte. Auch die Musik begann er zu studieren, entschloß sich aber bald das Lautenspiel zu lernen, und da sein Sinn erhaben und voll der schönsten Gedanken war, improvisierte er zu diesem Instrument wunderbar schöne Gesänge. Wiewohl er so vielerlei Dinge trieb, unterließ er es doch nicht zu zeichnen und erhabene Arbeiten zu verfertigen.«[13]

FLORENTINER VERHÄLTNISSE
(1469-1478)

Nach nur drei Lehrjahren entrichtete Leonardo 1472 als Mitglied der Lukasbruderschaft, der Zunft der Maler, bereits Beiträge, durfte damit auch selbstständig Aufträge annehmen, arbeitete aber weiterhin als Geselle bei Verrocchio. Die enge Bindung findet Ausdruck im Werkstattstil *à la Verrocchio* und macht es Kunsthistorikern von jeher schwer, einzelne Madonnenbilder jener Jahre zweifelsfrei Leonardo zuzuschreiben. Nicht zuletzt, weil auch Lorenzo di Credi (ca. 1459-1537), der engste Vertraute und spätere Erbe Verrocchios, immer wieder tätig wurde, wenn es galt, die starke Madonnen-Nachfrage zu befriedigen.

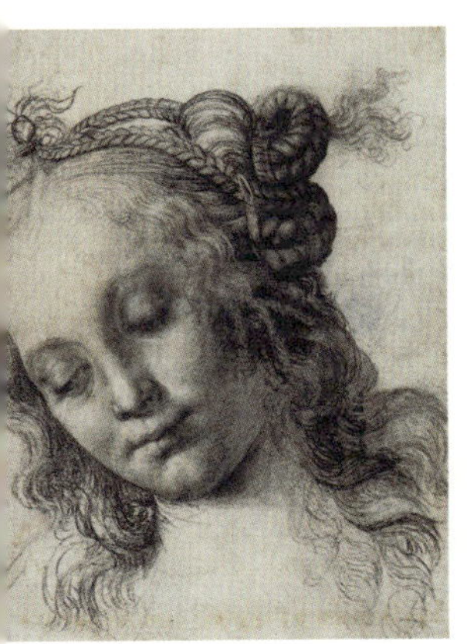
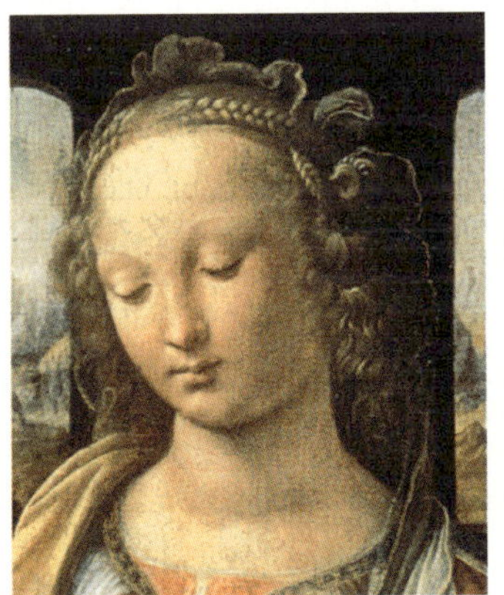
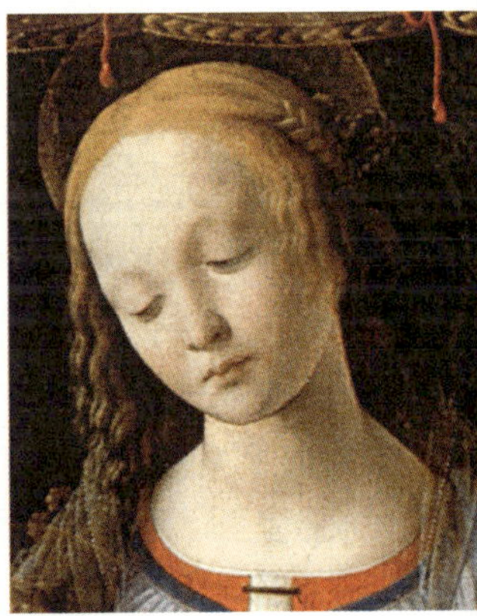

Abb. 6: Andrea Verrocchio: *Kopf einer Frau*, ca. 1475, British Museum, London; Leonardo da Vinci, *Madonna mit der Nelke*, 1473-78, Alte Pinakothek, München; Lorenzo di Credi: 1490-1500, *Madonna mit Kind*, Getty Museum, Los Angeles

Als Maler brachte Leonardo es »in der Durchsichtigkeit und im Schmelz der Farben zur höchsten Meisterschaft, die es ihm ermöglichte, jene unendliche Vollendung der Modellierung und jenes zauberhafte Helldunkel zu erzielen, das nur seinen Bilden eigen ist«, schrieb der Kunsthistoriker Jacob Burckhardt 1884.[14] Daran darf getrost gezweifelt werden, denn wie es um diese Einzigartigkeit wirklich bestellt ist und wie andere Künstler der Zeit und der Nachwelt bestrebt waren, zu ähnlichen Ergebnissen wie Leonardo zu kommen, zeigt die Tatsache, dass es unter den Madonnenbildern und Frauenbildnissen, die mit Leonardo in Verbindung gebracht werden, nur eines, die *Mona Lisa*, gibt, das ihm nicht irgendwann einmal von Kunsthistorikern abgeschrieben worden wäre. Im Gegenzug existieren zahlreiche Gemälde Verrocchios, in denen Details auf Leonardo hinzuweisen scheinen, und auch der Name des Kollegen Lorenzo di Credi darf keineswegs unter den Tisch fallen, wenn es um den Stil geht, der die bedeutendste Florentiner Werkstatt der 1470er Jahre auszeichnete.

Dass Leonardo nicht aus dem Nichts heraus schuf, sondern auch Schüler seines Lehrers war, belegen bald schon seine Pferdefaszination, seine Ambitionen, ein Reitermonument zu schaffen, und seine Studien von Körperspannungen als Ausdruck seelischer Befindlichkeit. Und selbstverständlich seine Porträts. Vasari sammelte Zeichnungen von Künstlern der Renaissance, darunter auch von Verrocchio, »einige weibliche Köpfe mit schönen Gesichtszügen und gefälligem Haarschmuck, welche Leonardo da Vinci um seiner Anmuth willen stets nachahmte«.[15] Auffällig, wenn auch wenig überraschend, ist in der Tat die Ähnlichkeit zwischen einer Reihe von Zeichnungen Verrocchios (British Museum, London; Louvre, Paris; Staatliche Museen, Berlin) und vor allem den frühen Madonnen, die Leonardo gern zugeschrieben werden, die aber noch in der Werkstatt des Lehrers entstanden und von denen Jacob Burckhardt meint, sie seien »zum Theil naiv bis ins Genrehafte«.[16]

Dazu zählt auch die *Verkündigung* (Uffizien, Florenz), die erste größere Tafel Leonardos, die den Erzengel Gabriel mit leicht gesenktem Haupt, mit erhobener Hand und weißer Lilie zeigt, wie er Maria ihren neuen Status als Auserwählte Gottes verkündet. Sie, unterbrochen bei der Lektüre eines Folianten, der auf einem üppig verzierten Steinpult ruht, reagiert mit dem leisen Anflug eines Lächelns und einer Geste im Schwebezustand zwischen Gruß, Überraschung und Abwehr. Dabei blickt der Engel nicht auf sie herab, er ist nicht einmal mit ihr auf Augenhöhe, sondern scheint sich vor ihr zu verneigen und sie sensibel, ja geradezu demütig auf ihre neue Rolle vorzubereiten. Eine bei diesem Sujet ungewohnte Geste des Respekts. Maria hat, entgegen üblicher Darstellungen, die die Szene in einem Innenraum, der den Frauen gebührenden Sphäre, ansiedeln, ihre Lektüre nach draußen, in einen ummauerten Garten verlegt. Sie sitzt auf einer Art gefliester Terrasse vor einem stattlichen Haus, der Engel als natürlicher Gottesbote oder göttlicher Bote der Natur – was im Denken Leonardos keinen wirklichen Unterschied macht – kniet vor ihr auf der Wiese. Seine Erscheinung ist ebenso materiell wie die seines Gegenübers, selbst die Flügel sind gefiederte Vogelschwingen, die sich, rechtwinklig nach hinten abgespreizt, hell vor den Silhouetten filigraner Bäume abheben. In der Ferne, hinter einer niedrigen, aber massiven Mauer und der Baumreihe, verliert sich eine ebenso zarte wie imposante Landschaft aus schroffem Gebirge und einer wehrhaften Hafenstadt im Dunst.

Kurz nachdem Leonardo in die Werkstatt Verrocchios eintrat, starb Piero de' Medici, der in Nachfolge seines Vaters Cosimo il Vecchio für wenige Jahre über die Stadt geherrscht hatte. Schwer gezeichnet von der Gicht, hatte er schon zwei Jahre zuvor, 1467, die Geschäfte seinem Sohn Lorenzo il Magnifico übertragen, der für ihn (und seinen bereits 1463 verstorbenen Onkel Giovanni) ein würdiges Grabmal in Auftrag gab. Verrocchio schuf dafür einen Sarkophag aus rotem und grünem Porphyr, dem Stein der Könige, verziert mit Bronzeapplikationen.

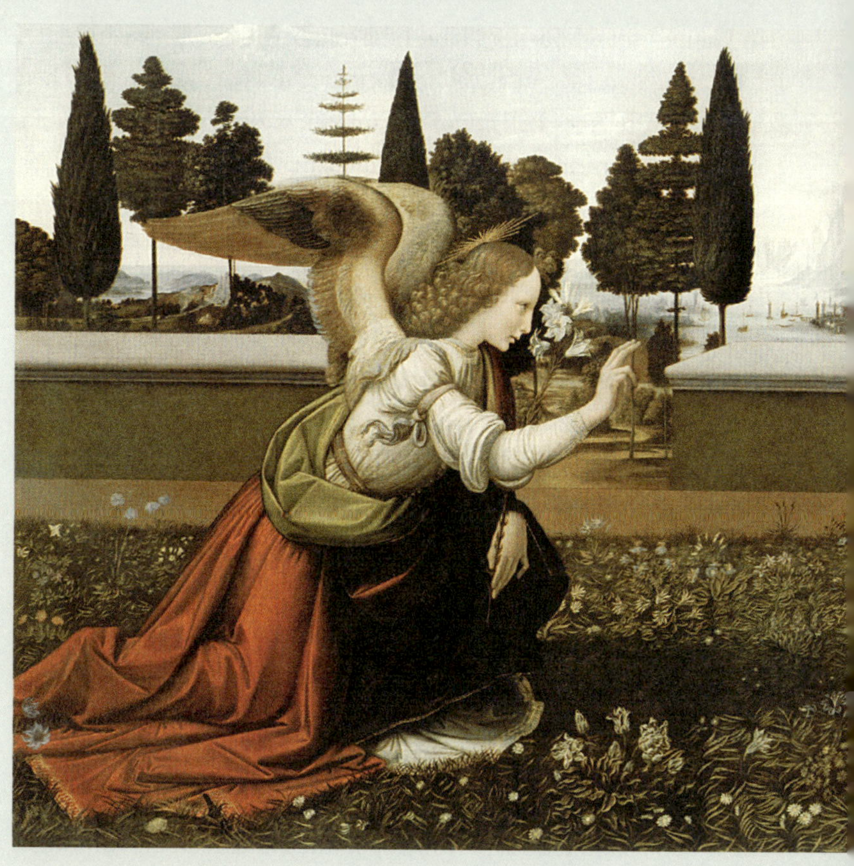

Abb. 7: Leonardo: *Verkündigung*, 1472-75, Uffizien, Florenz

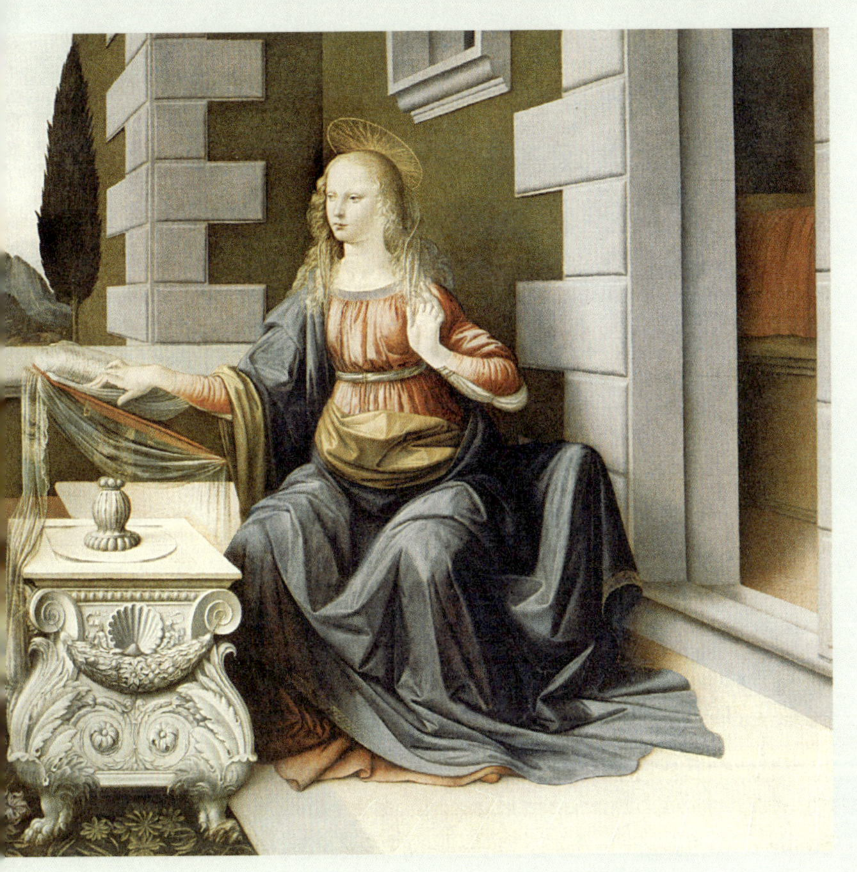

1472 wurde das Grab in der alten Sakristei von San Lorenzo fertig, und Vasari beglaubigt, dass »weder in Ceselir- noch in Gußarbeit Besseres zu leisten wäre«.[17] Leonardos *Verkündigung* fällt in diese Zeit, und der junge Künstler bediente sich offenbar, als er das Pult der Maria malte, Entwurfszeichnungen, die für den Sarkophag entstanden waren. Eine Verbeugung vor seinem Meister, aber auch Exempel dafür, was die Malerei zu leisten imstande ist, denn das Sarkophag-Pult steht im Bild auf einer saftigen Wiese voller Kräuter und Blumen, und über dem kalten und harten Marmor hängt ein zarter Schleier, wie ihn die Bildhauerei so kaum hätte darstellen können. Und dennoch modelliert Leonardo auch bei diesem Werk mit einem »ganz eigenen, jugendfrischen Reiz«[18], als arbeite er in Ton – seine Fingerabdrücke sind in den Blättern des Festons noch deutlich zu erkennen.

Dass Leonardo viele Änderungen an Komposition und Figuren in allen Stadien der Entstehung vorgenommen hat, wird ihm zumeist als Unsicherheit ausgelegt, die seiner Unerfahrenheit geschuldet sei.[19] Es ist nicht von der Hand zu weisen, dass das Bild auch nach Fertigstellung noch immer einige Ungereimtheiten aufweist – etwa die Position der rechten, blätternden Hand Marias auf derselben Bildebene wie die linke Außenkante des Buchdeckels, während ihr Ellenbogen doch auf der viel weiter hinten befindlichen Armlehne ruht, oder die Draperie ihres Mantels über der Sessellehne, die wie ein drittes Bein wirkt, oder der seltsame Übergang des Hauses in die angrenzende Zypresse –, aber nach dem, was wir über Leonardos Kompositionsmethode wissen, lassen sich seine Korrekturen statt als Unsicherheit ebenso gut als Freiheit deuten, als Bereitschaft einer ständigen Revision seines Werkes, die sich der Maler lebenslang bei seiner Arbeit herausnahm.

Mit keinem Namen ist der Schritt von der Umrisszeichnung zur Oberflächengestaltung enger verknüpft als mit dem Leonardos. In seinen Ratschlägen für Künstler sollte er die Abgrenzung der Körper durch dunkle harte Linien kritisieren, doch auch die Körper selbst, so forderte er, mögen in ihrer Weichheit zur vollen Entfaltung kommen. Die Haut, vor allem die Haut junger Menschen, so Leonardo, ist ein geschmeidiges Material, dem man am ehesten gerecht wird, wenn es in gefiltertem Licht, unter einem Sonnensegel oder bei schlechtem Wetter gemalt wird. »Wenn es wolkig oder neblig ist, das ist die vollkommene Luft«, schreibt er[20], denn dann entspricht die Beleuchtung perfekt der Materie.

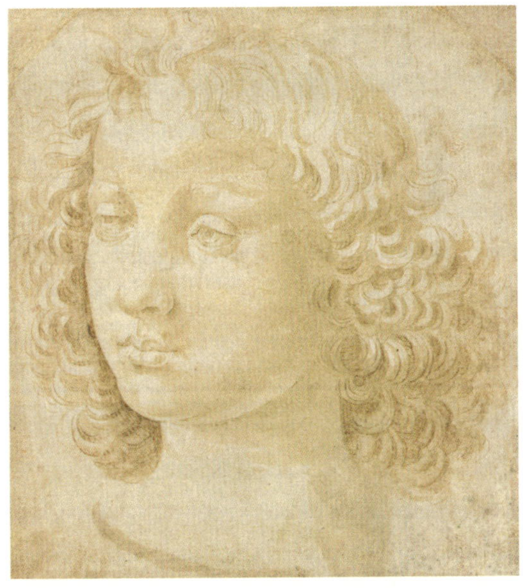

Abb. 8: Verrocchio-Werkstatt (Leonardo da Vinci?): *Kopf eines Jungen*, möglicherweise Studie für die Maria der *Verkündigung*, um 1475, Pierpont Morgan Library, New York

Die Sinnlichkeit des Fleisches hat Leonardo in bis dato nicht gekannter Naturnähe dargestellt und die Feinheit der Übergänge nicht nur mit dem Pinsel geschaffen. Seine Menschen, gleich ob profane Mitmenschen oder Heilige, sind so irdisch wie irgend möglich, und es mag als Jugendsünde gelten, dass er der Maria in seiner *Verkündigung* einen Heiligenschein verpasste. Lediglich Mutter und Kind der *Madonna Benois* in Petersburg, die Leonardo zugeschrieben und in die gleiche Zeit datiert wird, tragen ebenfalls einen Nimbus.

Ein fragmentarischer Vermerk über den Beginn der Arbeit an zwei Madonnen (»... bre 1478 inchominciai le 2 Vergine Marie«) könnte sich auf die *Madonna Benois* und die verschollene *Madonna mit der Katze* beziehen (für die lediglich Zeichnungen erhalten sind) – zwei Kompositionen, in denen Leonardo die Neugier und Lebendigkeit des Kindes besonders herausstellt, als wolle er eine Lanze für Bewegungsfreiheit und Mutterbindung in einer Zeit brechen, in der Kleinkinder noch immer mit Vorliebe einbandagiert und zum Stillen in fremde Haushalte gegeben wurden.[21]

Die Behandlung der Oberfläche durch den Künstler ist ebenso zärtlich wie die Interaktion zwischen den Protagonisten. Wie man über einen Körper streichelt, so streicht Leonardo mit den Fingerspitzen über die Gesichter seiner Figuren, die allerdings dabei nicht ertastet, sondern erschaffen werden. Zur Gestaltung der Haut kann es kein besseres Werkzeug geben als die sensiblen Fingerkuppen des Künstlers. Das Auge und das Denken machen den Maler letztlich zum Gott, denn »wenn er Schönheiten sehen will, die imstande sind, ihn verliebt zu machen, ist er fähig, solche zu schaffen, und wenn er unheimliche Dinge sehen will, die ihn erschrecken, oder komische oder lächerliche oder wahrhaft mitleiderregende, so kann er dies als Herr und Gott tun«.[22] Braucht es da eigentlich noch einen Gott außerhalb irdischer Sphären? Leonardo ist auch vor dieser Frage nicht zurückgeschreckt. Das Mysterium ist keine imaginäre Instanz in einem diffusen Jenseits, sondern die allgegenwärtige Natur selbst. Sie ist der Schöpfer allen Lebens. Und in ihrer Vollkommenheit kann sie göttlich genannt werden.

1476, noch wohnhaft bei Verrocchio, war Leonardo zusammen mit drei weiteren jungen Männern der »Sodomie« mit einem Modell und Prostituierten, dem siebzehnjährigen Jacopo Saltarelli, angeklagt worden. Im Florenz des 15. Jahrhunderts ein fast schon alltägliches Delikt – mehr als zehntausend Denunziationen sind aus den Jahren 1430 bis 1505 vermerkt –, aber doch ein Grund, zukünftig etwas wachsamer zu sein, denn wenn ein für schuldig Befundener auch selten auf dem Scheiterhaufen landete, so drohte doch öffentliche Demütigung oder Exilierung. Dass Leonardo auch nach der Anzeige und dem Sodomieprozess (der wohl auch deshalb nur mit einer Verwarnung endete, weil der Sprössling einer der führenden Florentiner Familien, der Tornabuoni, ebenfalls verwickelt war) weiterhin zärtliche Gefühle für Jungen hegte, darauf deutet die Bemerkung auf einer Zeichnung aus dem Jahr 1478 hin: »Fioravanti, den Sohn Domenicos in Florenz, der sich mir gegenüber so liebevoll wie eine Jungfrau zeigte, könnte ich lieben.« Dieses Dokument, so Kurt Eissler, könnte »Forscher zu den sicheren Schlüssen ermutigen«, dass Leonardo zu dieser Zeit »manifeste Beziehungen unterhielt«.[23]

GINEVRA DE' BENCI UND ANDERE DAMEN

Als frühestes Porträt Leonardos wird gemeinhin das Bildnis der *Ginevra de' Benci* betrachtet. Der Kopf der Dargestellten ist dunkel und stachlig von einem Wacholderbaum im Hintergrund umfangen, der nicht nur einen scharfen Kontrast zu den zarten Zügen und luftigen Löckchen der Porträtierten bildet, sondern auch eine Anspielung auf ihren Namen Ginevra (ginepro = Wacholder, man denke auch an den Wacholderschnaps Genever) ist. Kleid, Haare und Landschaft sind in erdiger Farbigkeit angelegt, die blasse Haut wirkt wie in Pastell ausgeführt und ist von so durchscheinender Natürlichkeit, wie sie zuvor nur die Niederländer um van Eyck zu erzeugen vermochten.

Betrachtet man die Rückseite des (unten nachträglich beschnittenen) Bildes, so fällt der Blick nicht etwa, wie üblich, auf grobe Leinwand oder die Holzmaserung der Tafel, sondern auf eine (gemalte) Porphyrplatte. Wohl nicht zufällig wählte Leonardo den Porphyr als Hintergrund, vor dem ein Palm- und ein Lorbeerzweig ein Wacholderzweiglein umrahmen. Um alle drei wand sich ursprünglich ein Band mit der sehr männlichen Aufschrift »virtus [et] honor« (Tapferkeit [und] Verdienst), die mit einem eher femininen »virtutem forma decorat« (Schönheit ist der Schmuck der Tugend) übermalt wurde. Der Porphyr, dessen symbolische Bedeutung Leonardo aus der Werkstatt Verrocchios vertraut war, ist aber nicht nur der Hintergrund für die Rückseite, sondern wird gedanklich zum Bildträger für beide Seiten des Gemäldes. So ist er auch der Untergrund, auf dem die Vorderseite gemalt ist, der jedoch erst sichtbar wird, wenn man das Bild von hinten betrachtet. Das Spiel mit dem Material geht Hand in Hand mit der Botschaft:

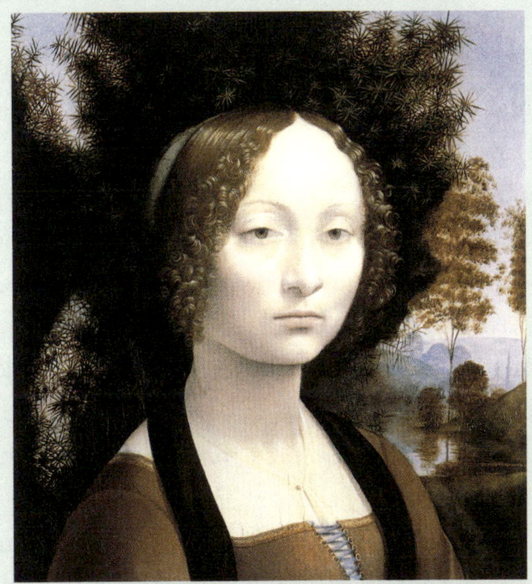

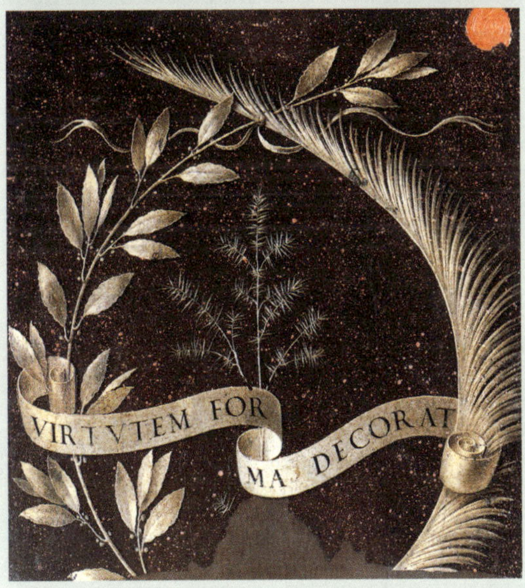

Abb. 9: Leonardo: *Ginevra de' Benci*, 1474-78, National Gallery of Art, Washington, D. C. (Vorder- und Rückseite)

Der »Hintergrund« der Dargestellten ist ein herrschaftlicher, ja königlicher, der jedoch von vorn aufgrund tugendhafter Bescheidenheit nicht sichtbar wird. Die Tugendhaftigkeit des Modells wiederum, so erklärt uns die Aufschrift, manifestiert sich in ihrer Schönheit.

Entstanden ist das Werk wohl entweder anlässlich der Hochzeit der siebzehnjährigen Ginevra mit Luigi di Bernardo di Lapo Niccolini am 15. Januar 1474 oder im Auftrag Bernardo Bembos, der sie platonisch verehrte, zwischen 1475 und 1480 zweimal als venezianischer Botschafter in Florenz tätig war und für die gebildete junge Bankierstochter Gedichte bei Cristoforo Landino (1425-1498) und Alessandro Braccesi (1445-1503) in Auftrag gab. Gestützt wird diese These durch die Darstellung von Lorbeer- und Palmblatt, die sich später auch in Bembos Imprese, seinem persönlichen Sinnbild mit Wahlspruch, finden. Sollte letztere Vermutung zutreffen und sollte Bembo das Bildnis mit nach Venedig genommen haben, so könnte es dort einige Meister der folgenden Generation inspiriert haben, etwa Giorgione (1478-1510), der in seinem Bildnis der *Laura* (Kunsthistorisches Museum, Wien), einer Dame vor einem Lorbeer (= laurus) sitzend, den Bildtypus aufgriff und dasselbe Spiel mit der Pflanze trieb.

Angesichts der Blässe der Ginevra, ihres schläfrigen Ausdrucks – Marani spricht von »einer beinahe schon langweiligen Steifheit«[24] – in Verbindung mit dem Porphyr, den Verrocchio für ein Grabmal verwendete, dem Lorbeer als Symbol des ewigen Ruhmes, der Palme als Attribut der Märtyrer und Symbol für den Sieg über Tod und Teufel sowie dem Wacholder selbst als Pflanze des ewigen Lebens, mag man auch daran denken, dass es sich um ein posthumes Memorialbild handeln könnte. Dagegen spricht allerdings nicht nur, dass Ginevra vermutlich erst um 1520 starb[25], sondern dass die Tafel wohl zunächst für ein anderes, männliches Bildnis (das Bembos?) bestimmt war, wie die übermalte Inschrift nahelegt.

Ganz unabhängig von solchen Spekulationen bleibt, dass Leonardo mit *Ginevra de' Benci* einen neuen Typus des weiblichen Bildnisses in Italien etabliert hat. Den der selbstbewussten Frau, die sich aus dem Profil zum Betrachter wendet und nicht den Blickkontakt scheut.[26]

Andere Porträts, die mit Leonardo in Verbindung gebracht werden, zeigen, wie schlechter Erhaltungszustand oder spätere Übermalungen und Restaurierungen Zuschreibungen erschweren oder unmöglich machen können. Darunter *La Belle Ferronnière* (Louvre, Paris), vermutlich ein Bildnis der Geliebten Lodovico il Moros, Lucrezia Crivelli, die mit dem Fürsten bereits wenige Monate nach dem Tod seiner Ehefrau Beatrice d'Este einen Sohn hatte und schon länger eine Beziehung als offizielle Mätresse zu ihm unterhielt. Die Dame sitzt hinter einer Brüstung vor schwarzem Hintergrund. Den Kopf leicht gesenkt, die Haare streng gescheitelt, blickt sie aus großen Augen ruhig in Richtung des Betrachters, ohne ihn wirklich zu fixieren.

Wie ein lebhafteres Gegenstück erscheint die *Dame mit dem Hermelin* (Muzeum Narodowe, Krakau), vermutlich als Cecilia Gallerani zu identifizieren, die ebenfalls Mätresse Lodovicos und Mutter Cesare Sforzas war. Ihr Oberkörper ist wie bei der *Belle Ferronnière* positioniert, allerdings wendet sie den Kopf nach links zur Lichtquelle, wie auch das Tier auf ihrem Arm. Sowohl von der gedrehten Körperhaltung als auch von den spitzen Gesichtszügen her weist es eine eigenartige Ähnlichkeit mit der Dame auf. Das Hermelin ist Symbol sowohl der »moderanza« (Bescheidenheit) als auch durch sein weißes Fell der unbefleckten Reinheit und aristokratischen Makellosigkeit und lässt sich gleichzeitig als Anspielung auf Lodovico il Moro lesen, den der Hofdichter Bernardo Bellincioni (1452-1492) als »l'Italico morel, biancho hermellino« (Italienischer Rappe, weißes Hermelin) bezeichnete, nachdem er vom König von Neapel in den Ermellino-Orden aufgenommen worden war.

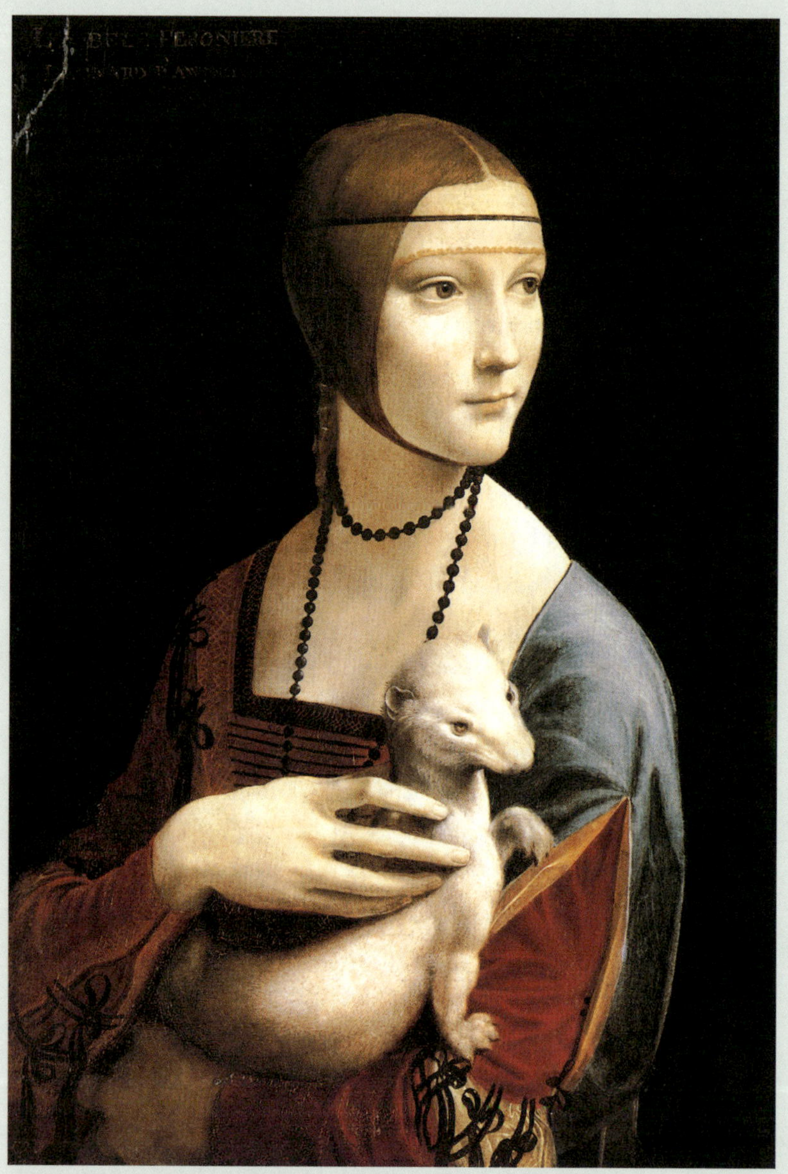

Abb. 10: Leonardo: *Dame mit dem Hermelin*, 1490, Muzeum Narodowe, Czartoryski-Sammlung, Krakau

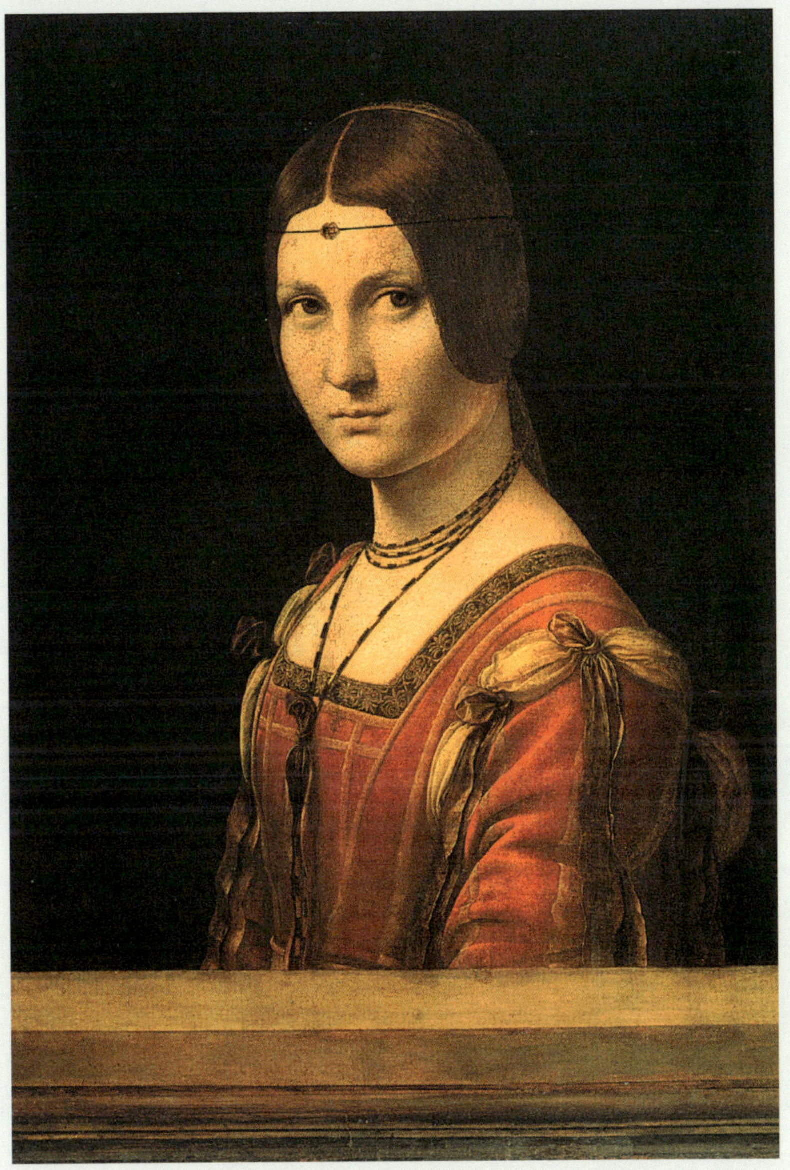

Abb. 11: Leonardo: *La Belle Ferronnière*, 1495-99, Louvre, Paris

Beide Holztafeln, die als Bildträger dienen, sollen sogar aus demselben Nussbaum geschnitten sein.[27] Während das Pariser Bild heute als *La Belle Ferronnière* geführt wird, trägt das Bild in Krakau die nachträgliche Inschrift »La belle Feroniere Leonard d'Awinci«, was darauf verweist, dass es sich einst ebenfalls in Frankreich befunden hat. Beide Bilder wurden neben Leonardo auch mehreren anderen Malern zugeschrieben, darunter seinem Schüler Francesco Melzi (1491/92-1568/70)[28], was allerdings eine viel spätere Datierung nötig machen würde, da Melzi in den späten 1480er Jahren noch gar nicht geboren war.

EIGENE WEGE

(1478-1482)

Erst das Jahr 1478 brachte Leonardo seinen ersten eigenen Auftrag und damit auch den Beginn einer allmählichen Loslösung von seinem Lehrer, dessen Haus er im Jahr darauf zugunsten einer eigenen Werkstatt verließ. Bereits bei diesem ersten Gemälde, einem Altarbild für die Kapelle des heiligen Bernhard im Palazzo Vecchio, macht sich eine Angewohnheit bemerkbar, die sich durch Leonardos ganzes weiteres Leben ziehen sollte: Er nimmt eine Anzahlung entgegen, stellt das Gemälde aber nicht fertig. Ebenfalls unfertig blieben zwei weitere frühe Werke, sein *Heiliger Hieronymus* (1481, Vatikanische Museen, Rom) und die außergewöhnliche *Anbetung der Könige* (1480-82, Uffizien, Florenz), in der sich, ganz im Geiste der Florentiner Kulturlandschaft, christliche und antike Sphären durchdringen. Während die antikisierende Architekturstaffage im Gemälde in den Hintergrund rückt und konventionell die Überwindung und Zerstörung der heidnischen Kultur symbolisiert, ist sie in den Entwurfszeichnungen zum Gemälde keineswegs eindeutig Ruinenlandschaft.

Stattdessen zeigt Leonardo eine rege Bautätigkeit an den noch unfertigen Gebäuden: Die Antike wächst und gedeiht hier parallel zum christlichen Geschehen. Das, so scheint es, ist die ursprüngliche Botschaft gewesen, die auch der historischen Realität weit näher gewesen sein dürfte. Vielleicht waren es seine Auftraggeber, die hier als Korrektiv wirkten und letztlich doch eine Trümmerlandschaft forderten.

Es ist Leonardos komplexeste Komposition, Architektur und Bäume als statische Elemente werden durchwirkt von dynamischen Tierkörpern und einer bewegten Menschenmenge, in deren Zentrum der

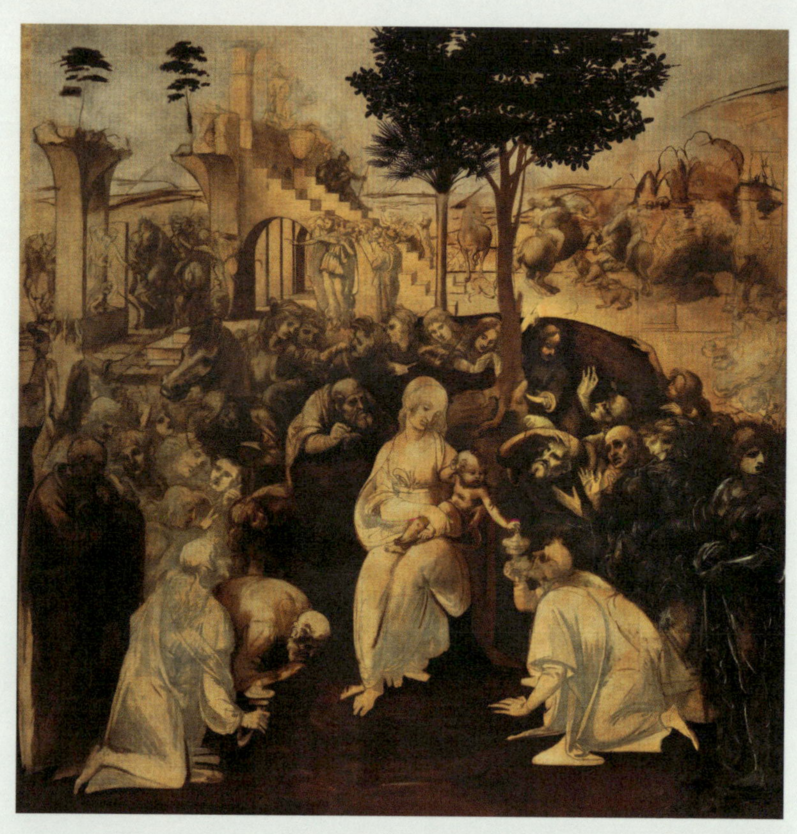

Abb. 12: Leonardo: *Anbetung der Könige*, 1481, Uffizien, Florenz

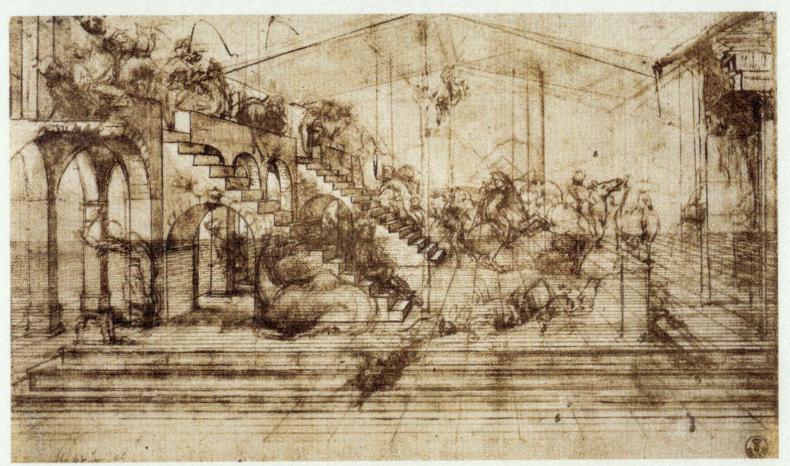

Abb. 13: Leonardo: *Studie zur Anbetung der Könige*, Uffizien, Florenz

religiöse Inhalt angesiedelt ist. Der junge Künstler will alles, alles in einem Bild, doch das Ergebnis ist unübersehbar weit eher Collage als Einheit. Auch das ist ein möglicher Grund, weshalb er das ambitionierte Werk unfertig zurückließ.

Jenseits der persönlichen Vita Leonardos, seiner künstlerischen Versuche, Erfolge und Misserfolge, offenbarte das Jahr 1478 vor aller Welt auch die inneren Spannungen der Stadt Florenz. Der sogenannten Pazzi-Verschwörung, der geplanten Ermordung der herrschenden Medici durch eine Allianz aus Florentiner Patriziern mit Unterstützung des Vatikans, fiel am 26. April der junge Giuliano de' Medici während des Hochamts im Dom zum Opfer. Sein Bruder Lorenzo konnte entkommen und übte unerbittlich Rache. Sandro Botticelli (1445-1510) bekam den Auftrag, die Hinrichtung der konspirativen Oppositionellen an der Mauer des Gefängnisses zu verewigen. Zwei der Attentäter waren allerdings entkommen, einer von ihnen sogar bis nach Konstantinopel. Doch der Auslieferungsantrag der Florentiner wurde vom Sultan bewilligt, und so konnte man den Verschwörer Bernardo Bandini Baroncelli Ende Dezember 1479 zusammen mit seiner Frau in der Heimat hängen. Er trug bei seiner Hinrichtung die exotischen Kleider, in denen er überstellt worden war und die noch einmal verdeutlichten, dass man sich selbst im Orient nicht vor dem langen Arm der Florentiner Justiz sicher wähnen konnte. Vielleicht hat sich Leonardo Hoffnungen auf einen Auftrag gemacht, wie ihn Botticelli zuvor erhalten hatte, jedenfalls skizzierte auch er das dramatische Ereignis der öffentlichen Hinrichtung und kommentierte lapidar: »Kleine gelbbraune Mütze, schwarzer Seidenwams, schwarz gefüttertes Gewand, dunkelblau eingefasste Jacke, und der Jackenkragen mit schwarzen und weißen Seidenstreifen eingefasst. Bernardo di Bandino Baroncelli. Schwarze Schuhe.«[29]

Von Verrocchio hatte Leonardo mehr als die Kunst der Bildhaue-

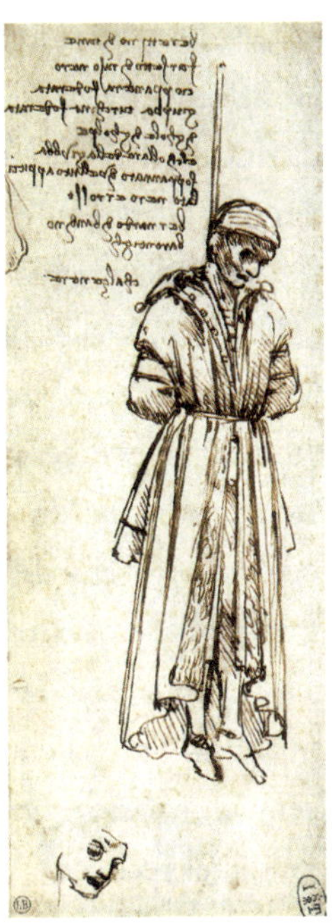

Abb. 14: Leonardo: *Gehängter Bernardo Bandini Baroncelli*, 1479, Musée Bonnat, Bayonne

rei, die Liebe zum ausgeklügelten Detail und das Streben nach dynamischer Gestaltung gelernt. Denn Verrocchio war rasch über seinen Lehrberuf des Goldschmiedes hinausgegangen, widmete sich der Skulptur, der Malerei und Architektur, betreute und restaurierte die Antikensammlung der Medici, betrieb Experimente mit neuen Abgussmaterialien und hielt sich aus der Tagespolitik heraus, aus dem Gezänk zwischen den Künstlern um Ruhm und Pfründe. Er blieb unverheiratet und konzentrierte sich auf seine Werkstatt, seine Aufträge, seine bedeutenden Schüler. »Die Stürme, die seine Zeit durchbrausen, brechen sich an den Mauern dieser Werkstatt, kaum dass der Lärm der Pazzi-Verschwörung, die doch den ihm so nahestehenden Giuliano de' Medici das Leben kostete, ihn für Augenblicke von der Arbeit scheucht. Aber diese Arbeit ist keine regelmäßige künstlerische Produktion. Verrocchio liebt das Erfinden, das Tüfteln und das Basteln.«[30] Sich Zeit zu nehmen, Gedanken und Werke reifen zu lassen, Techniken zu perfektionieren statt den schnellen Erfolg zu suchen, das war zweifellos eine Grundhaltung seines Schaffens. Vielleicht waren ihm die Arbeiten, die seine Werkstatt bevölkerten, auch ans Herz gewachsen, wie später die *Mona Lisa* seinem berühmtesten Schüler ans Herz wachsen sollte.

Wie Verrocchio liebte auch Leonardo das Experiment und verknüpfte die Malerei mit seiner obsessiven Forschung. Das manifestierte sich bereits in einem Auftrag, den Piero seinem Sohn vermittelt haben soll. Ein Bauer, der gelegentlich für Piero arbeitete, bat diesen, einen hölzernen Schild in Florenz für ihn bemalen zu lassen, und Piero trug den Schild zu Leonardo. Der widmete sich zunächst dem Malgrund, bog das unbeholfen geschnitzte Objekt zurecht, ließ es von einem Drechsler schleifen und reflektierte dann über die Funktion eines Schildes, der als Schutz dienen, zugleich den Gegner erschrecken und nach Möglichkeit, dem Medusenhaupt gleich, lähmen sollte. Resultat war die Darstellung eines Phantasietiers aus Eidechsen, Grillen, Schlangen, Schmetterlingen, Heuschrecken und Fledermäusen, die Leonardo zu einem Wolpertinger zusammenfügte. Von seiner Arbeit so gebannt, merkte er nicht einmal, »welch unerträglichen Geruch die gestorbenen Thiere im Zimmer verbreiteten«, die ihm als Modelle dienten.[31] In Zwielicht präsentiert, erschreckte das Resultat den Vater derart, dass Leonardo zufrieden konstatieren konnte: »Nehmt es und tragt es fort, dies ist die Wirkung die man vom Kunstwerk erwartet.«[32]

So seltsam die Geschichte auch scheint, sie hat ihre Entsprechung in den didaktischen Aufzeichnungen Leonardos, der um 1490 die Frage behandeln wird, was zu tun ist, damit ein imaginäres Tier natürlich erscheint. »Du weißt«, notierte er, »man kann kein Tier machen, das nicht

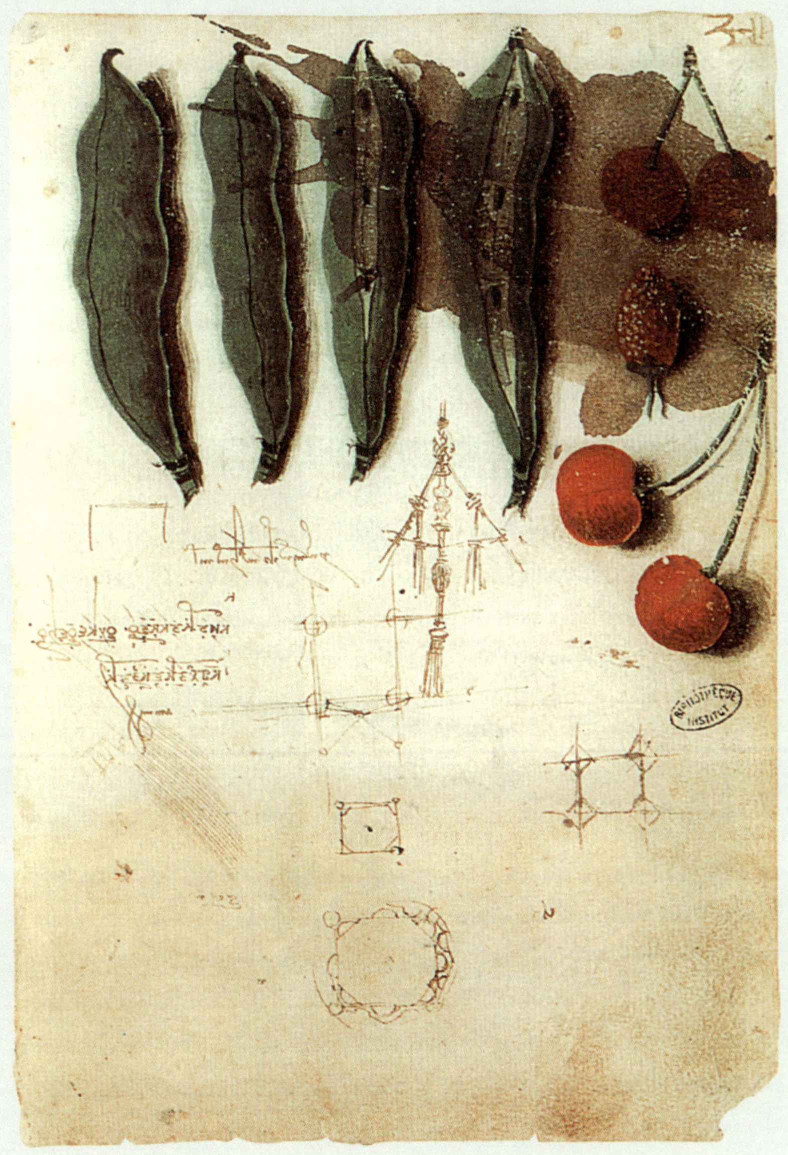

Abb. 15: Leonardo: *Kirschen, Erbsen und technische Details*, Manuskript B, 1487-90, Institut de France, Paris

in jedem einzelnen Körperteile einem anderen Tier nachgebildet ist. Wenn also ein von dir erdachtes Tier natürlich erscheinen soll – sagen wir, es ist eine Schlange –, dann verwende dafür den Kopf eines Bluthundes oder eines Bracken, die Augen einer Katze, die Ohren eines Stachelschweins, die Schnauze eines Jagdhundes, die Brauen eines Löwen und die Schläfen eines alten Gockels und den Hals einer Wasserschildkröte.«[33] Jeder noch so phantastische Gedanke soll sich doch eine Bodenhaftung bewahren, indem er sich an reale Vorbilder anlehnt, denn glaubhaft, so Leonardo, ist letztlich einzig die Natur.

Doch allein mit solchen Phantasmen ließ sich in Florenz kein Staat machen. Der Konkurrenzdruck unter den Künstlern war dort besonders hoch, und ohne die Autorität Verrocchios im Hintergrund, aus dessen führender Werkstatt unter anderem auch Pietro Perugino, der spätere Lehrer Raffaels (1483-1520), hervorging, war der eigenwillige Leonardo dieser Situation nicht gewachsen. Allzu stark frönte er einem ausgeprägten Spieltrieb, was sich zum einen in seinen stutzerhaften Auftritten in der Öffentlichkeit zeigte, zum anderen in seinen Experimenten, in die er sich zurückzog. Ernst zu nehmende Versuche, sich auf dem Kunstmarkt zu positionieren und zu etablieren, ließ er dagegen vermissen.

Wenn er einmal als Redner auftrat, brillierte er, doch im Nachhinein beschlichen seine Zuhörer angesichts seiner wunderlichen Ideen umso größere Zweifel. Angehörigen der Florentiner Regierung, so Vasari, schlug er etwa vor, das komplette Baptisterium hydraulisch anzuheben, um es auf einen Sockel zu stellen. Leonardo »überredete sie dabei mit so starken Gründen, daß ihnen die Sache glaublich schien, obgleich jeder, wenn er fort war, für sich allein die Unmöglichkeit eines solchen Unternehmens einsah«.[34] Der junge Künstler genoss den Ruf des Traumtänzers, und auch seine ersten eigenständigen Werke erreichten selten das Stadium, das einen Auftraggeber hätte zufriedenstellen können.

Zudem war der Verdacht auf homosexuelle Praktiken aktenkundig. Gründe genug, andernorts einen Neuanfang zu versuchen.

Die vielfältigen Interessen Leonardos, die Vasari erwähnt, bargen allerdings, ganz gleich, wo er sich aufhielt, die Gefahr, sich auch weiterhin zu verzetteln, und seine ausgeprägte Selbstkritik behinderte ihn immer wieder aufs Neue bei der Fertigstellung von Gemälden. »Hochbegabt in der Mathematik, und nicht weniger in der Wissenschaft der Perspektive, hat er auf dem Gebiete der Skulptur und im Zeichnen alle anderen weit übertroffen. Er war sehr erfinderisch in schönen Kompositionen, hat aber in Farben nur weniges ausgeführt, denn er war schwerlich einmal zufrieden mit seiner Arbeit; deshalb besitzen wir nur wenige Werke von seiner Hand«, schrieb ein namentlich unbekannter Biograph, der sogenannte Anonimo Gaddiano, bereits 1545.[35]

DAS UNSTETE GENIE ODER WENIGER IST MEHR

Das Verhältnis der Kunstwerke gegenüber den schriftlichen Niederlegungen ist im Œuvre Leonardos ein extrem ungleiches. Auf der einen Seite stehen ein paar allseits bewunderte Gemälde, auf der anderen Tausende von Seiten mit privaten, vertraulichen Notizen. Das geheime Leben des Leonardo da Vinci überwiegt bei Weitem das des öffentlichen Künstlers. Ja sogar das des Höflings, der mit Spielereien – wie Tierchen aus so dünnem Wachs, dass sie gefüllt mit warmer Luft fliegen konnten – die Gesellschaft erschreckte, der Hammeldärme so weit aufblies, bis sie den Raum füllten und die Menschen in die Ecken drängten[36] oder einen künstlichen Löwen konstruierte, einen tatsächlich funktionstüchtigen Roboter, der dem französischen König bei seinem Italienbesuch entgegenlief und seine Brust öffnete, die angefüllt war mit Lilien.[37] »Einer seltsamen Eidechse, welche der Winzer von Belvedere fand, machte er Flügel aus der abgezogenen Haut anderer Eidechsen, die er mit Quecksilber füllte, sodass sie sich bewegten und zitterten, wenn sie ging; sodann machte er ihr Augen, Bart und Hörner, zähmte sie, that sie in eine Schachtel und jagte alle seine Freunde damit in die Flucht.«[38] Vasari sieht hier lediglich Torheiten und erkennt nur »einen unbeständigen und wandelbaren Geist«[39], doch solche Geschichten zeugen letztlich von kindlicher Freude am Experiment, der Triebfeder einer unvoreingenommenen Forschung.

Zugleich strapazierte Leonardo die Geduld seiner Auftraggeber immer wieder aufs Neue, und obwohl wir ihm, wie Vasari anmerkt, das Wissen um die Anatomie des Pferdes und die des Menschen verdanken, hat »er mehr durch Worte als durch Tathen gewirkt«.[40] Leonardo sieht im schnellen Abschluss, der in seinen Augen immer ein vorschneller ist, dagegen nur ein Zeichen der Ungeduld. Und Ungeduld erscheint ihm als die Mutter der Dummheit.[41] Sich mit einem Resultat zufriedenzugeben ist für Leonardo Kapitulation, denn sollte eines seiner Werke tatsächlich seinen Erwartungen entsprechen, spräche dies, so der Künstler, gegen sein Urteilsvermögen. Wenn aber »das Werk die Erwartung übersteigt, ist es noch schlechter«, denn dann zeigte er sich selbst angenehm überrascht von seinen Fähigkeiten. Folglich besäße er nur dann eine akzeptable Urteilskraft, wenn seine Erwartungen nicht vom fertigen Werk eingelöst würden. Nur wenn ein Maler schon in jungen Jahren die Fähigkeit zur differenzierten Selbstkritik besitzt, »wird zweifellos ein hervorragender Schaffender aus ihm, jedoch wird er nur wenige Werke schaffen, aber von solcher Art, daß die Menschen, in Bewunderung verharrend, deren Vollkommenheit betrachten«.[42] Nie sollte man sich als Künstler damit entschuldigen, dass ein Werk vielleicht nicht ganz gelungen sei, dass das nächste aber sicher besser werde, »denn die Malerei stirbt nicht«, wie Leonardo mahnt, »sondern sie zeugt lange Zeit von deiner Unzulänglichkeit«.[43]

Dieses »Weniger ist mehr« gilt auch noch in anderer Hinsicht. Wenn Leonardo seinen Blick auf die Kunst seiner Zeit richtet, dann bemerkt er auch hier allerorten ein Zuviel, ein Zuviel an Dekor, an Personen, an Linien, an Muskulatur. Mit einer Ausnahme fallen keine Namen. Leonardo hält sich vornehm zurück, wird nicht persönlich, notiert aber präzise seine Einwände gegen die Gepflogenheiten seiner Kollegen, um kommende Generationen vor deren Fehlern zu warnen.

So stören zu viele Verzierungen und Applikationen an Figuren die Harmonie[44], notiert er, und sofort denkt man an einen Maler wie Benozzo Gozzoli (1420/21-1497). Ferner sollen die *Gesichter* schön sein und nicht der schmückende Tand, denn ein armes Bauernmädchen ist schöner als Damen mit toupierten und reich verzierten Haartrachten[45], notiert er, und man erinnert sich an die filigran geschmückten Bildnisse eines Pollaiuolo (1431-1498). Die Bildgeschichten (istorie) sollen nicht zu personenreich sein, sonst werden sie unübersichtlich[46], und Verkürzungen bei Bildern mit nur einer Figur sind zu vermeiden.[47] Meister wie Cosimo Rosselli (1439-1507) oder Andrea Mantegna (1431-1506) scheinen hier angesprochen. Anatomiekenntnisse sind nötig, damit bei Körpern in Bewegung auch die richtigen Muskeln hervortreten, notiert er, doch leider gibt es Maler, »die, um als große Zeichner zu erscheinen, ihre Akte hölzern und ohne Grazie machen, so daß sie eher wie ein Sack Nüsse aussehen«.[48] Natürlich hatte Leonardo mit dieser mehrfach wiederholten Polemik keinen anderen als Michelangelo im Sinn, der um den Effekt des Reliefs in der Malerei bemüht, Körper als Muskelpakete anlegte, bei denen jeder einzelne angespannt plastisch hervortritt.

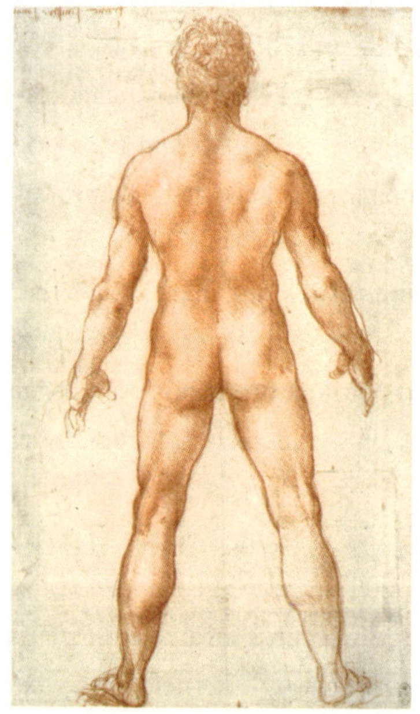

Abb. 16: Leonardo: *Männlicher Rückenakt*, 1503-09, Royal Library, Windsor Castle

Man mache keine dunklen Umrisse um die Figuren, sondern immer nur in der Farbe des Hintergrunds[49], denn in der Natur gibt es keine Linien. Linien sind Hilfen und, wie der geometrieinteressierte Leonardo weiß, eindimensional, das heißt ohne Ausdehnung in der Fläche, und folglich unsichtbar.[50] Außerdem dürfen ansprechende Farben nicht auf Kosten von Schattierung und Bildtiefe gehen, scheint Leonardo einem Künstler wie Fra Angelico (1386/1400-1455) nachzurufen, denn »nicht immer ist auch gut, was schön ist«.[51] Schließlich möge man die Finger davon lassen, die Natur korrigieren zu wollen und beispielsweise Kleinkinder in den Proportionen eines Erwachsenen zu malen, wie Leonardo es etwa bei seinem Mailänder Kollegen Evangelista de Predis (gest. 1491) beobachten konnte.[52] Namentlich kritisiert er unter all den Künstlern seiner Generation nur Botticelli, von dem er sich in seinem Anspruch auf Universalität verspottet fühlte. Botticelli, so Leonardo, habe kein Interesse an Landschaften gezeigt und entsprechend schwache abgeliefert.[53]

Vom Bemühen, Prozesse möglichst lange offenzuhalten und nicht zu einem Abschluss zu bringen, zeugt gelegentlich auch Leonardos Zeichenstil. Wo es unter Künstlern als Beleg für Sicherheit und Können galt, quasi aus dem Handgelenk eine Zeichnung zu liefern, in der jede Linie sitzt, in der es keinerlei Retuschen und Korrekturen gibt – auch solches findet sich bei Leonardo –, scheint ihm die Methode, sich in immer neuen Anläufen an ein optimales Ergebnis heranzutasten, innovativer und überraschender.

Statt sich im Glanz der eigenen Bravour zu sonnen und den ersten Strich für perfekt zu halten, ist er ununterbrochen dabei, sich selbst zu korrigieren, zu prüfen und zu hinterfragen. Während Michelangelo unzählige Zeichnungen insgeheim vernichtete, weil sie belegten, wie sehr auch er sich mit Figuren und Kompositionen quälte, sind solche Blätter für Leonardo geradezu ein Beleg für den Anspruch an sich selbst, sich nicht zu schnell mit einem Ergebnis zufriedenzugeben. Es ist daher kein Zufall, dass von ihm Entwürfe erhalten sind, die eher an die Übermalungen eines Arnulf Rainer erinnern – treffend als »Prozeß des Herantastens, eindringlichen Bestimmens und endenden Offenlassens« beschrieben – als an eine Renaissancezeichnung.[54] Das figürliche Motiv schaut stellenweise noch hervor wie die Gliedmaßen der *Boboli-Sklaven* Michelangelos aus dem rohen Marmorblock. Im Unterschied zu Michelangelo, der sich darin gefiel, die fertige Figur schon im unbehauenen Marmor zu sehen, ist die Methode Leonardos die »eines Bildhauers, der in Ton modelliert und dabei niemals eine Form als endgültig ansieht, sondern fortwährend weiterschafft, selbst auf die Gefahr hin, seine ursprünglichen Absichten wieder zu verwischen«, wie Ernst Gombrich anmerkt, der eine solche Zeichenmethode zu Recht als revolutionär bezeichnet.[55]

Der Blick seiner Zeitgenossen und frühen Biographen war ein anderer. In Leonardo vereinten sich »Schönheit, Liebenswürdigkeit und Kunstgeschick«, schrieb Vasari[56], »mit seiner Rechten bog er das Eisen einer Wandglocke oder eines Pferdehufes, als ob es Blei wäre«[57], und obwohl es ihm an finanzstarkem Hintergrund und aristokratischer Abstammung mangelte, »hielt er sich immer Diener und Pferde«.[58] Er lebte in den Tag hinein, gerierte sich als Geck und »unternahm vielerlei zum Verständnis der Kunst, beendete aber nichts«[59] – eine Eigenschaft, die den Biographen dazu veranlasste, bei allem Lob für Leonardos Bemühungen, dessen gesamtes Lebenswerk zu relativieren, denn »er würde in Gelehrsamkeit und Kenntnis der Wissenschaften Großes geleistet haben, wenn er einen minder unbeständigen und wandelbaren Geist gehabt hätte«.[60]

Diese Einschätzung entspricht nicht ganz dem Bild, das folgende Generationen vom »Genie Leonardo« gezeichnet haben, vom graubärtigen, grüblerischen Greis, der scheinbar niemals jung gewesen ist. Doch noch war Leonardo jung und kostete seine Jugend aus. 1582 vollendete aber auch er sein dreißigstes Lebensjahr, und möglicherweise gab ihm das den Impuls, sich über seine Zukunft ernsthaft Gedanken zu machen. Seinem Vater war es inzwischen gelungen, mit seiner dritten Frau Margherita di Francesco di Jacopo di Guglielmo Giulli (1457-1485) Kinder zu zeugen, darunter auch den ersten legitimen Sohn Antonio Matteo sowie drei weitere Söhne und zwei Töchter. Der erste Bruder kam erst 1476 zur Welt, als Leonardo bereits vierundzwanzig war, doch Piero sorgte bis zu seinem Tod mit seiner vierten Frau Lucrezia di Guglielmo Cortigiani (1459-1531) für weitere acht Kinder. Das letzte, Lucrezia, wurde wohl erst nach Pieros Tod 1505 geboren und überlebte nur wenige Tage. Als man Piero selbst 1504 in seiner Familiengruft beisetzte, die er in weiser Voraussicht beim Tod seiner zweiten Frau Francesca hatte erbauen lassen, lagen dort bereits zwei Ehefrauen und vier seiner Kinder.[61] Die Sippe wurde über die Jahre unübersichtlich, und Leonardo sollte am Ende über fünfzig Jahre älter sein als sein jüngster Halbbruder, während entsprechend zwei seiner Stiefmütter jünger waren als er selbst. Bereits Anfang der 1480er Jahre durfte er nüchtern konstatieren, dass er sich wenig Hoffnung auf das Erbe seines Vaters zu machen brauchte. Auch das mag ihn bewogen haben, einen erneuten Versuch der Eigenständigkeit in einer anderen Stadt zu wagen.

INGENIEUR UND ENTERTAINER: IN DEN DIENSTEN DER SFORZA

(1482-1490)

Der renommierteste Auftrag, den es im Italien jener Jahre zu ergattern gab, war die Ausmalung der Sixtinischen Kapelle in Rom, die, geplant vom Florentiner Architekten Baccio Pontelli (ca. 1450-1492), in den frühen 1480er Jahren ihrer Vollendung entgegenging. Es war naheliegend, dass Papst Sixtus IV. della Rovere auch toskanische Maler für deren Ausmalung bestellte, und es erscheint ebenso nachvollziehbar, dass Leonardo bei der Vergabe der Aufträge für die Wandfresken leer ausging. Während Botticelli, Domenico Ghirlandaio (1448-1494), Cosimo Rosselli (1439-1507), Luca Signorelli (ca. 1450-1523) und Leonardos Werkstattgenosse Perugino sich an die Arbeit machten, musste Leonardo selbst einsehen, dass er nichts vorzuweisen hatte, was ihn für eine solche Aufgabe qualifiziert hätte. Dass er in dem erlesenen Kreis der Jüngste gewesen wäre, mag für ihn nur einen schwachen Trost bedeutet haben.

Während seine Kollegen gen Rom fuhren, ergriff er daher die Initiative und verfasste den Entwurf für ein Bewerbungsschreiben an den Despoten von Mailand. Dort hatte 1476 Lodovico Sforza, genannt Il Moro, erfolgreich die Ermordung seines älteren Bruders im Dom initiiert – geradezu paradigmatisch für die Geschehnisse zwei Jahre später in Florenz – und nun, 1481, auch seine Schwägerin Bona von Savoyen verdrängt, die im Namen ihres minderjährigen Sohnes die Geschicke des Staates zu lenken versuchte. Der gerade zwölfjährige Gian Galeazzo blieb offiziell Herzog und fiel erst einem Giftanschlag zum Opfer, als Lodovico seine Nichte, Gian Galeazzos Schwester Bianca Maria, 1493 mit dem deutschen Kaiser Maximilian vermählt und selbst für Nachwuchs gesorgt hatte. Von der Verknüpfung mit dem Kaiserhaus, für die er den ständig unterfinanzierten Maximilian mit horrenden Zahlungen erwärmen musste, versprach sich Lodovico vorausdenkend die eigene Absicherung als zukünftiger Alleinherrscher über Mailand.

Derartige Zustände finden sich nicht in allen italienischen Herrscherhäusern der Zeit, aber die Malatesta in Rimini, die Baglioni in Perugia, die Petrucci in Siena und das Haus Aragon in Neapel bieten ausreichend Belege dafür, das Lodovico il Moro hinsichtlich seiner Umgangsformen keine Ausnahmeerscheinung war. Während man es nach den Massakern in Perugia im Jahre 1500, der sogenannten »Roten Hochzeit«, bei der sich Mitglieder der Familie Baglioni gegenseitig umbrachten, sogar für nötig befand, den Dom mit Wein abzuwaschen und neu zu weihen, soll es Ferrante von Aragon amüsiert haben, seine Feinde, lebendig in Kerkern oder tot, einbalsamiert und eingekleidet, um sich zu wissen.[62] Für den Historiker Burckhardt ist »der Moro« dennoch die vollendete Herrscherfigur der Epoche, »wie ein Naturprodukt, dem man nicht ganz böse sein kann«. Seine Überheblichkeit, Grausamkeit und Gelassenheit faszinierten bereits die Zeitgenossen, und »bei der tiefsten Immoralität seiner Mittel erscheint er in deren Anwendung völlig naiv; er würde wahrscheinlich sich sehr verwundert haben, wenn ihm jemand hätte begreiflich machen wollen, daß nicht nur für die Zwecke, sondern auch für die Mittel eine sittliche Verantwortung existiert«.[63]

Leonardo verschaffte sich ein ausreichend konkretes Bild seines potentiellen neuen Arbeitgebers, bevor er sein Bewerbungsschreiben aufsetzte. Es dürfte nicht schwer in Erfahrung zu bringen gewesen sein, dass Lodovico auf einen imposanten Rüstungsetat Wert legte und Leonardo es hier mit einem ganz anderen Herrschertyp zu tun hatte, als er ihn aus Florenz gewohnt war. Lodovico war kein Bankier, sondern ein Condottiere, ein Söldnerführer, er interessierte sich weit mehr für Kriegsmaschinen und Festungen als für Antike und Humanismus und verließ sich nicht darauf, mit der Macht des Kapitals regieren zu können, sondern setzte auf die Gewalt der Waffen. Ganz in diesem Geiste fiel auch Leonardos Bewerbung aus. Dass er sich in der Folgezeit durchaus mit Waffensystemen beschäftigte, zeigen zahlreiche Zeichnungen, die das gesamte Arsenal zeitgenössischer Militärphantasien abdecken. Was seine Zeichnungen reflektieren, ist vor allem ein Bewusstsein vom technologischen Umbruch hin zum Einsatz von Artillerie, der sich in den vergangenen hundert Jahren vollzogen hatte und eine veränderte Kriegsführung sowie einen modifizierten Festungsbau mit sich brachte. Hier entwarf er verschiedene Maschinengewehrtypen, Mörser und Kanonenboote. Zugleich erscheinen manche seiner Gerätschaften allerdings ziemlich altmodisch, wenn nicht gar antikisch, wie Katapulte und Schleudergeräte, anderes, etwa die mit Sicheln ausgestatteten mechanischen Streitwagen, finden sich auch in Zeichnungen von Zeitgenossen wie dem Maler und Bildhauer Francesco di Giorgio Martini (1439-1501), der sich mit Festungsanlagen in den Marken profiliert hatte. Ein nicht unwesentlicher Teil der Entwürfe Leonardos jedoch war unpraktisch bis utopisch, jedenfalls im konkreten Kriegsgeschehen kaum einsetzbar. Das Vorstellbare war immer noch verlockender als das Machbare.

Bei der Wahl seiner Gönner stellte er ganz pragmatisch humanistische Erwägungen hintan und rückte seinerseits die Zwecke in den Vordergrund. Es klingt einigermaßen naiv oder heuchlerisch, wenn er Lodovico seine Kriegsmaschinen anbietet und zugleich die lebensfeindlichen Erfindungen mit einem bis heute gebräuchlichen Argument zu legitimieren sucht: »Um das Hauptgeschenk der Natur, nämlich die Freiheit, zu bewahren, erfinde ich Angriffs- und Verteidigungsmittel für den Fall, dass wir von ehrgeizigen Tyrannen bedrängt werden ...«[64], wohl wissend, dass Lodovico selbst das Idealbild eines solch ehrgeizigen Tyrannen verkörperte.

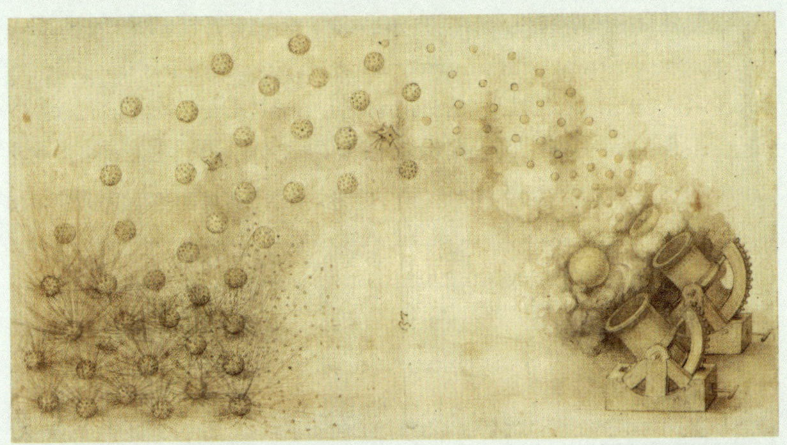

Abb. 17: Leonardo: *Mörser*, um 1485, Codex Atlanticus, Biblioteca Ambrosiana, Mailand

Dass diese scheinbaren Geheimwaffen nicht in die falschen Hände geraten durften, sollte Leonardos Aussage eigentlich implizieren, dennoch verdingte er sich immer wieder ohne moralische Bedenken dem Meistbietenden, der fast stets auch der Skrupelloseste war. In seinem Bewerbungsschreiben, das möglicherweise auch nur eine schriftliche Zusammenfassung eines Bewerbungsgesprächs ist, preist der Künstler sich zunächst als Ingenieur an. Er könne 1. transportable und feuerfeste Brücken sowie Brandsätze entwickeln, 2. Wasser aus Festungsgräben ableiten und Sturmleitern herstellen, 3. Festungen sprengen, 4. Rauch- und Streubomben konstruieren, 5. lautlos Tunnel graben, 6. Panzer, 7. schöne und nützliche Kanonen und 8. Katapulte bauen sowie 9. Kriegsschiffe erfinden. Für Friedenszeiten habe er 10. ein Talent für Architektur und Kanalisation, das sich mit jedem anderen messen könne. Schließlich besitze er Kenntnisse in der Bildhauerei mit Marmor, Ton und Bronze sowie der Malerei. Konkret könne er zu Ehren von Lodovicos Vater ein Reiterdenkmal schaffen. Als Garantieklausel fügte er an – vermutlich aus Erfahrung mit dem Unglauben, der ihm in Florenz bei mancher Präsentation neuer Konzepte entgegenschlug –, dass er Skeptikern gern alles im Park hinter dem Kastell der Sforza vorführen werde.[65]

Leonardo war begnadet, gütig, freigebig und von körperlicher Schönheit. Dieser Einschätzung, von Leonardos erstem Biographen Paolo Giovio 1527 festgeschrieben, folgte auch Vasari, wie wir gesehen haben, allerdings, so Giovio, richtete sich sein Genie vornehmlich auf Erfindungen, Theaterinszenierungen und Festzüge. Diese Kombination klingt nach dem perfekten Hofkünstler, der vom Andachtsbildchen bis zur Abendunterhaltung alles bieten konnte. Und so nimmt es nicht wunder, dass er, einmal im höfischen Umfeld angekommen, »als oberster Richter in allen Fragen der Eleganz und Schönheit« galt und als Entertainer mit Rätseln und Fabeln auftrat, zudem »sang er herrlich, zum Ergötzen des ganzen Hofes, wobei er sich selbst auf der Laute begleitete«.[66] Als er in Mailand eintraf, war er in Begleitung des befreundeten jungen Musikers Atalante Miglioretti (1466-1532), der wegen seiner lieblichen Stimme Berühmtheit erlangte, und überreichte dem Herzog, als kleine Aufmerksamkeit Lorenzo de' Medicis, eine Laute.

Es entstand wohl eine Reihe von Bildnissen und Madonnen, und auch die große Herausforderung, in der Leonardo seinen Lehrer in dessen persönlicher Königsdisziplin, dem Bronzeguss, übertreffen konnte, bot sich schon bald.

In Venedig war 1475 der Condottiere Bartolomeo Colleoni gestorben, der der Stadt sein Erbe unter der Auflage vermachen wollte, dass er ein Denkmal vor San Marco erhielt. Dem Personenkult grundsätzlich abgeneigt, aber mit einem Auge auf die beachtliche Hinterlassenschaft, verfiel man in Venedig auf die Idee, zwar nicht vor der Basilika, aber doch wenigstens vor der Scuola di San Marco ein Reiterstandbild zu errichten. 1483 begann Verrocchio mit der Arbeit daran, und zeitgleich machte sich Leonardo an das Monument für Francesco Sforza, Lodovicos Vater. Doch während der Colleoni für Verrocchio zum krönenden Abschluss seines Lebenswerks wurde – auch wenn er die Plastik selbst nicht mehr ganz fertigstellen konnte –, quälte sich Leonardo über Jahre mit Zeichnungen und Modellen, wurde immer wieder durch wissenschaftliche Studien abgelenkt, überstand die Pest, die 1484 in Mailand ausbrach, beobachtete im Jahr darauf eine totale Sonnenfinsternis, malte noch eine Madonna, diesmal für Matthias Corvinus, den König von Ungarn, befasste sich mit einem Kuppelprojekt für den Mailänder Dom, für das ein Modell angefertigt werden musste, und erfuhr vom Tod Verrocchios, dessen Monumentalwerk der Vollendung entgegenging. »Wie es jetzt vor uns steht«, schreibt Jacob Burckhardt über den Colleoni, »darf das Werk den Anspruch erheben, das grossartigste Reitermonument der Welt genannt zu werden. Ross und Reiter

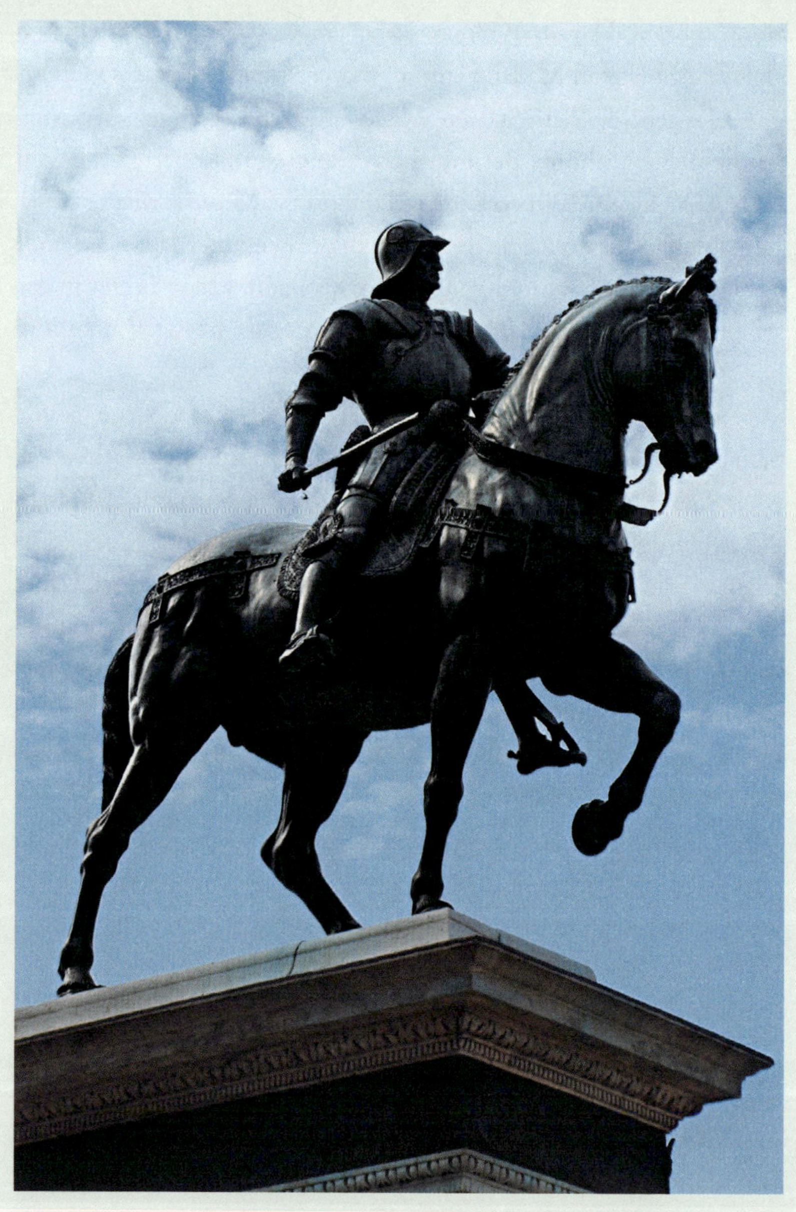

Abb. 18: Andrea Verrocchio: *Reiterstandbild des Bartolomeo Colleoni*, 1493, Piazza SS. Giovanni e Paolo, Venedig

sind nicht wieder so aus einem Guss gedacht, so individuell und so mächtig zugleich.«[67]

Derweil wuchsen die Zweifel an der Durchführbarkeit von Leonardos Vorhaben in Mailand, das, auch dem Wunsch Lodovicos entsprechend, alles bisher Bekannte in den Schatten stellen sollte. Der Herzog misstraute der Qualifikation seines Hofkünstlers und forderte 1489 mittels des florentinischen Gesandten Petrus Alemannus bei Lorenzo de' Medici Unterstützung durch ein oder zwei im Bronzeguss erfahrene Künstler an, »denn, obgleich der Herzog diese Arbeit Leonardo in Auftrag gegeben hat«, schrieb Alemannus, »so scheint es mir doch, als habe er kein rechtes Vertrauen, daß dieser damit zurechtkommen werde«.[68]

Offenbar hat man Leonardo trotz seiner Beschäftigung mit Architektur auch eine realitätsnahe Gestaltung der Kuppel des Mailänder Doms nicht zugetraut. Für den Entwurf wurde 1490 Francesco di Giorgio Martini verpflichtet, der im Unterschied zu Leonardo ein fertiges *Traktat über Architektur, Ingenieurswesen und Kriegskunst* vorzuweisen hatte, und auch die Ausführung des ehrgeizigen Projekts wurde nicht von Leonardo, sondern von Giovanni Antonio Amadeo (1447-1522) in Angriff genommen.

DER SINN FÜRS GESCHÄFT: DIE DOPPELTE FELSGROTTE

In Mailand angekommen, begann Leonardo nicht nur mit den Planungen des monumentalen Reiterstandbilds für Lodovico il Moro, sondern erhielt, gemeinsam mit den Brüdern Evangelista und Giovanni Ambrogio de Predis (ca. 1455-1508), am 25. April 1483 auch den Auftrag der Confraternità della Concezione für ein Bild, das den Altar der Empfängnis Marias in San Francesco schmücken sollte. Gewünscht war eine Maria mit zwei Propheten und seitlich je vier musizierenden beziehungsweise singenden Engeln. Diesmal ist das Bild sogar entstanden, und dennoch ist vom vereinbarten Programm nicht viel zu sehen. Stattdessen zwei Knaben, keiner der beiden auf Marias Schoß, nur ein Engel und keine Musik. Neben dem zentralen Altarbild gab es jedoch noch weitere Tafeln, von denen zwei mit musizierenden Engeln in der National Gallery in London erhalten sind, die Schülern Leonardos zugeschrieben werden. Ebenfalls in der National Gallery befindet sich heute das Mittelbild des Altars, die sogenannte *Felsgrottenmadonna*, die sich bis zur Auflösung der Bruderschaft 1781 in Mailand befand.

Maria sitzt, mit gesenktem Kopf und Blick vor einem durchbrochenen Felsenpanorama, hinter dem blaue Klippen über grünlichen Wassern im Dunst verschwinden, und breitet die Arme aus, um einem der beiden Knaben, der betend und mit Kreuz als Johannes gekennzeichnet ist, ihren rechten Arm um die Schulter zu legen. Ihre linke Hand hält sie schützend über den Kopf des anderen Knaben, der sich segnend dem ersten zuwendet und von einem knienden Engel gestützt wird. Die Geste der schwebenden Hand findet ihre monumentale Überhöhung in den ebenso labilen Felsformationen, die ihrerseits über der

Szene schweben. Doch während die Hand intimen Schutz zu gewähren scheint, repräsentiert das steinerne Massiv die bedrohliche Außenwelt, wodurch die zärtliche Geste der Maria nochmals in ihrer Bedeutung gesteigert wird.

Um welche Szene es sich hier handelt, wird nicht klar. Soll es eine Geburt Jesu oder eine Ruhe auf der Flucht nach Ägypten sein? Joseph fehlt, stattdessen ist ein Johannesknabe zugegen, die Höhle passt zwar zur Legende der Flucht, aber landschaftlich hat der Maler keinerlei Zugeständnisse an Vorstellungen von ägyptischer Topographie gemacht, sondern einen typischen, wenn auch etwas formalisierten Leonardo-Prospekt geliefert. Am wahrscheinlichsten ist das Thema der Begegnung zwischen Johannes und Jesus als Kinder in der Wüste, wobei Leonardo Motive aus verschiedenen Johannes-Legenden vermischt hat: Auf der Rückkehr von seiner Flucht nach Ägypten trifft Jesus in Begleitung seiner Eltern in der Wüste auf Johannes – so berichtet etwa eine populäre Erbauungsschrift mit femininer Zielgruppe, die *Meditationes Vitae Christi* des Johannes de Caulibus (Kap. 13). Apokryphen Quellen zufolge wurde Johannes auch vom Erzengel Uriel, dem Träger des göttlichen Lichts beziehungsweise Feuers (ignis dei), sein Büßergewand in die Wüste gebracht. Die durchbrochene Felswand mag dagegen aus der Legende von der Flucht Elisabeths mit dem Johannesknaben vor den Kindermördern des Herodes entlehnt sein, wie sie sich im Protoevangelium des Jakobus (22,3) findet. Dort heißt es: »Als Elisabeth hörte, dass man nach Johannes suchte, nahm sie ihn und stieg hinauf ins Gebirge. Und sie blickte umher, wo sie ihn verstecken könnte. Doch es gab keinen Ort zum Versteck. Elisabeth seufzte und sprach: ›Berg Gottes, nimm mich, die Mutter, mit dem Kind auf!‹ Denn Elisabeth konnte nicht weiter hinaufsteigen vor Angst. Und sogleich spaltete sich der Berg und nahm sie auf. Und jener Berg ließ für sie ein Licht durchscheinen. Denn ein Engel des Herrn war mit ihnen und beschützte sie.«

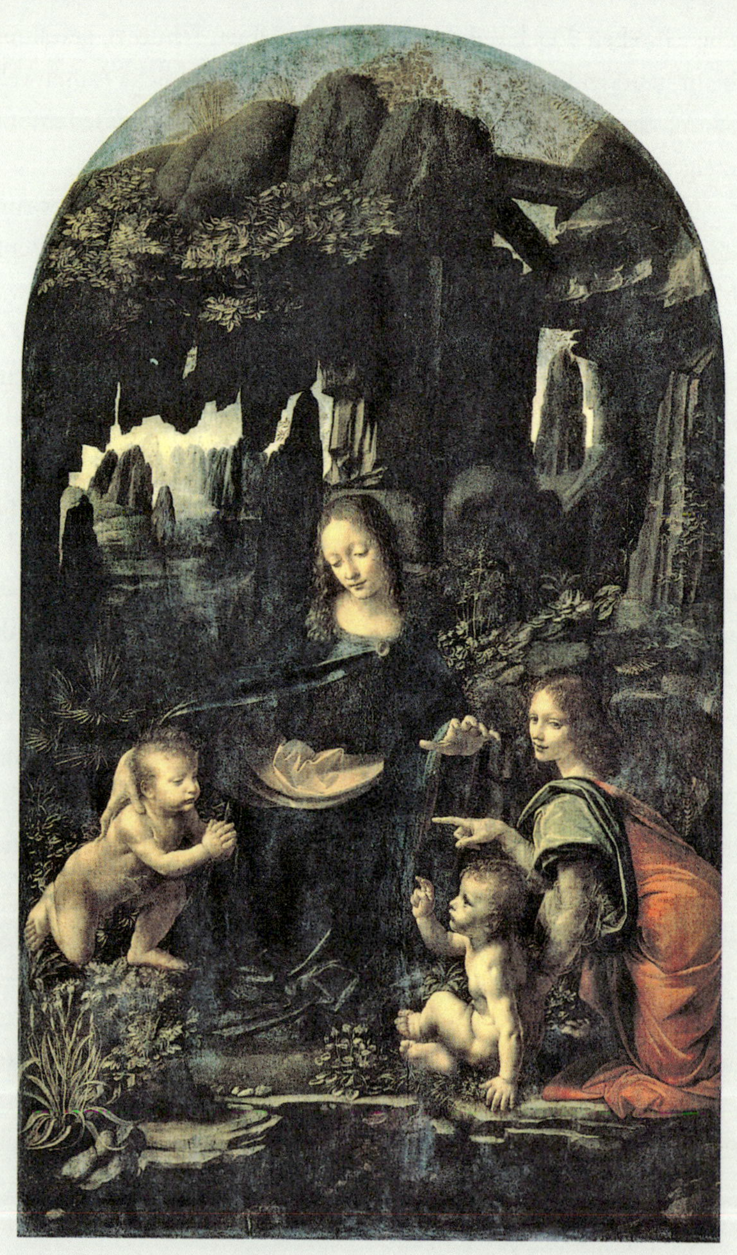

Abb. 19: Leonardo: *Felsgrottenmadonna*, 1483-86, Louvre, Paris

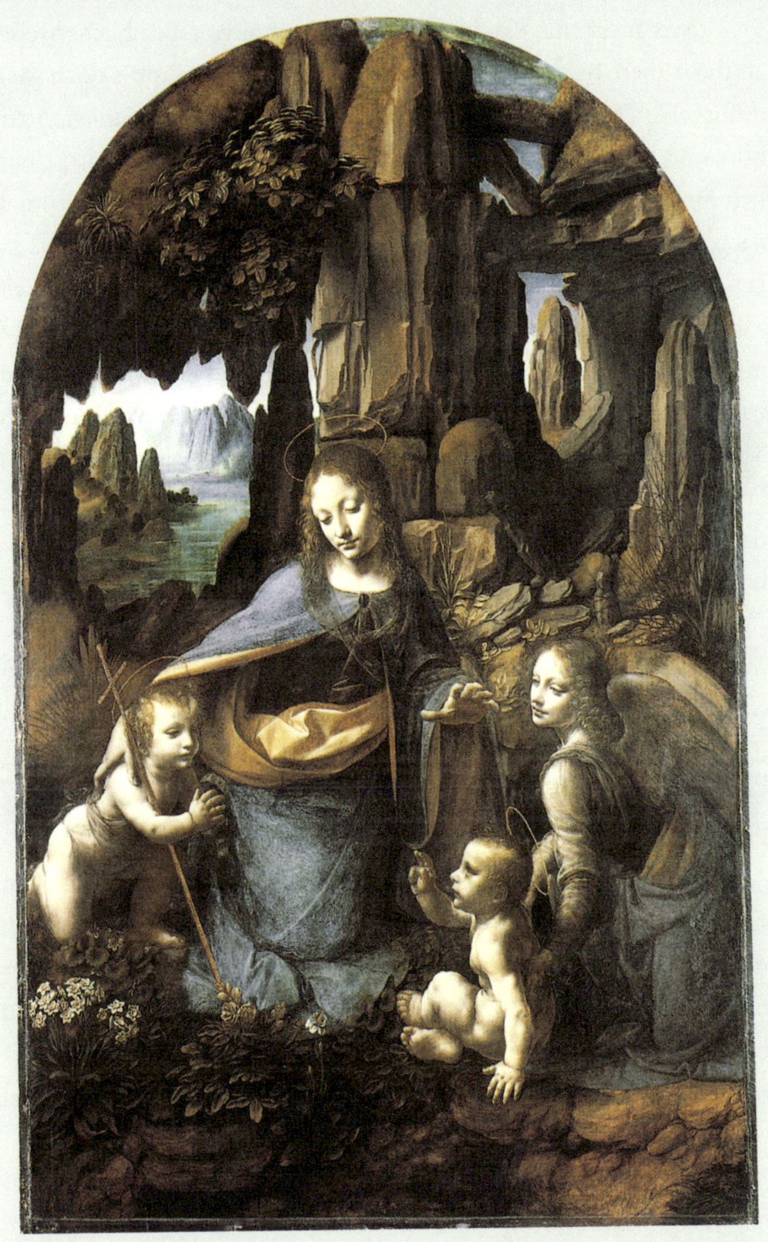

Abb. 20: Leonardo: *Felsgrottenmadonna*, 1493-1508, National Gallery, London

Es existiert eine Variante des Bildes im Louvre, die üblicherweise als die frühere betrachtet wird und in der die Ikonographie noch weit diffuser ist. Der Altersunterschied der Knaben ist kaum merklich, Attribute und Heiligenscheine (die auch auf der Londoner Tafel ursprünglich nicht vorhanden waren) fehlen, der Engel deutet hier horizontal nach links und blickt uns aus dem Bild heraus an, als wolle er uns sagen, dass wir dem linken Knaben unsere besondere Aufmerksamkeit widmen sollen. Doch warum? Haben wir es hier vielleicht doch nicht mit Johannes und Jesus, sondern mit einem doppelten Jesusknaben zu tun, oder wurden Lehren des portugiesischen Gelehrten Amadio Mendes da Silva intoniert, der Johannes, als den letzten und größten Propheten des Alten Testaments, neben Maria auch zur Schlüsselfigur des Neuen Testaments macht? In allem geht er Jesus voran, in der Geburt, in der Verkündung des wahren Glaubens, im Tod und sogar in der Auferstehung, wie es im Markus-Evangelium heißt. Dort spricht Herodes: »Johannes, den ich habe enthaupten lassen, der ist auferweckt worden.« (6,16) Dass Amadio 1454 bis 1457 auch noch Gast des Mailänder Franziskanerklosters war und 1482, im Jahr vor Vertragsabschluss zwischen den Brüdern und Leonardo, starb, könnte diese besondere Hervorhebung des Johannesknaben noch untermauern.

Leonardos Werke laden geradezu ein, verschlüsselte Inhalte auf Grundlage häretischer und apokrypher Quellen zu vermuten, doch möglicherweise ist die Deutung hier weitaus simpler: Der Asket Johannes war Vorbild für Franz von Assisi. Die Franziskaner, für die das Bild bestimmt war, werden nun vom Engel aufgefordert, dem Beispiel des Johannes zu folgen und Jesus anzubeten, auf dass sie von ihm gesegnet werden.

Bleibt die Frage, warum es zwei Fassungen gibt. »In manchen Fällen«, klagt Massimiliano Capati, »verkompliziert die Dokumentenlage die Dinge eher, als sie zu klären.«[69] Die Quellen sind in der Tat etwas verwirrend und lesen sich wie folgt: Im Jahrzehnt zwischen 1483 und den frühen 1490er Jahren war vermutlich das Pariser Bild in leonardesker Langsamkeit entstanden und in der Werkstatt von Gästen bewundert worden. Einer der Gäste bot den Künstlern das Vierfache der mit den Franziskanern vereinbarten Summe, worauf Leonardo und de Predis von ihrem Vertrag zurückzutreten versuchten. Lodovico il Moro wurde dabei ergebnislos um Vermittlung gebeten. Statt jedoch das Bild an die Mönche auszuliefern, könnte Leonardo während einer längeren Abwesenheit seines Malerkollegen Ambrogio de Predis (Evangelista war 1491 gestorben) eine zweite Version zu malen begonnen haben, vielleicht unter maßgeblicher Mitarbeit seiner inzwischen auch selbstständig tätigen Schüler Marco d'Oggiono und Giovanni Antonio Boltraffio. Die erste Fassung könnte Leonardo verkauft haben, möglicherweise sogar an Lodovico selbst, von dem Vasari berichtet, er habe eine »Geburt Christi« von Leonardo als Geschenk an Maximilian gesandt[70], vielleicht anlässlich der Hochzeit mit Bianca Maria 1493. Wieder aufgetaucht ist die Pariser Fassung der *Felsgrottenmadonna* erst 1625 in Fontainebleau.

Der Rechtsstreit mit den Mönchen war jedoch noch nicht beendet, denn 1503 wurde erneut eine Nachzahlung für ein inzwischen geliefertes Bild, vermutlich die Londoner Fassung, gefordert. Lodovico war unterdessen vertrieben, und der französische König, als sein Nachfolger in Mailand, wurde um Vermittlung gebeten. 1506 erfolgte dann tatsächlich eine Begutachtung, die das Bild als noch unfertig beschrieb. 1507 kam es überdies zum Streit zwischen den ursprünglich beauftragten Malern, der von einem Dominikaner geschlichtet wurde. Nach letzten Zahlungen an Ambrogio de Predis und Leonardo wurde das Bild schließlich 1508 für fertig erklärt, und de Predis erhielt die Erlaubnis, das Bild erneut herunterzunehmen, um eine weitere Kopie anzufertigen, deren Erlös er allerdings mit Leonardo zu teilen habe.

Die Mönche werden froh gewesen sein, dass sie nach mehr als

fünfundzwanzig Jahren doch noch ein Altarbild erhielten, und zufrieden damit, dass es nicht die seltsame Pariser Fassung war. Dass überhaupt eine zweite Version entstand, gab ihnen Gelegenheit, konkrete Einwände vorzubringen und korrigierend einzugreifen. Was sie schließlich geliefert bekamen, ist ein Meisterwerk an pastoser Lieblichkeit, in dem Leonardo selbst letzte Hand angelegt hatte, wie die Fingerabdrücke vermuten lassen, die auf dem Inkarnat der Figuren zu erahnen sind. Die Knaben sind im Alter deutlich unterschieden, der Engel ist durch betontere Flügel klar als solcher erkennbar, seine irritierende Geste ist getilgt. Lediglich die ungewöhnliche Farbigkeit der Kleidung der Maria ist beibehalten. Statt des üblichen Blau-Rots ist sie in ein Blau-Gelb gehüllt, das in der ersten Fassung durch ein Grün-Rot des Engels ergänzt wurde. Leonardo kombinierte hier die Komplementärfarben, die sich seiner Auffassung nach besonders gut miteinander vertragen – Grün mit Rot und Gelb mit Blau[71] –, und ordnet der Tradition entsprechend den Farben die Elemente zu: Gelb steht »für die Erde, Grün für das Wasser, Blau für die Luft, Rot für das Feuer«.[72] Leonardo hüllt in seiner ersten Fassung die beiden erwachsenen Gestalten also in die Farben der vier Elemente und stellt die persönliche Farbästhetik über die christliche Tradition.

EIN DASEIN ZWISCHEN HOCHZEITEN UND LEICHEN

(1490-1494)

Leonardo schuf in Mailand Meisterwerke der Malerei, aber verbrachte doch einen Großteil seiner Zeit weiterhin mit anderen Aufgaben, etwa mit dem Entwerfen von Dekorationen und Kostümen als Hochzeitsausstatter für Gian Galeazzo und einem Bühnenbild für das Stück *Il Paradiso* von Bernardo Bellincioni, bevor er 1490 die Arbeit an »seinem« Monument wieder aufnahm. Doch es folgte eine zweite Hochzeit, die Lodovicos mit der fünfzehnjährigen Beatrice d'Este, der Schwester der späteren Mäzenin bedeutender Künstler, Isabella, und auch dieses Fest verlangte nach Dekor.

Nebenbei betrieb Leonardo anatomische Studien. »In den Anatomieschulen der Ärzte sezierte er Leichname von Verbrechern«, schreibt Paolo Giovio, »gleichgültig gegen das Unmenschliche und Ekelerregende dieses Studiums und nur bestrebt, zu erlernen, wie er die verschiedenen Gelenke und Muskeln, ihr Biegen und Strecken, in seiner Malerei den Gesetzen der Natur entsprechend darstellen könne.«[73] Er plante, so der Biograph, seine Anatomiestudien in Form von Kupferstichen zu veröffentlichen, als Lehrbuch für Künstler. Das ist sehr glaubhaft, denn auch Leonardo selbst war bestrebt, seine zeichnerischen Forschungsergebnisse entsprechend anzupreisen: »Und du, der du sagst, es wäre besser, beim anatomischen Sezieren zuzusehen, als diese Zeichnungen anzusehen, du hättest recht, wenn es möglich wäre, all das zu sehen, was meine Zeichnungen in einer einzigen Abbildung zeigen; in der Anatomie siehst du bei all deiner Gescheitheit nur einige wenige Adern und nur diese lernst du kennen; während ich, um von ihnen eine vollständige und wirklichkeitsgetreue Kenntnis zu bekommen, mehr als zehn menschliche Leichen zerlegt habe [...]. Und wenn du auch diesen Dingen zugeneigt bist, wird dich vielleicht der Brechreiz davon abhalten, und wenn der dich nicht abhält, dann vielleicht die Angst, zur Nachtzeit in Gesellschaft der zerstückelten, enthäuteten und grausig anzusehenden Toten zu verweilen; und wenn dich das nicht abhält, dann fehlt dir vielleicht das Talent im Zeichnen, das man für eine solche Darstellung braucht. Und wenn du das Talent im Zeichnen hast, fehlt dir vielleicht die Perspektive; und wenn du die hast, fehlt dir vielleicht die Fähigkeit, die mathematischen Gesetze anzuwenden und die Bewegung und die Kraft der Muskeln zu berechnen; und vielleicht wird dir die Geduld fehlen, wenn du nicht fleißig bist. Ob ich alle diese Eigenschaften aufgebracht habe, darüber werden die hundertzwanzig Bücher, die ich verfasst habe, ein Urteil abgeben.«[74]

Doch zunächst musste auch er lernen zu glauben, was er sah. Denn die überkommenen Vorstellungen zu Biologie und Medizin ganz auszublenden war auch für Leonardo kein Leichtes. In manchen seiner frühen anatomischen Skizzen der Jahre nach 1487 kann er sich noch nicht ganz von schematischen Ideen des Mittelalters oder auch der Antike gegenüber unkritischem Gedankengut des Neoplatonismus lösen. Das aus Lehrmeinungen Erfahrene dominiert noch das eigene Erfahren. Erst nach und nach warf er den Ballast der verkrusteten Vorinformation über Bord, um vorbehaltlos der selbstständigen Anschauung zu folgen. Der Gedanke, wirklich Leichen zu sezieren, scheint ihm erst nach Jahren der Auseinandersetzung mit dem Körper gekommen zu sein. Zunächst einmal beschränkt er sich auf das Studium der Muskeln und des Skeletts. Hatte er die Dinge wirklich vor Augen, entstanden herausragende und präzise Zeichnungen, etwa von seinen Erforschungen des Schädels.

In der ersten Phase aber zeichnete er, noch ganz der Tradition fol-

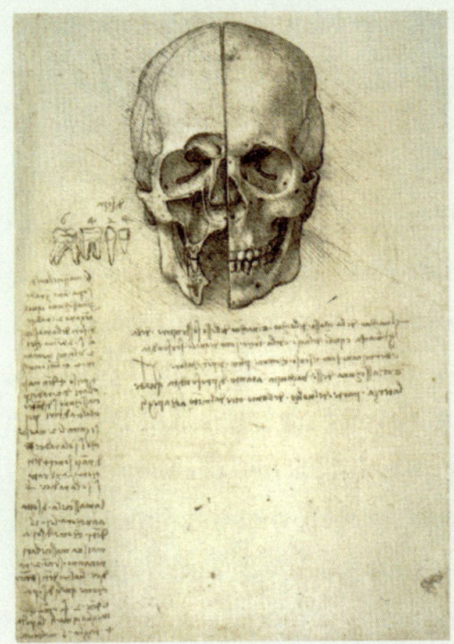 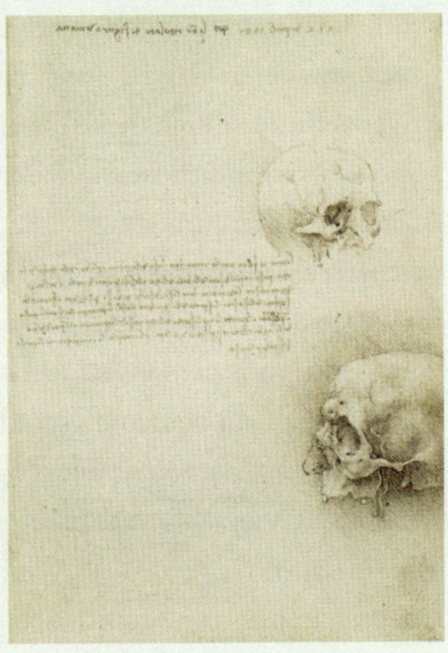

Abb. 21: Leonardo: *Schädelstudien*, Royal Library, Windsor Castle, 1489

gend, auch die ihm noch aus eigener Anschauung unbekannten Organe, etwa einen Schnitt durch Herz, Lunge, Leber und Niere, die er irrigerweise alle durch dicke Gefäßschläuche miteinander verbunden zeigt, um vermutlich frei nach der Lehre des griechischen Arztes und Anatomen Galen (ca. 129-216) die Mischung der Körpersäfte zu garantieren. Auch das Sperma in Leonardos Koitus-Zeichnung scheint, ganz im Geiste des Aristoteles und Hippokrates, statt aus dem Hoden über feine Kanäle aus dem Gehirn zu kommen.[75] Auf demselben Blatt finden sich auch ein Verdauungstrakt mit zwei Mägen und ein Penis mit Harnröhre und zweiter, separater Spermaröhre. Seine schematische Darstellung des Auges, hinter dem drei Blasen liegen, die als Räume gedacht sind, in denen die Phasen der Wahrnehmung – Rezeption (imprensiva), Deutung (sensus communis), Speicherung (memoria) – vollzogen werden, vertraut ebenfalls noch vollkommen auf mittelalterliche Interpretationen des Aristoteles.[76]

Erst langsam wurde die zunächst übermächtige Autorität der Tradition und des Wortes durch die Wahrheit des Bildes zurückgedrängt. Zwar schien ihm seine Auseinandersetzung mit der Muskulatur, mit der er sich schon früh befasste und die er intensiver studierte als jeder Künstler vor ihm, das Recht zu geben, besonders beißenden Spott über Kollegen auszuschütten, die die plastische Wirkung ihrer Figuren über die Natürlichkeit des Wechselspiels angespannter und entspannter Muskeln stellten, aber erst ab etwa 1506 unternimmt er selbst die konsequenten weiteren Schritte. Was als Bewegungsstudien begann, als Versuch, die menschliche und auch tierische Physis besser zu verstehen, um sie naturgetreuer in der Malerei wiedergeben zu können, entwickelte sich nach und nach zur Obsession, tiefer in die Materie einzudringen. Die Arbeit an zerstückelten und unkonservierten Leichen, vor denen Leonardo Stunde um Stunde gesessen haben muss, um alle Details zeichnerisch präzise zu erfassen, ging deutlich über die Notwendigkeiten

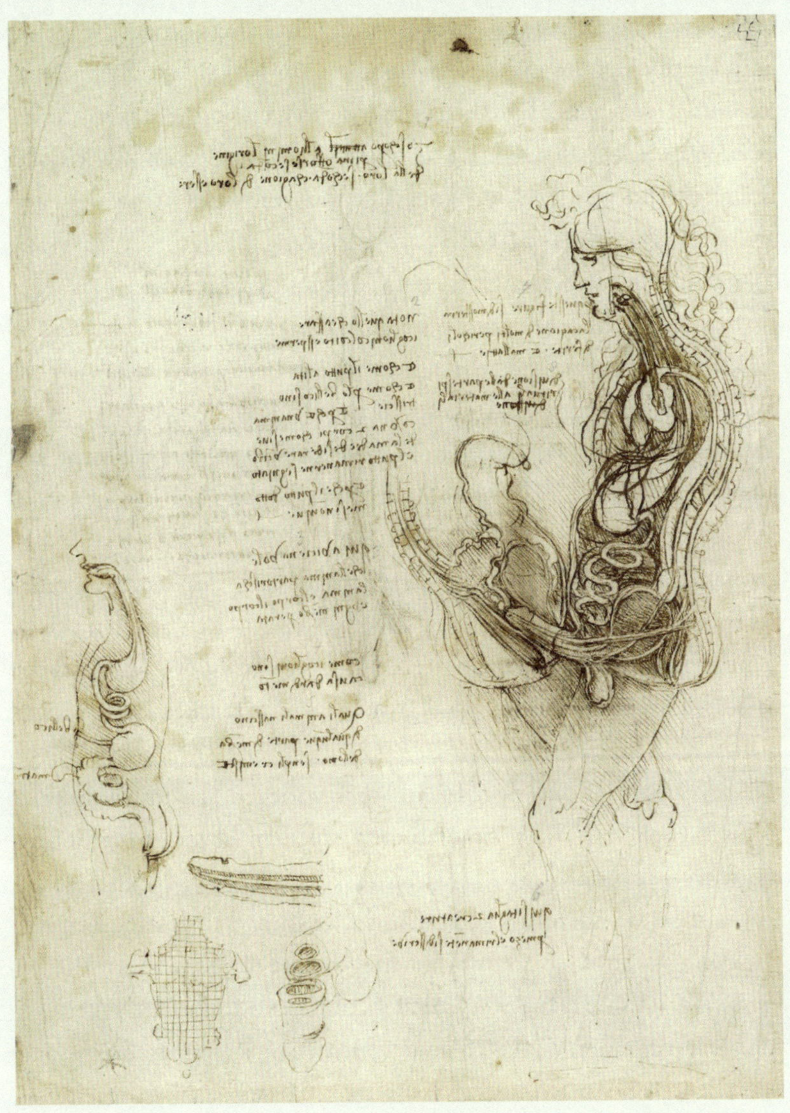

Abb. 22: Leonardo: *Koitus-Längsschnitt*, um 1492, Royal Library, Windsor Castle

eines noch so auf Naturalismus erpichten Künstlers hinaus. Je weiter er in die dunklen Abgründe der Anatomie vordrang, desto mehr leuchtete ihm das Licht der Erkenntnis über die irrigen Vorstellungen, denen er zu lange selbst angehangen hatte und die weiterhin an den Universitäten gelehrt wurden. Der Wunsch, etwas Vertrautes zu glauben, war auch dort größer als der Wille zur Aufklärung.

Mit seiner Überzeugung, dass ein Bild berührender ist als jeder Text und dass eine Abbildung stets präziser und damit auch wissenschaftlicher ist als jede Theorie, befand sich Leonardo in deutlichem Widerspruch zur unter Humanisten weit verbreiteten Ansicht, es sei als Eingeständnis eines verbalen Mankos zu werten, wenn jemand zur Unterstützung seiner Gedanken auf Illustrationen zurückgreifen müsse, anstatt die unnachahmliche Präzision der Begriffe walten zu lassen. Leonardo hat dieses Prinzip auf den Kopf gestellt – um den Preis, nicht als Intellektueller zu gelten. Mit seinen anatomischen Studien war er dennoch oder gerade deshalb der Zeit um Jahrzehnte voraus. Erst der Brüsseler Anatom Andreas Vesalius (1514-1564) konnte 1543 mit seinen *Sieben Büchern über den Aufbau des menschlichen Körpers* (*De humani corporis fabrica libri septem*) ein Werk vorlegen, das mit Abbildungen versehen war, die sich annähernd auf dem Level Leonardos bewegten.

»Aber«, so nochmals Paolo Giovio, »während er so seine Zeit mit Forschungen auf Gebieten verbrachte, die für die Kunst nur Hilfsgebiete sind, konnte er aus wechselnder Laune und Unbeständigkeit nur sehr wenige seiner Werke vollenden; seine Begabung strebte so sehr nach dem Vollendeten und er war gegen sich selbst so anspruchsvoll, daß er Vieles begann und dann im Stiche ließ.«[77]

Das Ende Lorenzo de' Medicis 1492, eines Angehörigen seiner eigenen Generation, erlebte Leonardo aus Mailänder Perspektive. »Seinen Tod beklagten alle seine Mitbürger und alle Fürsten Italiens. Diese schickten sämtlich ihre Botschafter nach Florenz, um ihre Teilnahme an dem schweren Schicksalsschlag zum Ausdruck zu bringen. Sie hatten begründete Ursache zur Trauer. Dies zeigte sich bald. Als Italien Lorenzos Rat entbehren mußte, fanden die Zurückbleibenden kein Mittel, den Ehrgeiz Lodovico Sforzas, des Herzogs von Mailand, zu befriedigen oder in Schranken zu halten. Hierdurch begann gleich nach Lorenzos Tod der böse Samen zu keimen, der bald darauf Italien verwüstete und immer noch verwüstet«, schrieb Niccolò Machiavelli (1469-1527) in seiner Geschichte der Stadt Florenz.[78] Doch Leonardo schwebte über allem.

Während Kolumbus die Bahamas und Kuba erreichte und Maximilian I. deutscher König wurde, entwarf Leonardo die Ausstattung für ein Turnier, beriet sich mit dem Architekten Sangallo über Optionen beim Bronzeguss, und nach zehn Jahren Arbeit konnte er 1493, anlässlich einer dritten Hochzeit, der von Bianca Maria, der Nichte Lodovicos, mit dem abwesenden Maximilian I., endlich öffentlich das Tonmodell eines Pferdes präsentieren.

Doch die drei Hochzeiten sind nur der Auftakt zum Größenwahn Lodovicos. Nach dem Tod Ferdinands I. von Neapel 1494 verbündete er sich mit dem französischen König Karl VIII., empfing dessen Heer, das Neapel zu erobern in Italien eingefallen war, pompös in Mailand und unterstützte damit sowohl die Vertreibung der Medici aus Florenz als auch die vorübergehende Flucht der Aragonesen aus Neapel. Piero de' Medici seinerseits hatte den Invasoren die Tore der Stadt geöffnet, mit dieser Aktion den Widerstand der Florentiner heraufbeschworen und musste nun für Girolamo Savonarola das Feld räumen, der für die kommenden vier Jahre in Florenz den Ton angeben sollte. Nachdem die Franzosen Rom besetzt hatten, war der Weg nach Neapel frei, und erst eine neue Allianz, die sogenannte Heilige Liga aus Venedig, Spanien, Mailand, Rom und Kaiser Maximilian I., trieb das Heer

Karls VIII. zurück nach Frankreich. Noch einmal gab es Aufschub für Leonardos Arbeitgeber.

1491 nahm Leonardo den zehnjährigen Straßenjungen Gian Giacomo di Caprotti (1480-1524), genannt Salaì, in sein Haus auf, »einen anmuthigen und schön gebildeten Jüngling mit krausen lockigen Haaren«[79], dessen Bändigung ihm jedoch Kopfzerbrechen bereitete. »Seitenlang schreibt er sich auf, was ein solcher Giacomo ihm und den Freunden gestohlen hat; dann, was er für ihn ausgegeben an Kleidern, Schuhen, Gürteln. Am Rande steht klipp und klar: ›Diebisch, lügnerisch, eigensinnig, gefräßig … Wieviel kostet mich der Junge?‹«[80] Doch in der anderen Waagschale ruhen Charme, Schönheit und Erotik[81], denn was bei Leonardo »dem Schmelze seiner gemalten Gestalten zu entsprechen scheint, ist Neigung zu Jünglingen«, wie es Emil Ludwig in seinem Essay über den Künstler geschmeidig formulierte.[82]

Sicher waren in Leonardos Augen auch Salaìs bezaubernde Locken Ausdruck seiner widerspenstigen Persönlichkeit, denn der Vergleich, den Leonardo in seinen Schriften über Fließbewegungen zwischen den Wirbeln unruhigen Wassers und dem Wuchs der Haare zog, hatte er im eigenen Haus täglich vor Augen. So wie das Wasser durch Widerstände aufgewühlt wird, so werden Haare – die im Geiste Aristoteles' als erstarrte Ausdünstungen zu verstehen sind, die lediglich Bewegungsimpulse verschiedener im Menschen wirksamer Elemente sichtbar machen – durch temperamentabhängige Körpersäfte in Bewegung versetzt.[83] Der eigenwillige Charakter des Knaben lässt sich so auf biologische, gar kosmische Ursachen zurückführen und so vielleicht leichter ertragen. Salaì jedenfalls wurde für Leonardo zum Begleiter für den Rest seines Lebens, zu seinem Modell und einem seiner Erben.

»Wir ahnen, dass er das war, was man jetzt einen gerissenen Dienstboten mit dem guten Auge für seine große Chance nenne würde«, schreibt Martin Kemp. »Es gibt Anzeichen, die darauf hindeuten, dass

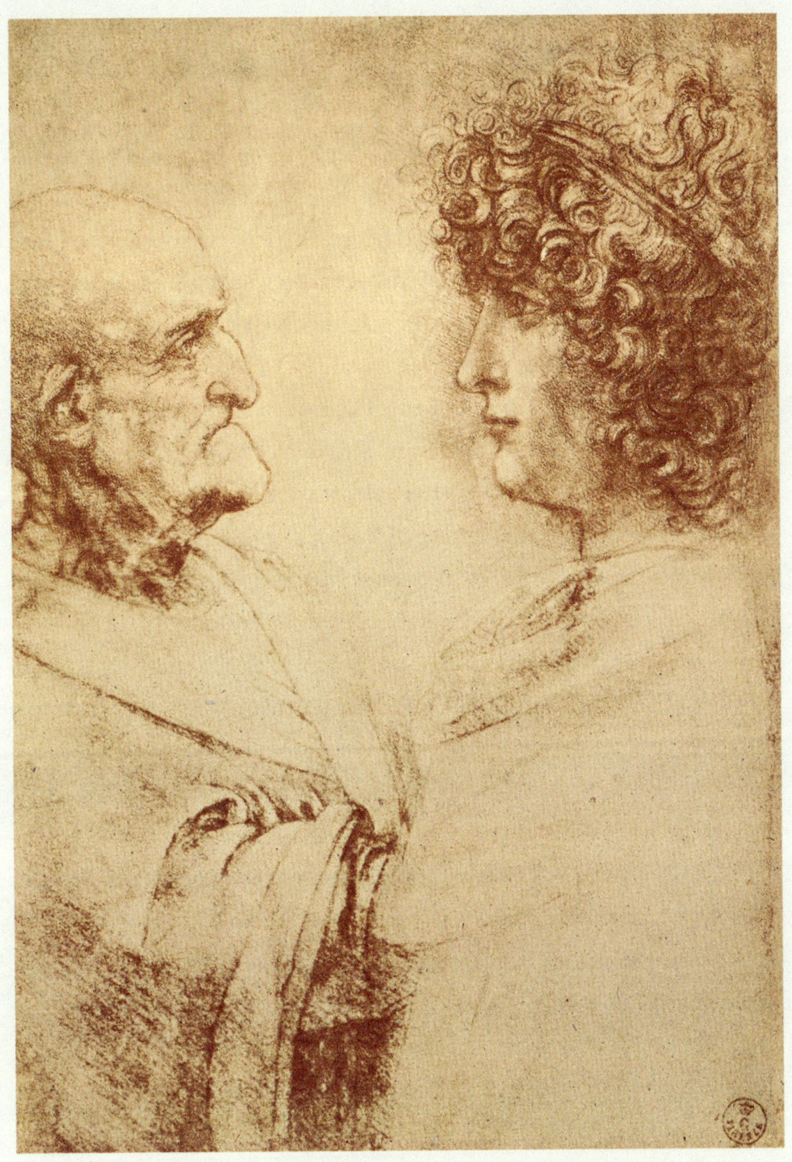

Abb. 23: Leonardo: *Alter Mann und Junge*, 1490-95, Uffizien, Florenz

er ein internationaler Kunsthändler wurde, bevor es diesen Berufsstand als Profession wirklich gab.«[84] Seine körperliche Attraktivität mag Leonardo auch zu einer Allegorie von Lust und Pein angeregt haben, wie Eissler meint, in der sich das Hadern des Künstlers und seine letztendliche Lustfeindlichkeit manifestieren: »Der Lust liegt die Mühsal mit dem Leid zugrunde, und dem Leid liegen allerlei ausschweifende Lüste zugrunde«, notierte Leonardo.[85] Ein verfehltes Leben in Trägheit und Träumereien hat seiner Auffassung nach nicht selten seine Ursache in den Lüsten, deren man nicht Herr wird.

Im Juli 1493 zog außerdem eine Catarina zu Leonardo. Ob es sich um seine Mutter handelt oder um eine gleichnamige Haushälterin, kann wohl nicht mehr zweifelsfrei geklärt werden, aber ihr sind einige Einträge in Leonardos Büchern gewidmet. Es ist durchaus denkbar, dass seine Mutter kurz vor ihrem Tod nach Mailand kam. Eine Auflistung der Ausgaben für das Begräbnis der Catarina findet sich ebenfalls in den Notizen. Eissler[86] vermutet aus Sicht der Psychoanalyse, dass zumindest der Name dieser Frau kein Zufall war. Sollte es sich doch nur um eine Angestellte gehandelt haben, so habe der Name bei der Auswahl mutmaßlich eine Rolle gespielt und sei Beleg für das Bedürfnis Leonardos nach einer mütterlichen Frau im Haushalt.

Die Werkstatt des Künstlers, in der seit 1491 auch die Schüler Giovanni Antonio Boltraffio (1467-1516) und Marco d'Oggiono (ca. 1475-1530) tätig waren, produzierte weiter, schuf neue Werke und kopierte ältere. Und Leonardo begann sein größtes erhaltenes Gemälde, das *Letzte Abendmahl* in Santa Maria delle Grazie, jener Klosterkirche, die Lodovico zur Grabstätte der Sforza auszubauen gedachte.

LEGENDÄRES VERSCHWINDEN: DAS *LETZTE ABENDMAHL*

»Einer, der trank, ließ den Becher an seinem Platz und wandte seinen Kopf dem Sprechenden zu. Ein anderer schiebt die Finger seiner Hände ineinander und wendet sich mit starren Brauen seinem Gefährten zu; der andere hat die Hände geöffnet und zeigt deren Innenflächen, zieht die Schultern bis zu den Ohren hoch und öffnet staunend seinen Mund. Ein anderer sagt seinem Nachbarn etwas ins Ohr, und der, der ihm zuhört, beugt sich zu ihm hin, zugleich hält er in der Hand ein Messer und in der anderen das Brot, das er schon auseinandergeschnitten hat. Noch ein anderer, der ein Messer in der Hand hat, schüttet mit dieser Hand, während er sich umdreht, einen Becher auf den Tisch. Ein anderer hat seine Hände auf dem Tisch liegen und schaut. Ein anderer bläst auf sein Essen. Ein anderer beugt sich nach vorne, um den Sprechenden zu sehen, und hält sich die Hand vor die Augen, um sich Schatten zu machen. Noch ein anderer neigt sich hinter den, der sich nach vorne beugt und, sich zwischen die Mauer und dem sich nach vorne Gebeugten befindend, schaut er auf den Sprechenden.«[87]
Was Leonardo hier schildert, ist ein Netzwerk von Blicken und Gesten, die temperamentvolle Interaktion der Jünger beim letzten Abendmahl und Motivation für sich selbst und zukünftige Maler, die »Varietas« als die bildbelebende Vielfalt des Ausdrucks ernst zu nehmen.

Sein *Abendmahl* im Refektorium von Santa Maria delle Grazie in Mailand (422 x 904 cm), entstanden 1495-1498, setzte sich über die Tradition, Judas von den anderen Jüngern zu separieren und auf der Vorderseite der Tafel zu platzieren, hinweg und schuf zugleich eine Dynamik durch die Rhythmisierung der Personen in vier Dreiergrup-

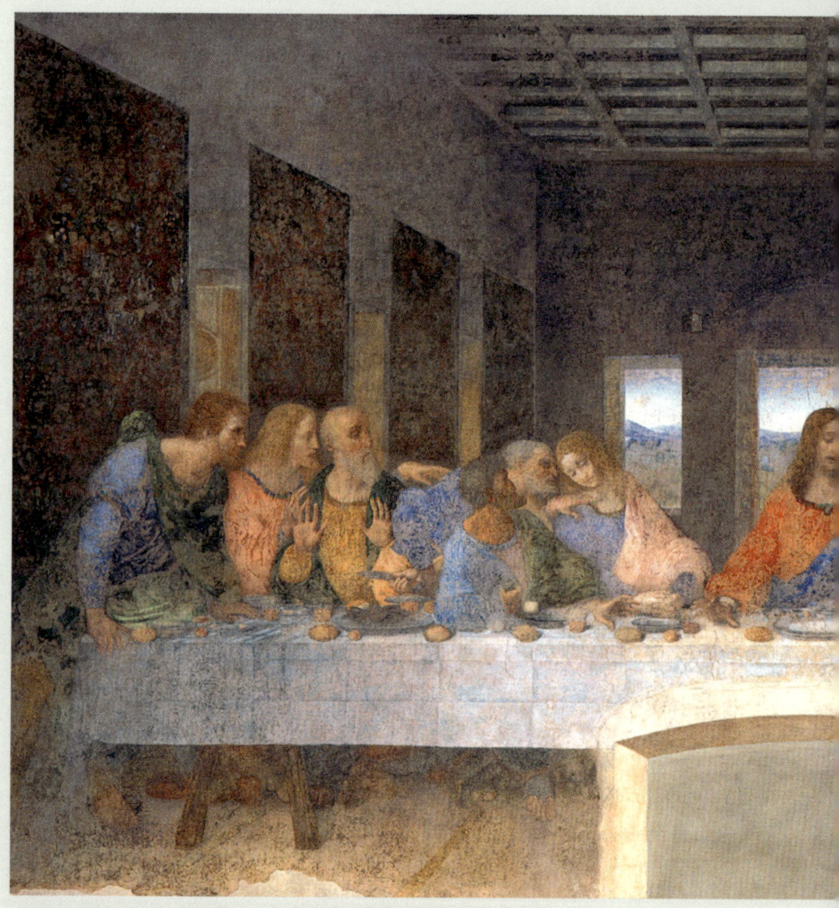

Abb. 24: Leonardo: *Das letzte Abendmahl*, 1495-98, Santa Maria delle Grazie, Mailand

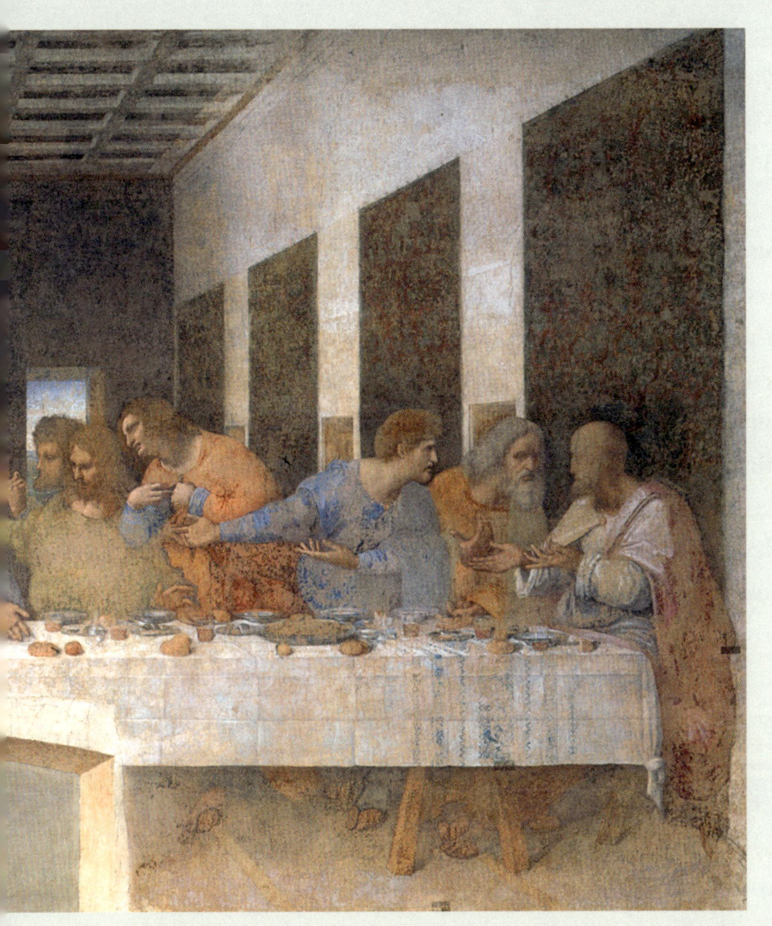

pen. Es ist der Moment dargestellt, nachdem Jesus verkündet, dass sich das Wort der Schrift erfüllen müsse und daher einer der Anwesenden zum Verräter werde, und zwar jener, »der mein Brot isst« (Joh. 13, 18). »Die Jünger sahen einander an, ratlos, von wem er rede. Einer von seinen Jüngern lag an Jesu Brust, der, den Jesus lieb hatte. Diesem winkt nun Simon Petrus und sagt zu ihm: Sage, wer ist es, von dem er redet!« (Joh. 13, 22-24) Im Gemälde Leonardos hat sich Johannes von Jesus gelöst und nach hinten gelehnt, um die Worte von Petrus hören zu können, während sich vor ihnen das verschattete Profil mit gebogener Nase und schwarzem Bart abzeichnet: Judas, der seine linke Hand nach dem Brot ausstreckt. Sie sind mit dem Bösen in Tuchfühlung, ohne es zu erkennen. Zugleich sitzen hier der Verleumder Petrus und der Verräter Judas Schulter an Schulter. Von ganz links blicken Bartholomäus, Jacobus Minor und Andreas auf das Geschehen, derweil am anderen Tischende Matthäus, Thaddäus und Simon miteinander diskutieren. Die letzte Dreiergruppe, rechts von Jesus, versucht von ihm selbst Aufschluss über die kaum fassbare Ankündigung zu erlangen. Jesus aber ist nicht mehr ansprechbar, ist verklärt, in unendliche Ferne entrückt, wie der Fluchtpunkt des Bildes, der in seinem Kopf zu liegen kommt. Die Gesellschaft sitzt nicht auf einer schmalen Empore vor einer Wand, die ihr wenig Spielraum gibt, wie bei den zeitgenössischen Umsetzungen des Themas von Andrea del Castagno (ca. 1418-1457) oder Ghirlandaio, sondern in einem weiten Raum mit zwölf Öffnungen – je vier seitlich, drei hinten, mit Ausblick auf eine sanfte Landschaft, und eine zum Betrachter, durch die von schräg links, entsprechend der realen Beleuchtung des Raums, auch das Licht auf die Szene fällt.

Leonardos Methode der Bewältigung eines solchen Auftrags wird auch bei diesem Werk offensichtlich. Bevor er mit der Arbeit begann, trieb er vielfältige Studien, beobachtete Passanten, engagierte Hand- und Fußmodels, skizzierte Variationen über das Thema. Die Freskotechnik war ihm zuwider, da sie entschlossenes und schnelles Arbeiten erforderte. Deshalb experimentierte er zudem mit anderen Malgründen, hier mit Temperafarben und Öl, auf denen er es sich leisten konnte, die Arbeit jederzeit zu unterbrechen. Dem Prior des Klosters »schien es seltsam, den Künstler bisweilen einen halben Tag in Betrachtung verloren zu sehen; es wäre ihm lieb gewesen, wenn er gleich Arbeitern, die den Garten umhacken, den Pinsel niemals aus der Hand gelegt hätte«, heißt es bei Vasari.[88] Sogar gegenüber dem Herzog soll es Klagen gegeben haben, aber Leonardo setzte diesem bedächtig auseinander, »daß erhabene Geister bisweilen am meisten schaffen, wenn sie am wenigsten arbeiten, nämlich in der Zeit wo sie erfinden und vollkommene Ideen ausbilden«.[89]

Gelegentlich soll er überhaupt nur ins Kloster geeilt sein, um mit wenigen Pinselstrichen einen der Köpfe zu korrigieren. Zum eigenen Tun immer wieder Abstand zu gewinnen, lautet ein entsprechender Ratschlag Leonardos: »Es ist auch gut, wenn man oft aufsteht und sich anderswo ein wenig erquickt, denn, wenn du dann zu deiner Arbeit zurückkehrst, kannst du sie besser beurteilen; denn wenn du immer an deinem Werk klebst, kannst du dich ziemlich irren.«[90]

Leonardos Farbexperimente haben dazu geführt, dass schon zu seinen Lebzeiten der Verfall des Werkes einsetzte. In den folgenden Jahrhunderten wurde es immer wieder restauriert. Einmal 1726, dann erneut 1770. Während der französischen Besatzung (1796-1815) ist der Raum zeitweise als Pferdestall genutzt worden, bevor man 1820, 1854 und 1908 weitere Rettungsversuche unternahm. Heute ist das berühmteste Wandgemälde der Welt lediglich ein Schemen, und nur zeitgenössische Kopien zeugen noch von seiner ursprünglichen Farbigkeit und Plastizität.

UMBRUCH UND AUFBRUCH IN MAILAND

(1494-1499)

1495 kam der Franziskanerpater und Mathematiker Luca Pacioli auf der Höhe seines Ruhms nach Mailand. Im Jahr zuvor hatte er seine *Summa de arithmetica, geometria, proportioni et proportionalità* veröffentlicht, das erste und bedeutendste gedruckte Buch zur Mathematik in der Renaissance. Der Austausch mit dem anderen großen Toskaner in Mailand gestaltete sich fruchtbar, denn Leonardo regte ihn an, sein Werk *De divina proportione* zu schreiben, in dem er sich mit Vitruv, dem für die Renaissance so bedeutenden Architekturtheoretiker der römischen Antike, und dem Goldenen Schnitt befasste. Wohl gemeinsam verfassten sie auch ein lange verschollenes Buch über das Schachspiel (*Schiffanoia. De ludo scachorum*), zu dem 2006 ein Manuskript in der Fondazione Palazzo Coronini Cronberg in Gorizia auftauchte. Pacioli sollte auch die notwendige Bronzemasse für Leonardos Reiterstandbild berechnen. Er kam auf die atemberaubende Menge von zweihunderttausend Pfund[91], die nie zur Verfügung stehen sollte.

Der spannungsreiche Hof Lodovicos bot auch für einen anderen Gelehrten reiches Anschauungsmaterial. 1496 kam der siebzehnjährige Baldassare Castiglione (1478-1529) nach Mailand, der hier eine für ihn prägende Zeit durchlebt haben dürfte. Sein *Libro del Cortegiano* (1528) entwickelt in Dialogform den perfekten Höfling, schildert dessen notwendige kulturelle Bildung, seine Vielseitigkeit, Loyalität und körperliche Ertüchtigung. Vor allem aber formuliert Castiglione darin die Grundlage allen höfischen Umgangs: Gelassenheit und Selbstbeherrschung.

Es dauerte nun nur noch drei Jahre, bis die Ära Lodovico zu Ende ging. Karl VIII. starb im April 1498, aber das opportunistische Verhalten des Herzogs von Mailand, das nur als Verrat gewertet werden konnte, war in Frankreich nicht vergessen. Karls Nachfolger Ludwig XII. rächte sich 1499 mit der Besetzung Mailands und der Vertreibung Lodovico Sforzas, der am 2. September die Stadt verließ und sich an den Hof Maximilians I. nach Tirol flüchtete, um sich von dort aus für einen letzten Versuch der Rückeroberung zu rüsten. Vier Tage später war die Stadt in französischer Hand.

Im Gefolge des Königs trafen auch Leonardos spätere Auftraggeber Florimond Robertet und Cesare Borgia in Mailand ein. Ludwig XII. hatte Papst Alexander VI. um die Annullierung seiner Ehe mit Jeanne de Valois, der Schwester seines verstorbenen Vorgängers Karl VIII., gebeten, die Platz machen sollte für dessen Witwe, Anne de Bretagne. Eine gewissenhafte päpstliche Kommission, die den Fall unter theologischen Aspekten untersuchte, kam zu dem überraschenden Ergebnis, dass eine Annullierung nur dann möglich sei, wenn zugleich der Papstsohn Cesare Borgia eine französische Prinzessin heiraten und Ländereien in Frankreich erhalten würde. So trat Borgia nun nicht nur als frischgekürter Herzog von Valentinois, sondern auch als Befehlshaber der französischen Truppen in Mailand und Ehemann der Nichte des Königs, Charlotte d'Albret, in Erscheinung.

Während Mailand im Chaos versank und der Mob die Paläste der prominenten Sforza-Gefolgsleute stürmte, kooperierte der Pragmatiker Leonardo auch mit den neuen französischen Machthabern. Er war sich der Endgültigkeit der Vertreibung des Despoten offenbar sehr sicher, denn ihm war dessen launischer Charakter nach siebzehn Jahren zweifellos vertraut genug, um kein Risiko einzugehen. Wäre Lodovico zurückgekehrt, wer hätte sagen können, ob er nicht all jene, die ihm gegenüber illoyal waren, zur Rechenschaft gezogen hätte. Umso größer war die Nervosität, die sich breitmachte, als im Dezember Gerüchte aufkamen, Lodovico würde eine Offensive zur Rückeroberung planen. Leonardo und seine kleine, selbstgewählte Familie trafen Vorkehrungen für eine zügige Abreise. Für die Reise Notwendiges wurde aufgelistet, und am 14. Dezember überwies Leonardo die Summe von sechshundert Florin auf ein Konto im Florentiner Ospedale di Santa Maria Nuova.[92]

Die militärische Offensive Lodovicos scheiterte und brachte ihn in französische Gefangenschaft: Das Heer des französischen Königs unter der Führung des verbannten Mailänders Gian Giacomo Trivulzio, der durch den Einmarsch in Mailand eine persönliche Rechnung mit Lodovico begleichen konnte, war erfolgreicher als das seines Vorgängers. Seinen Anspruch auf das Herzogtum Mailand untermauerte Ludwig XII. durch seine Verwandtschaft mit dem ehemaligen Herrschergeschlecht der Visconti. Das Klima in Mailand war jedoch weiterhin von Misstrauen erfüllt, und die Ungewissheit vergiftete auch das Kulturleben. Lodovicos Architekt Donato Bramante (1444-1514) und Luca Pacioli gingen nach Rom, auch Leonardo entschloss sich zum Ortswechsel, hielt nach neuen Auftraggebern Ausschau und ging neue Wege. Sein Geld und seine transportablen Habseligkeiten konnte er retten, den Weinberg, mit dem ihn der Herzog im Jahr zuvor entlohnt hatte, musste er jedoch aufgeben.

ZWEI MÜTTER

Wie wenig Wert Leonardo auf die Klarheit der Bildinhalte und wie viel auf die Komposition und formale Durchdringung legte, beweist seine Auseinandersetzung mit zwei Frauengestalten, wohl angeregt von antiken Skulpturen, Darstellungen von Musen, die er 1501 in Tivoli gesehen hatte.[93] Vermutlich existierten ursprünglich drei Kartons zu dem Thema, von denen jedoch nur einer erhalten blieb, der heute in der Londoner National Gallery zu sehen ist.[94]

Dass Maria auf dem Bein der zweiten weiblichen Figur sitzt, ist Indiz für eine *Anna Selbdritt*; dass sich Johannes zur Gruppe gesellt, spricht für eine Begegnung mit Elisabeth. Die zwei fast gleichaltrigen Frauen sind einander liebevoll zugewandt, ihre Körper überschneiden sich, die Köpfe stehen, wie bei einem Spiegelbild, im gleichen Winkel zueinander.

Der Jesusknabe, wie aus dem Arm seiner Mutter herauswachsend, strebt nach rechts, um den zweiten, größeren Knaben mit der Linken unters Kinn zu fassen und ihn mit der Rechten zu segnen. Der ältere Knabe steht an oder in einem angedeuteten Bachlauf mit flachen runden Steinen, hinter seinem Rücken laviert, der ihn zusätzlich als Johannes den Täufer charakterisieren könnte. Während Maria ihren Sohn stützt, weist Elisabeth mit ausgestrecktem Zeigefinger nach oben. Ihre Hand, die sich vor dem Felsmassiv im Hintergrund abhebt, schwebt zwischen den beiden Knaben. Sie, deren Gesicht verschattet und verschwommen ist wie das Bild in einem leicht beschlagenen Spiegel, verweist auf den Himmel und blickt zu Maria, deren ganze Aufmerksamkeit Jesus gilt, der wiederum auf Johannes herabsieht: wie schon in der *Felsgrottenmadonna* eine Verkettung der Blicke, zu der eine Ver-

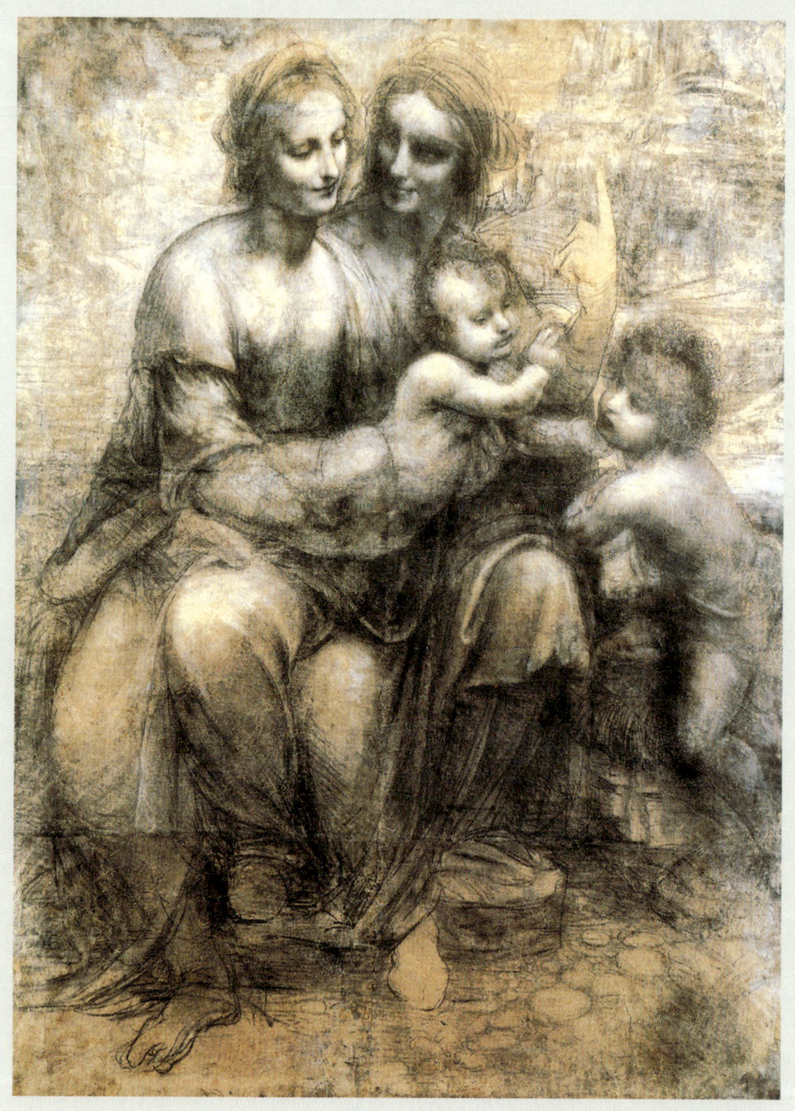

Abb. 25: Leonardo: *Maria, Elisabeth und ihre Söhne* (?), 1500-08, National Gallery, London

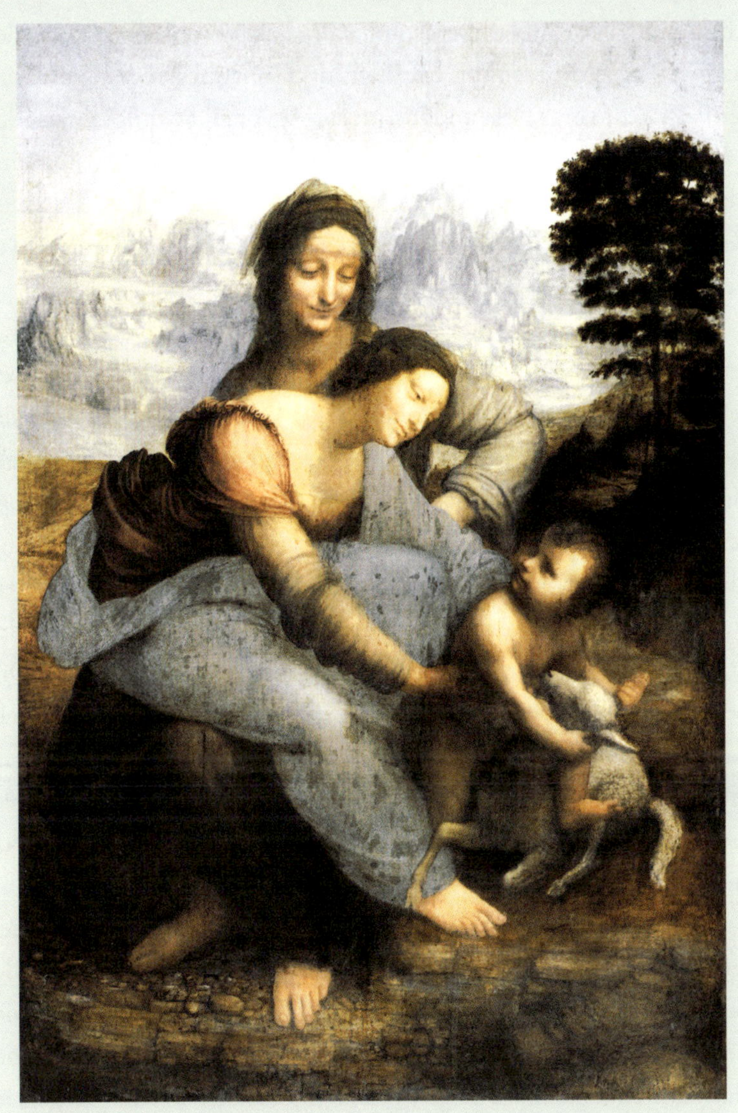

Abb. 26: Leonardo: *Anna Selbdritt*, 1510-13, Louvre, Paris

schmelzung der Körper hinzukommt. Vielleicht werden wir auch hier Zeugen – einer Begegnung von Jesus und Johannes in der Wüste bei der Rückkehr von Maria und Joseph aus Ägypten. Statt des Engels der *Felsgrottenmadonna* diesmal mit Elisabeth. Dafür spräche ein kaum erkennbares Detail: Über dem Kopf des Jesusknaben schlängelt sich ein Weg in eine Schlucht, auf dem, mit wenigen Strichen angedeutet, zwei Gestalten mit einem Esel entschwinden.

In einem Gemälde im Pariser Louvre hat Leonardo – entsprechend der zweiten Fassung der *Felsgrottenmadonna* – die Inhalte scheinbar verdeutlicht. Durch die Abwesenheit des Johannesknaben sieht es danach aus, dass es sich zumindest jetzt um eine *Anna Selbdritt* handelt. Maria sitzt seitlich nach rechts gewandt auf dem Schoß Annas und beugt sich nach vorn, um den Jesusknaben zu greifen, der gerade versucht, ein Lamm zu besteigen, das an die Stelle des Johannesknaben getreten ist, um ihn entweder zu ersetzen oder aber zu repräsentieren. So wie der Knabe von der Mutter, so strebt auch das Tier vom Knaben weg. Die Geste der Mutter, wiederholt sich im Greifen des Knaben. Maria möchte ihn aktiv vom Lamm trennen, während Anna kontemplativ von oben auf die Szene herabblickt. Jesus aber will sich nicht davon abbringen lassen, sich des Lamms – Attribut des Johannes und zugleich Symbol für das eigene Martyrium – zu bemächtigen.

Sigmund Freud hat das Bild zu einem zentralen Schlüssel in seiner Leonardo-Analyse gemacht, während eine anthroposophische Betrachtung des Kartons nochmals zu ganz anderen Schlüssen führt, denn hier geht man, wie Rudolf Steiner in Vortragszyklen über Lukas- und Matthäus-Evangelium darlegte, von zwei Jesusknaben aus.[95] Es gibt in den beiden Evangelien diverse Abweichungen in der Vita des jungen Jesus. Zwar stammt er hier wie dort aus dem Geschlecht Davids, doch die Eltern des Jesus siedeln sich bei Matthäus erst nach der Rückkehr aus Ägypten in Nazareth an, ihr Sohn wird von den Königen besucht und von Herodes verfolgt (sein Stammbaum führt über Salomo). Die Eltern des bei Lukas erwähnten Knaben stammen dagegen ursprünglich aus Nazareth, ihr Sohn wird aber in Bethlehem geboren und von den Hirten angebetet (seine Genealogie führt über Nathan). Während bei Lukas der Engel der Maria erscheint, spricht er bei Matthäus nur mit Männern und informiert Joseph über die Umstände der Schwangerschaft. Eine Annahme zweier Jesusknaben, durchaus auch zweier Mütter, beruht im Wesentlichen auf diesen Differenzen.

Das Dogma der »unbefleckten Empfängnis Mariä« wurde zwar erst 1854 verkündet, der franziskanische Papst Sixtus IV. della Rovere (1414-1484) befürwortete aber bereits die Vorstellung einer ohne Erbsünde geborenen Maria und wertete damit auch die Stellung ihrer Mutter Anna auf, deren Namenstag er in den römischen Heiligenkalender aufnahm. Ob das bedeutet, dass Maria durch einen Kuss zwischen ihren Eltern gezeugt wurde oder dass Gott in ihrem Fall einfach eine Ausnahme von der Erbsünde machte – Maria blieb schon »im ersten Augenblick ihrer Empfängnis durch ein einzigartiges Gnadenprivileg des allmächtigen Gottes von jedem Schaden der Erbsünde unversehrt bewahrt«, so Papst Pius IX. –, ist in der Terminologie des Katholizismus wenig anschaulich und bedurfte vor und nach der Verkündung des Dogmas der Interpretation. Der Bildtypus der *Anna Selbdritt*, deren berühmtestes Beispiel Leonardo geliefert hat, erlebte seit dem späten 15. Jahrhundert eine weite Verbreitung, und die drei »unbefleckten« Generationen bildeten fast so etwas wie den Gegenentwurf zur Dreiheit von Vater, Sohn und Heiligem Geist. Eine andere, weiblich dominierte Trinität.

UNTERWEGS INS UNGEWISSE
(1499-1503)

Ludwig XII., nun König von Frankreich und Herzog von Mailand in Personalunion, zeigte sich bei seiner Ankunft in Mailand tief beeindruckt von Leonardos *Letztem Abendmahl*. Während seine Soldaten angeblich das Pferdemodell für das Sforza-Monument als Zielscheibe für Schießübungen benutzten, träumte der König davon, das Wandgemälde nach Frankreich bringen zu lassen, musste sich aber damit abfinden, dass dies die logistischen Möglichkeiten seiner Epoche überstieg. Die Zerstörung des Refektoriums, so Paolo Giovio, hätte er sofort in Kauf genommen[96], doch an einem Transport der Mauer samt *Abendmahl* hätte sich wohl nur Leonardo selbst versucht. Der aber war unterwegs über Mantua, Venedig und Florenz in die Dienste Cesare Borgias.

Mehr als zwei Drittel seines Lebens lagen hinter ihm, doch der Aufbruch in Mailand brachte neue Impulse und Aufgaben. In Mantua zeichnete er ein eher unspektakuläres Porträt Isabella d'Estes im Profil, das wie ein Pendant zu einem weiteren Profilbild wirkt, das 2009 auf dem Kunstmarkt als *La Bella Principessa* auftauchte und möglicherweise Isabellas 1497 verstorbene Schwester Beatrice, die Gattin Lodovicos, oder dessen uneheliche Tochter Bianca zeigt. Martin Kemp hielt das Bild nach wie vor für authentisch, auch wenn der Kunstfälscher Shaun Greenhalgh angab, es zeige die Supermarktkassiererin Sally und er habe es 1978 gemalt.[97]

Die Zeichnung der Herzogin von Mantua nahm Leonardo mit nach Venedig, wo sie der Instrumentenbauer Lorenzo Gusnasco sah und Isabella zu diesem Bildnis in einem Brief beglückwünschte. Zwischen Leonardo und der emanzipierten Isabella herrschte eine besondere Wertschätzung, die auf Sympathie und gemeinsamen Interessen fußte. Beide erforschten wachen Auges die Kunst ihrer Zeit, beide liebten die Musik. Sie hatte eine gute Stimme und spielte die Lira da braccio, sammelte in ihrem Studiolo Musikinstrumente und in ihrer Grotta Antiken. Leonardo allerdings kehrte nicht zu ihr zurück, um sein Versprechen einzulösen und sie auch in Farbe zu verewigen[98], sie allerdings blieb unbeirrt beharrlich. Über Jahre schrieb sie ihm Briefe, schickte Agenten und bat ihn, nachdem sie die Hoffnung aufgegeben hatte, ihn wiederzusehen, wenigstens darum, ihr das Bild eines zwölfjährigen Jesusknaben zu malen, ausgeführt mit der Süße und Sanftheit der Atmosphäre (dolcezza et suavità de aiere), die seinen Stil ausmache. Stets versprach er ihren Wünschen bei nächster Gelegenheit nachzukommen, doch sosehr sie ihn auch umschmeichelte, geliefert hat Leonardo auch hier nicht.

Im April 1500 war der Künstler nach achtzehn Jahren Abwesenheit wieder in Florenz, wo er nun Geld von seinem Konto beim Ospedale de Santa Maria Nuova abhob. In den langen Jahren von Leonardos Abwesenheit hatte sich die Situation der Kunst und die der Konkurrenz zwischen den Künstlern in Florenz gewandelt. Verrocchio, Ghirlandaio, Pollaiuolo und Luca della Robbia (1399/1400-1482) waren inzwischen gestorben, Signorelli weilte in Orvieto, Michelangelo in Rom, und der junge Raffael tourte noch durch die Provinz. In der Heimat begegnete Leonardo zwar alten Bekannten wie Botticelli, Lorenzo di Credi, Perugino und Filippino Lippi (1457-1504), aber die neue Generation des Manierismus mit Andrea del Sarto (1486-1530), Franciabigio (1482-1525) und Jacopo da Pontormo (1494-1557) war noch nicht auf den Plan getreten. Keine schlechten Voraussetzungen, um noch einmal einen Versuch zu unternehmen, sich in der Stadt am Arno zu etablieren.

Filippino Lippi revanchierte sich auch gleich für die *Anbetung der*

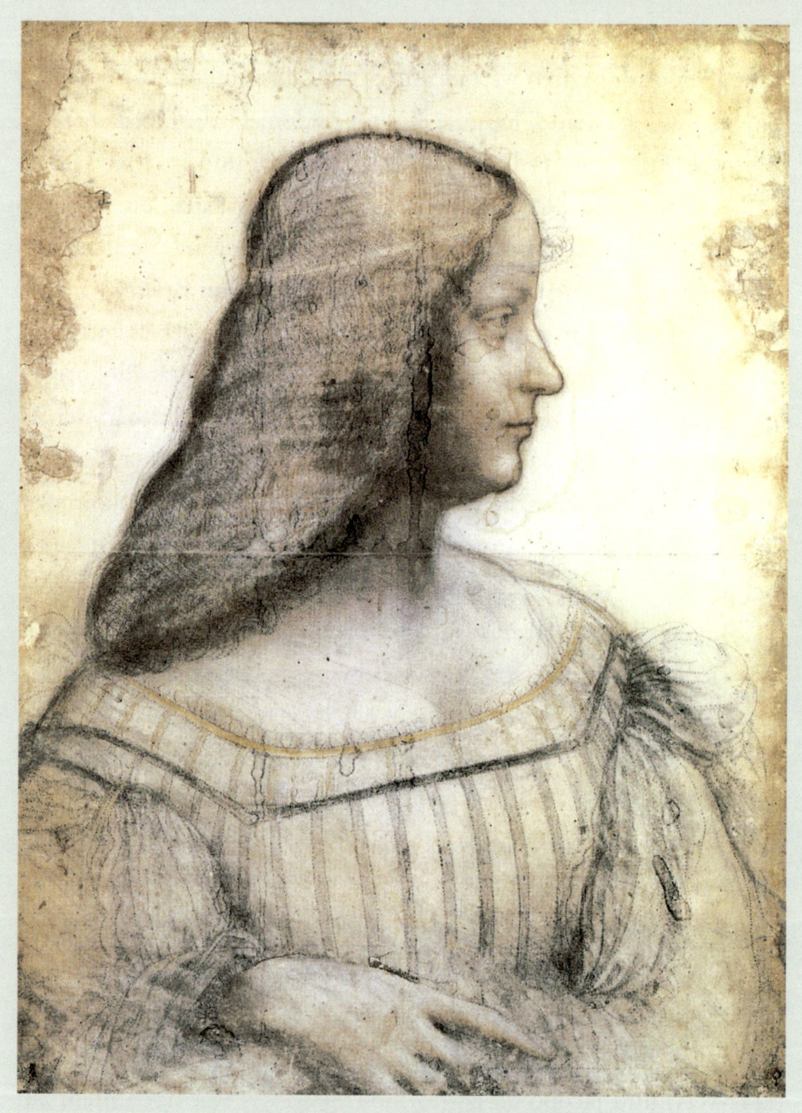

Abb. 27: Leonardo: *Isabella d'Este*, 1499-1500, Louvre, Paris

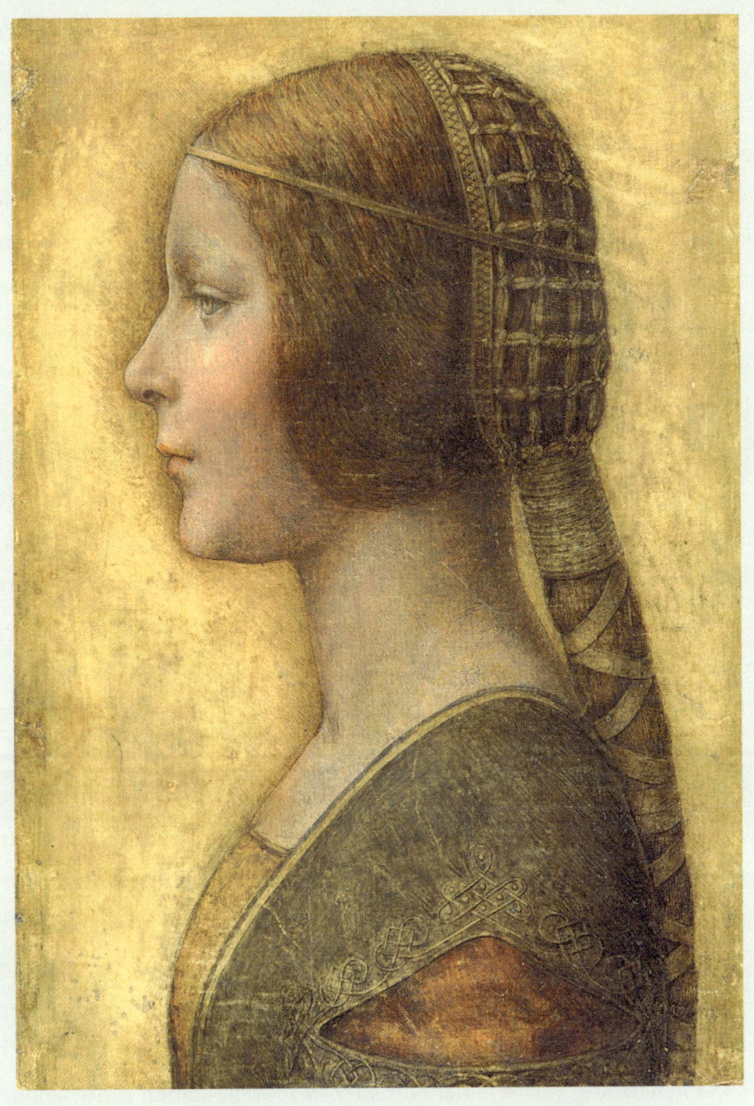

Abb. 28: Leonardo: *La Bella Principessa*, 1495-96, Privatsammlung

Könige, deren Realisierung ihm einst – nach Leonardos Abreise gen Mailand – übertragen worden war, und trat Leonardo einen Auftrag für ein Altarbild in der Kirche Santissima Annunziata ab. Der Heimgekehrte wurde von den Servitenbrüdern mit seinem gesamten Anhang beherbergt, »was er lange Zeit geschehen ließ, ohne etwas anzufangen«, wie Vasari berichtet.[99] Irgendwann legte er zwar den Karton für jene *Anna Selbdritt* vor – entgegen dem ausdrücklichen Wunsch der Mönche nach einer Kreuzigung –, machte sich aber erst gar nicht an die Arbeit für das Gemälde. Letztlich begann erneut Filippino Lippi mit der ursprünglich gewünschten Kreuzigung, die Perugino nach Lippis frühem Tod im April 1504 vollendete.

»Soviel ich ersehe, ist Leonardos Leben zersplittert und unberechenbar; anscheinend lebt er in den Tag hinein«, schrieb der Generalvikar der Karmeliter und Vertraute Isabella d'Estes, Pietro da Novellara, nach Mantua.[100] Unterdessen bemühte sich Ercole d'Este, der Herzog von Ferrara und Vater Isabellas, darum, das ramponierte Modell des Sforza-Reiterdenkmals zu bekommen. Dazu kontaktierte er seinen Gesandten Giovanni Valla in Mailand und erklärte, er wolle einen Bronzeguss nach dem Modell machen lassen, das sich so offensichtlich geringer Wertschätzung bei den Franzosen erfreue und »in Mailand von Tag zu Tag mehr in Verfall gerät, da sich niemand darum kümmert«.[101] Sein Bemühen versandete, weil eine Zustimmung des französischen Königs auf sich warten ließ, und so ist auch das legendäre Reiterstandbild, wie manch anderes »Meisterwerk« Leonardos, Phantom geworden oder geblieben.

Gleichzeitig vertiefte der Künstler in Florenz seinen Eindruck im Bewusstsein der Franzosen. Nachdem sein *Letztes Abendmahl* den König so begeistert hatte, malte er nun für dessen Staatssekretär, Florimond Robertet, eine heute verschollene *Madonna mit Spindel*. Robertet, der sehr viel reiste und vier Sprachen sprach, hatte bereits 1494

Karl VIII. nach Italien begleitet und war als Freund der Künste maßgeblich am Einzug der italienisch gefärbten Renaissance in Frankreich beteiligt.

Der Karmeliter-Padre von Florenz, Pietro da Novellara, besuchte 1501 Leonardo im Auftrag Isabella d'Estes und sah das gerade fertiggestellte Gemälde. In einen Brief an die Herzogin beschreibt er es detailliert und einfühlsam: »Dieses Bild stellt eine sitzende Madonna dar, mit Spinngerät beschäftigt, während der kleine Christus, mit einem Fuß im Wollkörbchen, den Spinnrocken erfaßt hat und erstaunt auf dessen vier Arme sieht, die, vom Lichte bestrahlt, die Form eines Kreuzes angenommen haben, nach welchem er Verlangen zu tragen scheint. Lächelnd hält er den Spinnrocken fest und trachtet, daß die Mutter diesen nicht erreiche.«[102] Dieser Freude, neue Bildmotive zu entwickeln und dabei wie hier das unbefangen Kindliche als das Erstrebenswerte und Natürliche herauszustellen, stand eine gewisse Unlust Leonardos, die Malerei betreffend, entgegen, über die Gerüchte in Florenz die Runde machten und die offenbar auch von Leonardos Schüler Salaì, der ihn treu begleitet hatte, kolportiert wurden. »Was ich gehört habe«, schreibt Novellara, »ist, daß seine wissenschaftlichen Studien ihm das Malen so verleidet haben, daß er es nicht über sich bringen kann, einen Pinsel auch nur in die Hand zu nehmen.«[103] Sollte das tatsächlich der Fall gewesen sein, muss man sich fragen, inwieweit die von Leonardo selbst in der Theorie postulierte Einheit von Wissenschaft und Kunst auch in der Praxis fruchtbar sein konnte. Muss ein Künstler über Grundkenntnisse in Botanik, Geometrie und Anatomie hinaus wirklich höhere Mathematik beherrschen oder Kenntnis von der Position innerer Organe haben? Steht ein unersättlicher Wissensdurst nicht letztlich der Produktivität im Wege?

»Er befaßte sich viel mit Botanik, war sehr bewandert in der Artillerie, in Wasserspielen und anderen phantastischen Konstruktionen;

sein Geist kam niemals zur Ruhe, sondern war unablässig mit der Hervorbringung immer neuer genialer Erfindungen beschäftigt«, heißt es beim Anonimo Gaddiano.[104] Inspiration für sein weiteres künstlerisches Werk erfuhr er durch den Kontakt mit der Antike anlässlich eines Romaufenthalts 1501 mit Exkursion nach Tivoli in die Villa Kaiser Hadrians. Gefragt war Leonardo aber zunächst vor allem als Experte für Artillerie und Festungsbau, denn Cesare Borgia nutzte die Jahre, in denen sein Vater als Alexander VI. Papst war, effizient. Mit dreiundzwanzig hatte er bereits eine Karriere als Bischof und Kardinal hinter sich und eignete sich, auf eigenen Wunsch in den weltlichen Stand zurückversetzt, mit überwiegend militärischen Mitteln weite Teile Mittelitaliens an. Rimini, Camerino, Faenza, Urbino, Pesaro, Forli und Imola hießen die Stationen seiner Eroberung.

Wie leicht sich Leonardo ablenken ließ, zeigt die Begegnung mit Vitellozzo Vitelli, einem Condottiere Cesare Borgias und Feind der Republik Florenz. Der Bruder Vitellis hatte in den Diensten der Stadt gestanden und war 1499 von den Florentinern als Verräter hingerichtet worden. Vitelli selbst schloss sich 1502 dem Widerstand gegen Cesare Borgia an und erfuhr noch Ende desselben Jahres das gleiche Schicksal, wenn auch diesmal auf Befehl Borgias. Leonardo hatte jedoch vermutlich durch Vitelli die Bekanntschaft mit dem Sohn des Papstes gemacht und war bis Anfang 1503 als Borgias Generalinspektor für Fortifikationen unterwegs. Versehen mit einem Freibrief, ausgestellt am 18. August 1502 in Pavia, der ihm ungehinderten Zugang zu allen Bastionen garantierte, reiste Leonardo durch die frisch eroberten Lande des Despoten: »Er und sein Gefolge sollen allen Ortes höflich und gastlich empfangen werden, bei seinen persönlichen Inspektionen hat man ihm jede erforderliche Hilfe zu leisten und ihm die erforderlichen Hilfskräfte zu stellen, und so auch bei Vermessungen und Schätzungen«, befahl Borgia und fügte hinzu, dass »jeder Ingenieur sich seinen

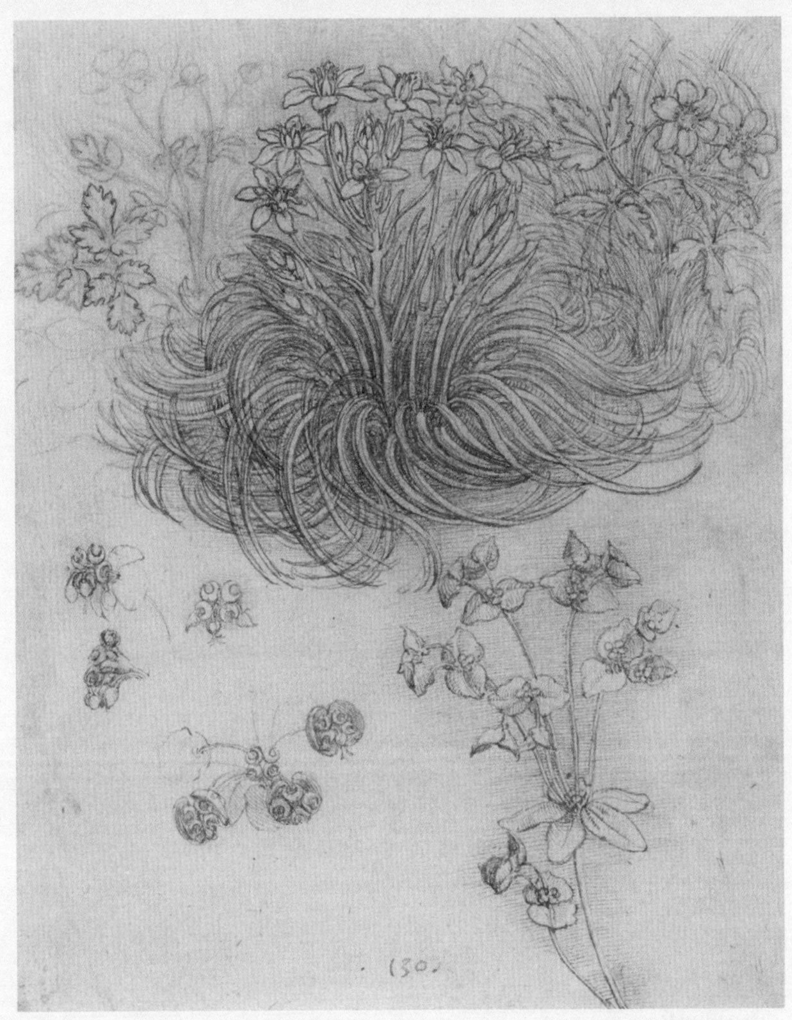

Abb. 29: Leonardo: *Pflanzenstudien*, 1506, Royal Library, Windsor Castle

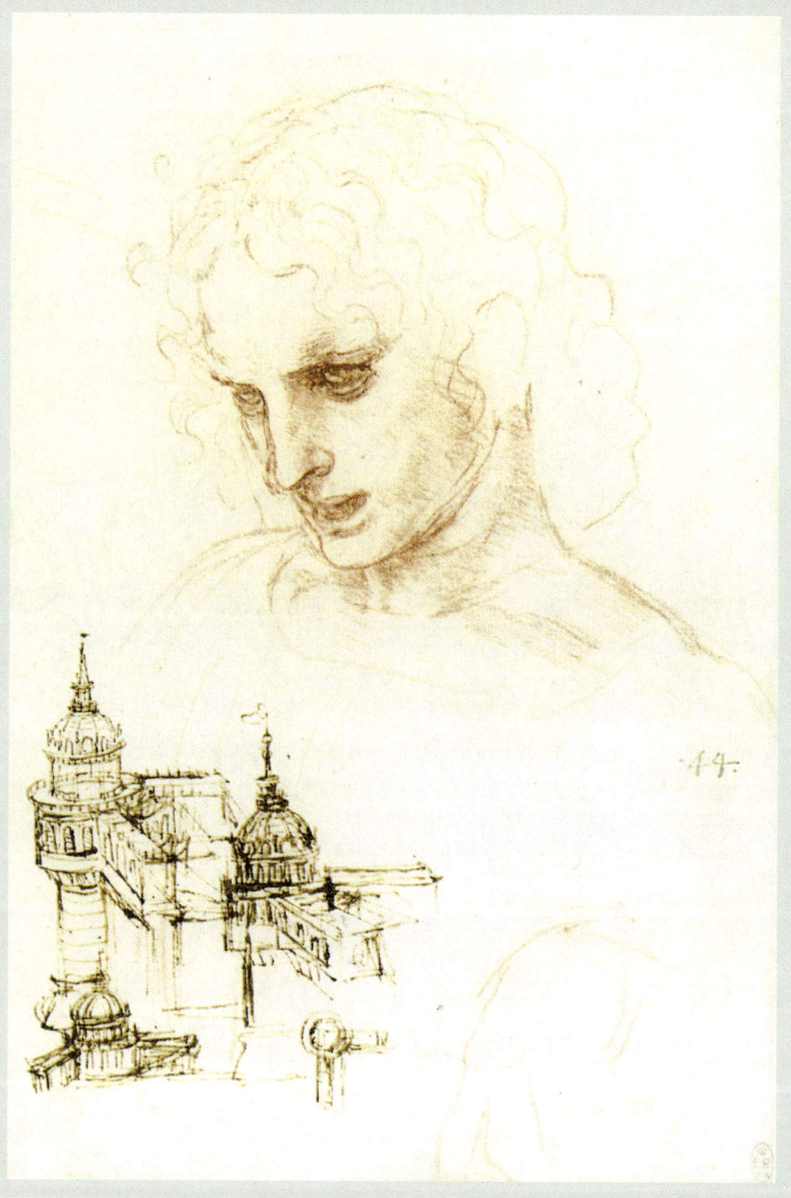

Abb. 30: Leonardo: *Studie Kopf und Architektur*, um 1495, Royal Library, Windsor Castle

Entscheidungen zu fügen und bei deren Durchführung behilflich zu sein« habe.[105]

Seine Entwürfe von Bastionen, mit denen er sich bereits zwanzig Jahre zuvor bei Lodovico il Moro beworben hatte, waren wieder gefragt, wobei seine Überlegungen zwar ins Detail der Festungsarchitektur gingen, sich aber nicht mit ihrer grundsätzlichen Notwendigkeit beschäftigten. Hier war ein anderer schon bedeutend weiter, der zeitgleich zu Leonardo scharfsichtige Erkenntnisse zu Herrschaftsstrategien gewann, die er einige Jahre später auch schriftlich niederlegte: Niccolò Machiavelli, der allein zweiundfünfzig diplomatische Missionen zu Cesare Borgia, dem leibhaftigen Albtraum der Republik Florenz, unternahm, um dessen Gesinnungen und Intrigen auszukundschaften, stellte sich in seinen *Discorsi* die Frage nach der psychologischen Wirkung von Kastellen.

»Man muß davon ausgehen, daß Festungen gebaut werden, um sich vor den Feinden oder vor den Untertanen zu schützen. Im ersten Fall sind sie nicht nötig, im zweiten schädlich«, analysierte er ganz nüchtern. Die Angst des Machthabers vor den Untertanen sei lediglich eine Folge des Hasses und der Hass »eine Folge der schlechten Behandlung und die schlechte Behandlung eine Folge der irrigen Meinung, die Untertanen mit Gewalt in Gehorsam halten zu können«.[106] Die Festungen, so Machiavelli, sind stets Ausdruck des Willens zur Unterdrückung, und sie verführen zugleich dazu, die Untertanen schlecht zu behandeln. »Ein kluger und guter Herrscher wird daher nie eine Festung bauen, einmal, um selber gut zu bleiben, und ferner, um auch seinen Söhnen keinen Anlaß zur Schlechtigkeit zu geben.«[107] Die Festungen des ansonsten klugen Francesco Sforza hätten nicht nur ihm, sondern auch seinen Erben zum Schaden und nicht zur Sicherheit gereicht. »Denn im Besitz der Festung glaubten sie, ihres Lebens sicher zu sein, und die Bürger, ihre Untertanen, unterdrücken zu können. Es gab keine Gewalttat, die sie nicht verübten: so wurden sie über die Maßen verhaßt und verloren die Herrschaft, sobald der Feind angriff«, erläutert Machiavelli und resümiert: »Festungen nützen dir überhaupt nichts: denn sie gehen entweder durch Verrat der Besatzung oder durch Sturm des Angreifers oder durch Hunger verloren. Sollten sie aber etwas nützen, und dir zur Wiedergewinnung der verlorenen Herrschaft verhelfen, in der dir nur noch die Festung verblieben ist, so muß man ein Heer haben, mit dem du den Feind, der dich vertrieben hat, angreifen kannst: hast du aber dieses Heer, so wirst du deinen Staat unter allen Umständen auch ohne Festung wieder erobern, und zwar umso leichter, als dir die Bürger freundlicher gesinnt sind.«[108]

Wie weise diese Beobachtungen des großen Politphilosophen über die Psychologie der Macht anhand der Festungsarchitektur sind, zeigt sich auch am Schicksal Cesare Borgias, dem nach dem Tod seines Vaters 1504 keine seiner Bastionen Schutz bieten konnte. Doch bevor sich der Absturz Borgias auch nur ankündigte, stand Leonardo, der Machiavelli vermutlich am Hof Borgias kennengelernt und vielleicht sogar abgeworben hatte, längst wieder in anderen Diensten.

Anfang 1503 traf er in Florenz ein und inspizierte nun im Auftrag der Florentiner – am 21. Juni, zwei Tage nach ihrer Eroberung – die Festung La Verrucca vor Pisa, um Pläne für ihre Uneinnehmbarkeit zu schmieden. Machiavelli war die Eroberung Pisas eine Herzensangelegenheit, und er und der Gonfaloniere Piero Soderini taten alles, um ein weiteres Projekt Leonardos, den Arno durch ein Kanalsystem umzuleiten und Pisa damit vom Wasser abzuschneiden, in der Signoria durchzusetzen.[109]

SELBSTGESPRÄCHE EINES ZWEIFLERS

Manches von dem, was er notierte und zeichnete, betrachtete Leonardo selbst als Geheimwissen. Dazu gehören seine Festungsvarianten und Kriegsmaschinen, von deren Effektivität er überzeugt war und offenbar auch andere überzeugen konnte. Wird es abstrakter, beginnt er jedoch schnell um Formulierungen zu ringen und bekräftigt und modifiziert seine Thesen in immer neuen Anläufen. Er ist kein Mann der Theorie, er ist kein Intellektueller, wie er auch selbst einsieht. Seine über Jahre gesammelten Gedanken – in toskanischer Sprache verfasst, da er des Lateinischen, der Sprache der Wissenschaften, nicht mächtig war – sind eine eigentümliche Mischung aus Selbstgespräch und Lektionen für imaginäre Leser, wobei auch manche Belehrung dafür notiert scheint, zunächst einmal sich selbst zu bestätigen. Gelegentlich gelingen ihm brillante Aphorismen und präzise Sentenzen, doch weitgehend herrscht eine Überfülle an angestrengten Formulierungen: »Du schreibst [...] verworren und vermittelst nur wenig über die wahre Gestalt der Dinge, und du täuschst dich, falls du glaubst, du könntest deine Zuhörer in allem zufriedenstellen«, bemerkt der Autor Leonardo. »Und je länger und je ausführlicher du schreiben wirst, desto mehr wirst du den Sinn deines Zuhörers verwirren und immer wieder wirst du neue Erklärungen brauchen und auf die Erfahrung hinweisen müssen, die jedoch nicht von langer Dauer ist und nur wenig Wissen vermittelt, verglichen mit dem gesamten Gegenstand, von dem du alles wissen möchtest.«[110]

Es ist, als ob Leonardo hier sein eigenes Tun beschreibt und seinen persönlichen Zweifeln Ausdruck verleiht, doch diese Worte sind an die Schriftsteller im Allgemeinen gerichtet, deren Tun er für eine

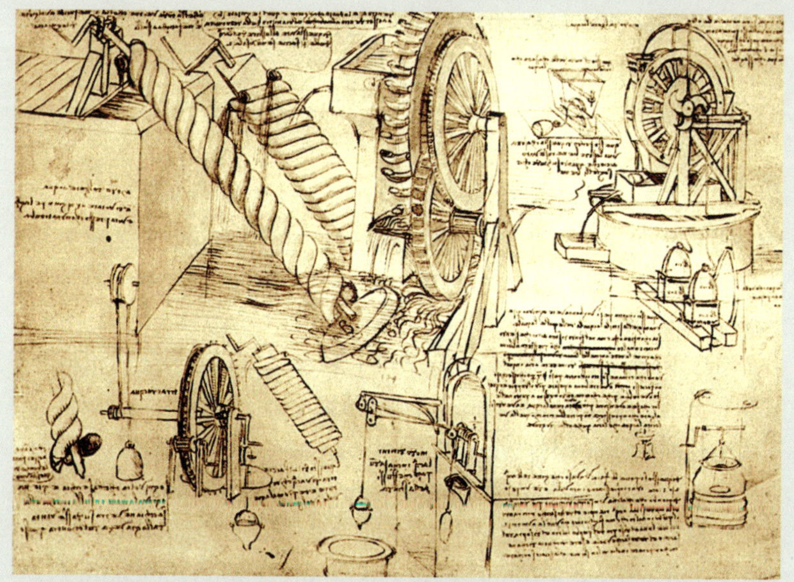

Abb. 31: Leonardo: *Archimedische Schraube und andere Förder- und Nutzungsarten des Wassers*, 1495-99, Biblioteca Nacional de España, Madrid

minderwertige Kunst hält. Deshalb reichert er auch seine eigenen Manuskripte mit unzähligen Skizzen an, um für sich und andere anschaulicher zu machen, wovon er spricht. Schnell hingeworfene, flüchtige Zeichnungen, sachliche Aufrisse mit Maßangaben, perspektivische, subtil abschattierte Impressionen und bis ins Detail ausgestaltete naturalistische Studien finden Eingang in seine Aufzeichnungen. Karikaturen, Proportions- und Bewegungsstudien, Modellbauvorlagen für mechanische Geräte, Landschaften, Entwürfe für Skulpturen, Dekorationen, ideale und reale Architekturen, alles, was er am Wegesrand seiner Welterforschung auflas.

Leonardos Geringschätzung der Literatur stehen fünfunddreißig gebundene Bücher, Hefte, Broschüren und Notizbücher gegenüber, heute verteilt auf zehn europäische Bibliotheken und Museen. Auf rund viertausend Seiten versuchte sich der Künstler zu artikulieren. Eine Fülle, die auf ihn wie auch auf die Nachwelt entmutigend wirkte. Erschwerend kommt hinzu, dass Leonardo in Spiegelschrift schrieb und sich gern Florentiner Dialektausdrücke sowie ausgefallener Abkürzungen bediente. »Die größte Schwierigkeit aber bietet der geringe Grad an Ordnung und Systematik, in dem Leonardo selbst sein geistiges Erbe hinterlassen hat, das vollends zum Chaos wurde durch die Schicksale, die es im Lauf der Jahrhunderte erfuhr.«[111]

Bis zum Tod seines Schülers Francesco Melzi 1570, dem er seine Schriften hinterlassen hatte, blieb der größte Teil vereint und wurde von diesem wie ein Schatz gehütet.[112] Melzi brachte diese Schriften zurück nach Italien, unternahm den Versuch, sie zu ordnen, und ließ sie auf den Besitzungen seiner Familie im Dorf Vaprio d'Adda, in der Nähe Mailands, kopieren. Allerdings berichtet Vasari auch schon davon, dass offenbar das Malereitraktat außerhalb von Melzis Nachlass kursierte. Vielleicht hatte der genannte Maler das Manuskript gegen das Versprechen ausgehändigt bekommen, es einem Verleger vorzulegen und für eine Publikation zu sorgen. Dagegen spricht, dass die Schrift, welche in den Besitz der Herzöge von Urbino gelangte und von dort, als sich der Papst Urbino einverleibte, als *Codex Urbinas* in die Vatikanische Bibliothek gebracht wurde, vor Drucklegung noch einer umfangreichen editorischen Bearbeitung bedurft hätte.

In den wenigen Jahren nach Melzis Tod betrieb dessen Erbe, der Jurist Orazio Melzi, den wahllosen Ausverkauf der Dokumente. In kürzester Zeit wurde Leonardos literarisches Erbe, ein kaum zu entschlüsselndes Geflecht von Informationen und Bezügen, Selbstgesprächen und Exkursen, zerfleddert und in vier europäische Länder – Frankreich, England, Spanien und Italien – zerstreut. Das Interesse galt offenbar vor allem den Zeichnungen, während die Texte, wie gesagt kryptisch und schwer entzifferbar, auf wenig Interesse stießen. Dass Leonardos Schriften derart undurchsichtig erschienen, war verhängnisvoll und führte dazu, dass sie noch weiter fragmentiert wurden, so dass auch die wenigen ambitionierten Interpreten vor undurchschaubaren Rätseln standen. Kaum ein Zeitgenosse erkannte ihr Potenzial oder konnte auch nur annähernd ihre Inhalte entschlüsseln. So blieben nur der Name Leonardo und das Enigmatisch-Skurrile seiner Aufzeichnungen. Der Bildhauer Pompeo Leoni (ca. 1530-1608), der einige der literarischen Werke erstanden hatte, ließ 1598 zwei große Folianten zusammenfassen, in denen er einigermaßen willkürlich Blätter bündelte und diese, wo nötig, auf recht brachiale Weise dem Format anpasste. Einer dieser Bände mit ausgeschnittenen und auf neue Seiten aufgeklebten eher künstlerischen Studien kam nach England (Windsor Castle), der andere mit überwiegend wissenschaftlichem Material 1637 in die Biblioteca Ambrosiana nach Mailand als Geschenk des Grafen Galeazzo Arconati, der wiederum weite Teile von Leonis Manuskriptsammlung erworben hatte. Auf seinem Raubzug 1797 schaffte Napoleon diesen sogenannten *Codex Atlanticus* (weil sein Format an einen Atlas erinnerte) zusammen mit zwölf kleineren Bänden mit Aufzeichnungen Leonardos nach Paris. Die Bibliothèque Nationale gab den *Codex Atlanticus* nach Napoleons Ende zurück, die anderen Bände allerdings wurden bei dieser Rückgabe in Paris »vergessen«.

Da jede Veröffentlichung von Leonardos Schriften zu einem verlegerischen Albtraum werden musste, dauerte es bis 1651, bevor überhaupt erstmals etwas publiziert wurde: Das *Traktat über die Malerei*, in Frankreich verlegt, erschien 1724 auch auf Deutsch. Und es verging ein weiteres Jahrhundert, bis in Bologna 1824 die Schrift *Von der Natur, der Bewegung und dem Gewicht des Wassers* gedruckt wurde. Im späten 19. Jahrhundert unternahm eine Reihe von Kunstfreunden und Wissenschaftlern Versuche, das Œuvre via Abschriften und Übersetzungen zugänglich zu machen: Jean Paul Richter publizierte *The Literary Works of Leonardo* (2 Bände, 1883), und Charles Ravaisson-Mollien gab 2178 Faksimiletafeln der Bestände des Institut de France in sechs Bänden heraus (1881-1891). Der *Codex Trivulzianus* aus Mailand erschien 1891 und der *Codex über den Vogelflug* aus der Bibliothek in Turin 1893. Schließlich wurde 1894-1905 der *Codex Atlanticus* mit 1311 Seiten Text und 1384 Faksimiletafeln gedruckt.

Leonardo selbst hatte schon daran gedacht, einige Teile seiner Aufzeichnungen zu veröffentlichen. In Form von Traktaten über die Malerei, über die Architektur, über die Anatomie des Menschen, des Pferdes und über den Flug der Vögel sowie über das Wasser und seine Bewegung. Diese Sequenzen seiner Notizen zeichnen sich durch eine gewisse Abgeschlossenheit aus und dadurch, dass er das Selbstgespräch verlässt und dozierend einen zukünftigen Leser anspricht.

Wie er sich in seinen Proportionsstudien auf Vitruv bezog, den Verfasser des einzigen erhaltenen Architekturtraktats der Antike, das um 1486 erstmals noch ohne Illustrationen gedruckt erschien, baute auch seine Mechanik zunächst auf Erfindungen des Altertums auf, bediente sich etwa der Idee der archimedischen Schraube zum Transport von Wasser auf eine höher liegende Ebene oder der Hebelgesetze bei der Konstruktion einer Flugmaschine. Doch Leonardo geht sehr praxisorientiert über das Herkömmliche hinaus, entwickelt einen mechanischen Druckstock, einen Apparat zum Drehen von Seilen, eine Spinnautomatik mit rotierender Spindel, ein Automobil mit Spiralfederantrieb, eine Bohrmaschine sowie die Idee des Kugellagers, um den Reibungswiderstand von zwei aufeinanderliegenden beweglichen Teilen zu minimieren.

Als 1758 in England Tuchscherer, deren Aufgabe es war, mit schweren Scheren die überstehenden Fäden beim fertigen Stoff abzuschneiden, durch eine Maschine ersetzt wurden, kam es zu ersten massiven Protesten, die sich am Beginn des 19. Jahrhunderts zu einem Maschinensturm ausweiteten. Die Tuchschermaschine wurde zerstört, das kommende Zeitalter der industriellen Revolution für einige Augenblicke verzögert. Leonardo hatte eine solche Maschine bereits in seinem *Codex Atlanticus* skizziert, zweifellos angeregt durch die florierenden Betriebe der in Florenz einflussreichsten Zunft, der Arte della Lana, die unter ihrem Dach Wollweber und Händler vereinte, rund zwanzig Werkstätten und zweihundert Geschäfte betrieb und sich auch um die Künste verdient machte. Leonardos Entwürfe standen nicht im luftleeren Raum, sondern waren praxisnah und zeugen von Sachkenntnis. Sie waren Lösungsansätze für konkrete Wünsche bestimmter Mitmenschen und für alte Träume der Menschheit. Und zugleich sind sie »monumentale Ruinen eines der größten Frager aller Zeiten«[113], der elementare Zweifel an den Thesen, Regeln und Modellen hegte, mit denen die Menschheit sich die Welt zu erklären suchte.

Irgendwer wollte Leonardo gar zum Erfinder des Fahrrads machen. Im *Codex Atlanticus* tauchte eine entsprechende Zeichnung auf.[114] Nicht lenkbar, vollkommen instabil, jedoch mit modernem Pedalantrieb ausgestattet, wirkt das Gefährt, zusammen mit weiteren ungelenken Skizzen, wie von Kinderhand geschaffen. Wäre es nicht so unglaublich, könnte man meinen, der Sprössling eines Restaurators der frühen 1970er Jahre habe gelangweilt die Rückseite eines Blattes für seine eigenen Kreationen genutzt. Leonardo, so viel ist sicher, kann man hierfür nicht verantwortlich machen. Immerhin aber hat die Zeichnung den Schriftsteller Paco Ignacio Taibo II. zum Titel seines Romans *La bicicleta de Leonardo* (1993) inspiriert.

Hinsichtlich der Konkurrenzsituation unter Künstlern und Handwerkern in Florenz und andernorts besaß Leonardo reichhaltige Erfahrungen und konnte dank seiner Beobachtungsgabe auch seine Schlüsse daraus ziehen. Ihm war der Marktvorteil durch gesteigerte Produktivität mittels Maschinen zweifellos bewusst, ob er aber auch die Konsequenzen für den Arbeitsmarkt in allen Details überblickt hat, darf dagegen bezweifelt werden. Auch wenn er Lebewesen, gleich ob Vögel oder Menschen, in ihrer Physis als Maschinen betrachtete, so ging es ihm nicht darum, sie durch bessere Maschinen zu ersetzen und, im Falle des Menschen, zu Knechten der Produktionsmittel zu machen, sondern Arbeit effektiver zu gestalten. Es war daher weniger ein kapitalistisches als vielmehr ein humanitäres Denken, das den meisten seiner Forschungen zugrunde lag.

Ihm war dabei stets bewusst, dass Maschinen des Antriebs bedurften, einer Kraft, die nicht aus sich selbst heraus existierte. Entsprechend verhöhnte er Bemühungen, ein Perpetuum mobile zu konstruieren, als »tölpelhaft, bäurisch« und »eitel«[115] und richtete bezüglich der Energieerzeugung sein Augenmerk lieber auf Schaufelräder von Wassermühlen oder auf das Wasser, das sich unter Einwirkung des Feuers in Dampf verwandelt. So erahnte er die atmosphärische Dampfmaschine, die sich allerdings bei ihrer Erfindung durch Thomas Newcomen im Jahre 1712 als recht uneffektiv erweisen sollte.

Zur Erforschung des Wassers und des Himmels entwickelte er einen durchaus funktionstüchtigen Unterwasseranzug sowie das Prinzip des Hubschraubers, wörtlich zu nehmen als eine Schraube, die sich durch schnelle Drehung in den Himmel erheben sollte.

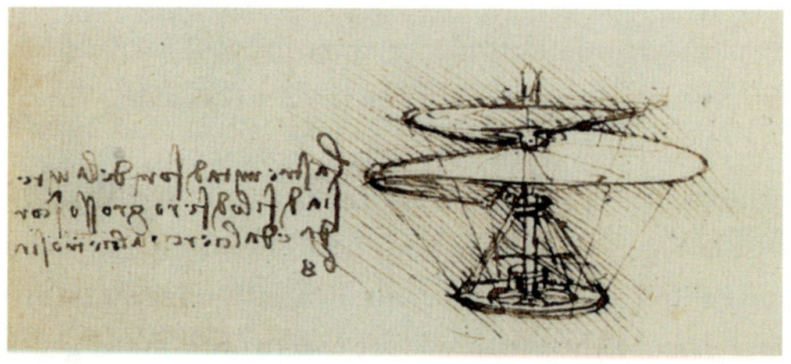

Abb. 32: Leonardo: *Hubschrauber-Studie*, 1487-90, Institut de France, Paris

Wie er alle Optionen eines Themas durchspielte, offenbart sich exemplarisch an seinen Architekturzeichnungen. Kein anderer Zeitgenosse bietet eine derartige Vielfalt allein an Zentralbauentwürfen auf polygonalem, rundem oder quadratischem Grundriss. Er machte sich auch Gedanken über die ideale Stadt, wobei es ihm weniger um Ästhetik oder einen antiken Formenkanon ging, sondern vielmehr um Fragen der Bequemlichkeit, der Logistik und Hygiene. Sicher hatte auch die Pest, die 1486 in Mailand gewütet hatte, einen nachhaltigen Eindruck bei Leonardo hinterlassen, so dass er in seinen Skizzen speziellen Wert auf Kanalisation und Sauberkeit legte.[116] Besonders bemerkenswert sind seine Pläne zu einem Gemeinwesen auf zwei Ebenen, das entfernt an Fritz Langs *Metropolis* erinnert: Es besteht einerseits aus einer »Unterstadt«, in der die Logistik angesiedelt ist, in der, für die »Oberstadt« unsichtbar, in einem Netz aus Wegen und Kanälen reibungslos der Mechanismus abläuft, der alles am Leben hält, und andererseits aus einem unbeschwerten Leben der besseren Leute an der Oberfläche zwischen Loggien und Palästen, auf Plätzen und in Gärten. Ausgeführt wurde von alldem nichts, und auch sein Entwurf für die Vierungskuppel des Mailänder Doms, quasi als Konkurrenzprojekt zu Filippo Brunelleschis (1377-1446) Florentiner Kuppel (1436), blieb Utopie.

Es gibt kein Leonardo'sches Gesetz, keinen seiner Gedanken hat er, wie es scheint, so weit zu Ende gedacht, dass er sich in eine Formel hätte gießen lassen.

Das lässt sich kritisieren oder bedauern, es ist aber auch Ausdruck seiner Weltsicht, denn alles ist oszillierend, labil, in Bewegung, alles entwickelt sich. Insofern lässt sich bezweifeln, dass Leonardo eine wirklich umfassende systematische Kunsttheorie im Sinn hatte, wie vermutet wurde.[117] Vielmehr durchstreift er »das gesamte Universum, wie es sich seinen Sinnen darbietet, arbeitet sich geduldig durch nahezu alle sinnlich wahrnehmbaren Phänomene, hält sich eine Weile bei dem einen auf, bevor er sich dem nächsten zuwendet«, schrieb Kurt Eissler aus der Perspektive des Psychoanalytikers. »Man bekommt den Eindruck eines Geistes, der mit nur wenigen Ausnahmen fast alles absichtlich in der Schwebe ließ, um es jederzeit wieder aufnehmen und daran weiterarbeiten zu können.«[118] Unerschütterliche Gewissheiten scheinen zwar denkbar, sind aber nicht wirklich von Interesse, denn sie zurren in den Augen Leonardos lediglich Wahrheiten fest, die dazu verleiten, sich auf ihnen auszuruhen.

FLORENZ UNTER NEUEN VORZEICHEN

(1503-1504)

Leonardos Heimat Florenz war bereit, ihm 1503 eine weitere Chance zu geben, auch wenn das Willkommen nicht allzu herzlich ausgefallen sein dürfte, schließlich hatte der Meister gerade noch in den Diensten Cesare Borgias, Erzfeind der Republik Florenz, gestanden und zudem bei seinen letzten Aufenthalten in Florenz wenig zustande gebracht. Seine Reputation war daher mehr als zwiespältig, denn viel vorzuweisen hatte er noch immer nicht. Einzig der Ruhm seines *Letzten Abendmahls* dürfte bis Florenz durchgedrungen sein. Unter den berühmtesten Künstlern seiner Zeit wurde er deshalb nicht geführt, denn eine gewisse Produktivität gehörte schon auch dazu, wollte man wahrgenommen werden. So wundert es nicht, dass eine zeitgenössische Quelle, ein Brief Francesco Malatestas aus dem Herbst 1502, lediglich Perugino, Botticelli und Filippino Lippi als herausragende Meister nennt, und auch Camillo Leonardi in seinem *Speculum lapidum* aus demselben Jahr neben Perugino noch Giovanni Bellini (ca. 1437-1516), Melozzo da Forli (1438-1494) und Piero della Francesca (ca. 1415-1496) erwähnt, sich aber über Leonardo ausschweigt.[119]

Diesmal sah es zunächst danach aus, als ob der Maler mehr zustande bringen würde als vor seiner Übersiedlung nach Mailand und bei seiner letzten Visite im Jahr 1501. Er begann neben der *Schlacht von Anghiari*, die den neuen Sitzungssaal des Gran Consiglio (des Großen Rats der Stadt) schmücken sollte und für die er im Herbst 1503 den Auftrag erhielt, noch zwei Werke, die zu seinem Ruhm beitrugen und ihm endgültig einen Platz im Olymp der Kunstgeschichte sicherten:

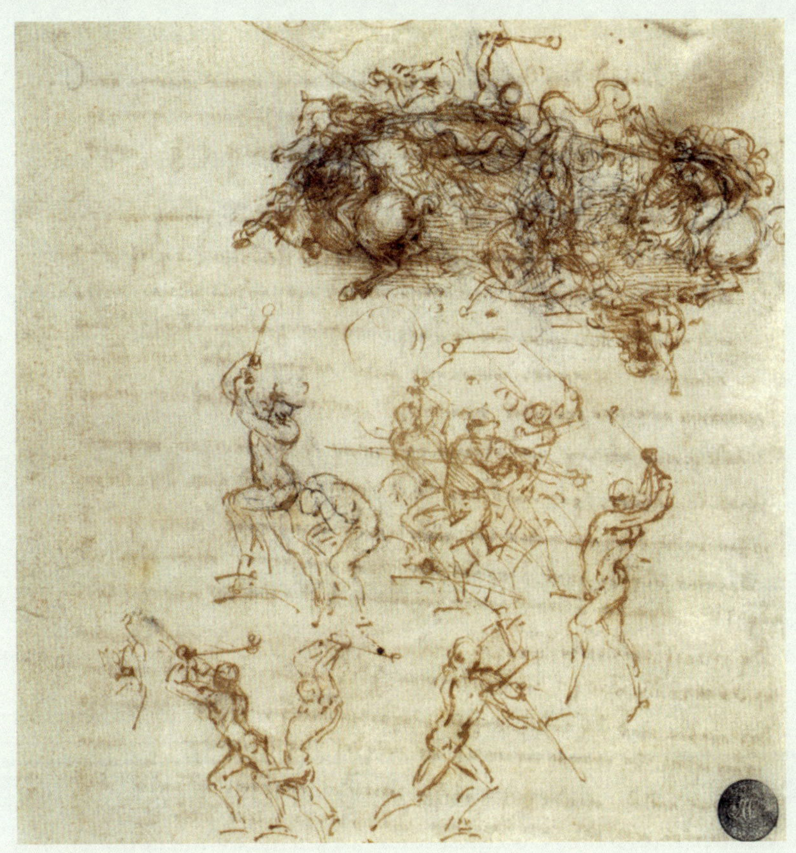

Abb. 33: Leonardo: *Studie zur Schlacht von Anghiari*, 1503-04, Gallerie dell'Accademia, Venedig

die heute verschollene, aber oft kopierte und variierte *Leda*, die die ätolische Königstochter und den Schwan als stolzes sodomitisches Elternpaar zeigt und formal den geschraubten Frauenkörper dem Schwanenhals parallel setzt (Figura serpentina), sowie die sogenannte *Mona Lisa* (Louvre, Paris). Den Florentiner Auftraggebern war, wie gesagt, zwar nicht allzu viel an Leonardo-Schöpfungen bekannt, allerdings waren sie umso mehr mit seiner langsamen Arbeitsweise und seinem Hang vertraut, Werke unvollendet zurückzulassen. Daher wurde im Mai 1504, nachdem Leonardo bereits mit der Arbeit an der *Schlacht von Anghiari* begonnen hatte, nachträglich ein außergewöhnlicher Vertrag geschlossen, der eine frühe Copyright-Regelung beinhaltet: Leonardo wurde zugesichert, dass er über den Entwurf hinaus auch das Fresko ausführen dürfe, sollte sein Karton binnen zehn Monaten fertig werden. Falls nicht, würde alles bis dahin Entstandene an die Signoria übergehen, die seine Kompositionen dann nach Gutdünken verwenden und durch andere Künstler umsetzen lassen könne.[120]

Bei der *Schlacht von Anghiari*, die auf das Jahr 1440 zurückgeht, handelt es sich ausgerechnet um einen Sieg der Florentiner über das Heer jener Stadt, in der Leonardo den größten Teil seiner Karriere als Künstler verbrachte. Ob er selbst das als pikant wahrgenommen hat, darf bezweifelt werden. Die unsicheren Zeiten verlangten nun einmal Pragmatismus. Treue zu einem Auftraggeber über dessen Machtverlust hinaus konnte man sich kaum leisten, solche Gefühle waren nichts als Sentimentalität.

Parallel zu seinem neuen Großauftrag integrierte sich Leonardo vorbildlich in die Kunstszene von Florenz, hielt Kontakt zu alten Kollegen wie Lorenzo di Credi, Filippino Lippi oder Piero di Cosimo (1462-1521) und war auch im Januar 1504 Mitglied in der Kommission, die über den Aufstellungsort für Michelangelos *David* entscheiden sollte. Spätestens anlässlich dieses prominent besetzten Gremiums dürfte auch

Leonardo klar geworden sein, dass der jüngere Michelangelo mit seiner Skulptur ein Fanal gesetzt hatte, das ihn über Nacht zum Shootingstar unter den Künstlern machte und auch den Stern Leonardo zu verdunkeln vermochte. Wohl auch deshalb skizzierte er – als einziges zeitgenössisches Kunstwerk – den *David.* Allerdings wird der »Gigante« bei Leonardo zum Däumling, und die Abweichungen in Physis und Haltung sind so groß, dass Zöllner vermutet, Leonardo habe die Skulptur vor ihrer Aufstellung nur kurz gesehen, vielleicht sogar in einem noch unfertigen Zustand, und aus der Erinnerung festgehalten.[121]

Je schwieriger sich das Verhältnis der beiden Künstler entwickelte, desto gespannter verfolgte man die Schlacht der Schlachten, den Wettstreit der Erfindungen, denn auch Michelangelo bekam den Auftrag, ein Kriegsgeschehen aus der Geschichte von Florenz im Palazzo Vecchio malerisch zu vergegenwärtigen. Seine *Schlacht von Cascina* sollte vermutlich ihren Platz an der Wand finden, die Leonardos *Schlacht von Anghiari* gegenüberlag. Dass der Auftraggeber, die Stadt Florenz, durch diesen Schachzug bewusst den Ehrgeiz beider Künstler anheizte, um sie zu Höchstleistungen zu motivieren, ist offensichtlich.

Es war sicher ein Zufall, dass Leonardo just an dem Tag wieder in die Florentiner Malergilde eintrat, an dem der Nachfolger Alexanders VI., Papst Pius III., der nur einen knappen Monat im Amt war, starb. Mit seinem Tod begann eine neue Ära in der Politik Italiens durch die Machtpolitik des neuen Papstes Julius II. della Rovere, der als eine seiner ersten Amtshandlungen dem Treiben Cesare Borgias ein vorläufiges Ende bereitete. Leonardos vorheriger Arbeitgeber wurde in Neapel verhaftet und als Gefangener nach Spanien verschifft. Es schien angesichts dieser unkalkulierbaren Zustände in Italien angeraten, als Künstler einen Ort zu finden, der eine gewisse Sicherheit bot und an dem man abwarten konnte, welche neuen Machtkonstellationen und damit auch Auftraggeber die Zeit bringen würde.

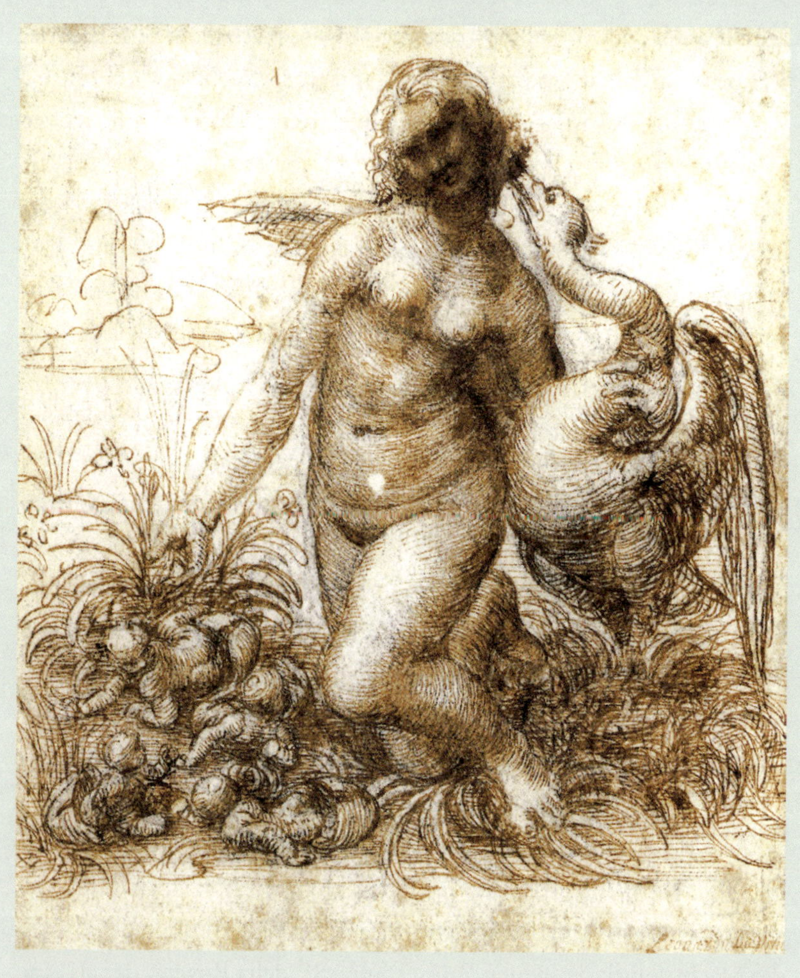

Abb. 34: Leonardo: *Leda mit dem Schwan,* ca. 1504, Duke of Devonshire's Collection, Chatsworth

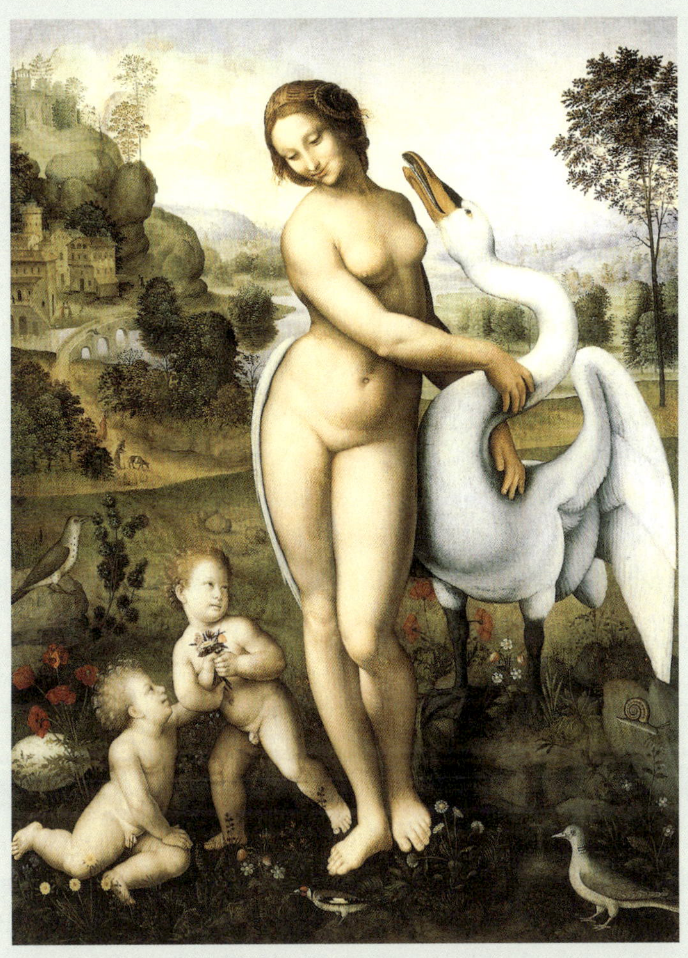

Abb. 35: Sodoma (?): *Leda mit dem Schwan*, 1510-15, Galleria Borghese, Rom

DIE *SCHLACHT VON ANGHIARI*

In der Schlacht von Anghiari, die sich am 29. Juni 1440 ereignete, schlug das achttausend Mann starke Heer der Florentiner und des Kirchenstaats, unterstützt von dreihundert venezianischen Rittern unter Führung des Patriarchen von Aquileia, Lodovico Trevisan, die Mailänder unter Niccolò Piccinino in die Flucht, die von aus Florenz verbannten Feinden der Medici und zweitausend Einwohnern des Städtchens San Sepolcro unterstützt worden waren.

Leonardo erhielt anlässlich des Auftrags für ein Wandgemälde der Schlacht eine eigens für ihn aus dem Lateinischen von Agostino Vespucci übersetzte Schilderung ihres Verlaufs von der Florentiner Signoria[122] – überliefert im *Codex Atlanticus* –, die allerdings äußerst wirr das Schlachtgeschehen festhält und dabei auch mehrfach die Lager verwechselt. »Man beginne mit Niccolò Piccininos Rede an die Soldaten […]. Dann stelle man dar, wie er als erster bewaffnet aufs Pferd stieg und ihm das ganze Heer folgte. Vierzig Schwadronen Pferde. Zweitausend Mann Fußvolk gingen mit ihm (und von diesen gelangten dreihundert bis zu den Fahnen mit dem Lindwurm [den Standarten der Mailänder]). Am frühen Morgen stieg der Patriarch auf einen Berg, um das Land zu überblicken, das heißt die Hügel, die Felder und die von einem Fluß benetzten Täler, und er sah von Borgo San Sepolcro Niccolò Piccinino und seine Mannen in einer großen Staubwolke daherkommen, und nachdem er das entdeckt hatte, kehrte er an die Spitze seiner Leute zurück und sprach mit ihnen. Nachdem er gesprochen hatte, betete er mit gefalteten Händen und sah eine Wolke, aus der der Heilige Petrus hervortrat und mit ihm sprach.«[123] Die sich anschließende Schlacht, in deren Mittelpunkt der Kampf um eine Tiber-Brücke

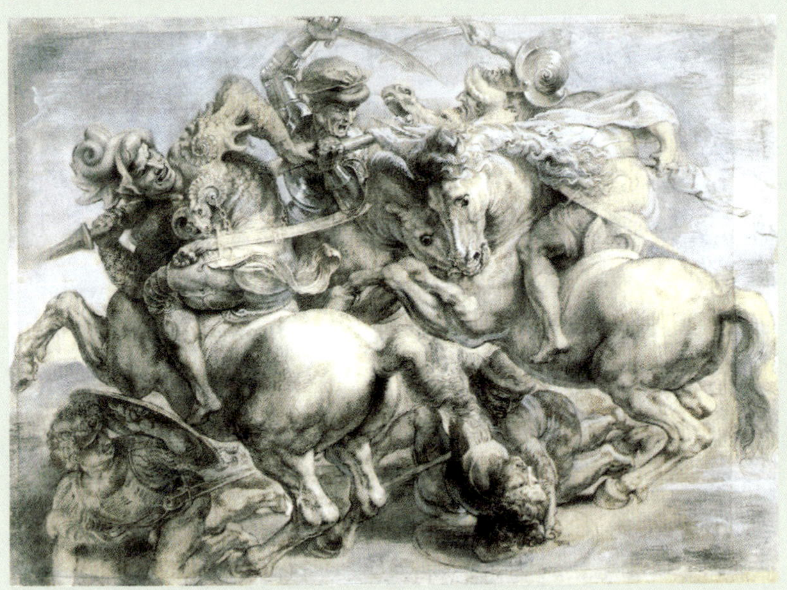

Abb. 36: Peter Paul Rubens nach Leonardo: *Schlacht von Anghiari*, 1600-05, Louvre, Paris

steht und die mit einem Blutbad unter den Mailändern endet, die sich in die Mauern Sansepolcros flüchteten, ist von einem Hin- und Herwogen der Kämpfe geprägt, von Täuschungsmanövern, Kanonenbeschuss und Panik.

Die Skizzen, die Leonardo machte, versuchen eine Vielfalt von Körperstellungen, Gesten und die mit ihnen verknüpften Emotionen zu zeigen. Als Gemälde ausgeführt hat er nur das Aufeinanderprallen von zwei feindlichen Gruppen, die erbittert um eine Standarte kämpfen, sich ineinander verbeißen und zu einem einzigen Kriegskörper werden, der sich selbst zerfleischt. Die prallen Rundungen der Pferde, ihre aufgerissenen Augen und wehenden Mähnen, die phantastischen Rüstungen und nackten Beine der Reiter, ihre ausgefallenen Kopfbedeckungen über verzerrten Gesichtern, die Verkürzungen und Verschränkungen wirken wie aus Leonardos eigenem Lehrbuch. Bei allem Chaos wird auf den zweiten Blick eine Ordnung sichtbar. Die Stange der Standarte reicht durch die gesamte Komposition der Gruppe, und dort, wo sie in der Mitte gebrochen ist, kreuzen sich die Krummschwerter wie ein heraldisches Emblem über ihr, entsprechend den Vorderläufen der Pferde unter ihr. Auch die Chronologie des Kampfes ist bereits in dieser kleinen Szene angelegt, wie die Figur des jungen Mannes unter den Hufen der Pferde zeigt. Links hebt er noch schützend den Schild über sich, während er rechts vor Schmerz schreiend mit verrenktem Arm auf seinem Schild liegt, der ihn nun behindert, dem feindlichen Soldaten über ihm hilflos ausgeliefert.

Dass Leonardo sich nicht an Vorgaben von Auftraggebern hielt, war nicht Neues, dass er gar nicht erst auf den Gedanken verfiel, Heilige in Wolken zu malen, war geradezu selbstverständlich, dass er aber das gesamte Geschehen derart verdichtete und die *Storia*, die Abfolge, ignorierte und stattdessen die Ereignisse in einem geradezu fotografischen Augenblick kulminieren ließ, ist radikal. Es ging ihm nicht um die Schilderung von Ereignissen, sondern um den Furor des Kampfes, der weit jenseits irgendwelcher historisch verbürgter Schlachten und anekdotischer Schilderungen einfach nur brutale Enthemmung manifestiert. Die Leiber verschränken sich zu einem einzigen, sich selbst zerfleischenden Organismus, verschmelzen zur Bestie des Krieges.

»MIT EINEM SCHLAG WURDE DAS WETTER SCHLECHT«: LETZTE JAHRE IN FLORENZ (1504-1507)

Bei aller Motivation, am Karton zu seinem monumentalen Schlachtengemälde zu arbeiten, gab es in Leonardos Leben auch weiterhin genug angenehme und lästige Ablenkung. Das Jahr 1504 führte etwa den alten Freund Luca Pacioli nach Florenz, und man darf davon ausgehen, dass die sechzig Illustrationen, die sein Werk *De divina proportione* schmückten, das fünf Jahre später in Venedig erscheinen sollte, nach Entwürfen Leonardos entstanden. Dann war Raffael in der Stadt, und Leonardo gewährte ihm Einblick in seinen Fundus an Zeichnungen. Er knüpfte eine Freundschaft, die ihm der junge Kollege lohnte, indem er ihn in seiner *Schule von Athen* (Stanzen, Vatikan) 1510 als Platon darstellte. Schon allein weil sein Konkurrent Michelangelo nichts von ihm hielt – diesem Schüler des in seinen Augen betulichen Perugino, dessen Fresken Michelangelo später in der Sixtinischen Kapelle zerstörte, um an ihrer Stelle sein *Jüngstes Gericht* zu malen –, wäre für Leonardo Grund genug gewesen, Raffael zu empfangen. Vielleicht aber erkannte er auch, dass er es mit einem aufgehenden Stern am Kunsthimmel zu tun hatte, der sich auf dem Gebiet der Malerei bald schon als fast ebenbürtiger Geist erweisen sollte.

Der Michelangelo-Freund Vasari dagegen pflegte seine eigenen, distanzierten Ansichten über Raffael, der allzu lange Perugino nachgeahmt habe, bis er angesichts der Werke Leonardos, »der in Bewegung und Anmuth der Gestalten alle anderen Maler übertraf«, erkennen musste, dass er »der Wahrheit ferngeblieben sey«.[124] Es habe Raffael gro-

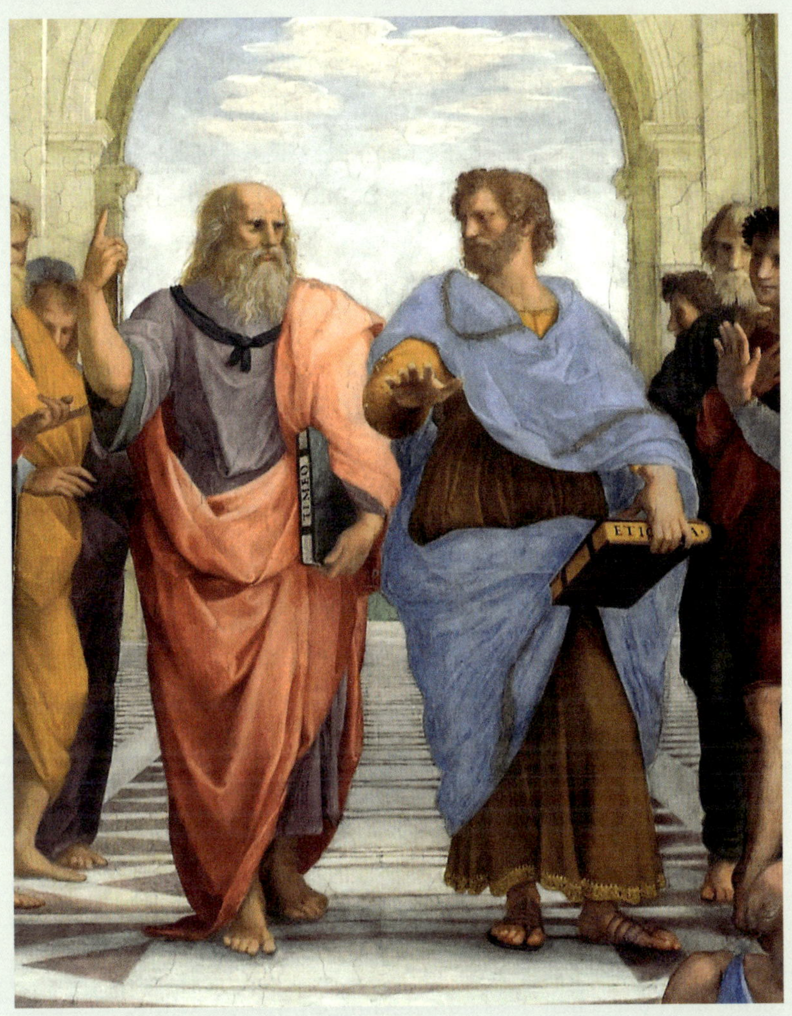

Abb. 37: Raffael: Platon und Aristoteles, Detail aus der *Schule von Athen*, 1510-11, Stanzen, Vatikan

ße Anstrengung gekostet, Perugino hinter sich zu lassen und »so sehr als möglich den Lionardo nachzuahmen. Wie viel Fleiß und Studium er indeß auch aufwandte, konnte er doch in einigen Schwierigkeiten diesen Meister niemals übertreffen«, resümiert Vasari. »Mehr als irgend ein anderer Maler jedoch hat Raffael sich ihm genähert, besonders in der Lieblichkeit der Farben.«[125]

Ab Anfang Mai 1504 übertrug Leonardo dann endlich seinen Entwurf des Schlachtengemäldes im Papstsaal von Santa Maria Novella auf den Karton, der als 1:1-Vorlage für die endgültige Fassung im Palazzo Vecchio dienen sollte. Am 9. Juli jedoch starb sein Vater Piero im Alter von achtundsiebzig Jahren, der bis zuletzt im Kultur- und Gesellschaftsleben gestanden hatte und als Notar am Palazzo del Podestà tätig gewesen war. Er hinterließ einen Haufen Erben, eine schwangere Ehefrau, und sein erstgeborener Sohn Leonardo wird mehr zu tun gehabt haben, als seinen Tod in schriftlicher Form anzuzeigen. Im folgenden Monat nahm der Künstler zudem einen neuen Untermieter in sein Haus auf, den Ghirlandaio-Schüler Jacopo Tedesco.

Mit seinem spanischen Gehilfen Fernando de los Llanos bereitete Leonardo die Ausführung der *Schlacht von Anghiari* vor und begann, nachdem er fast ein Jahr an seinem Karton gearbeitet hatte, am 30. April 1505 mit der Arbeit im Ratssaal des Palazzo Vecchio. Parallel betrieb er seine Studien zum Vogelflug, die Grundlage für ein einzigartiges Traktat werden sollten. Alles deutete darauf hin, dass Florenz die neue Bleibe des inzwischen über Fünfzigjährigen werden würde.

Bereits wenige Monate nachdem Leonardo den Auftrag zur *Schlacht von Anghiari* erhalten hatte, hatte auch Michelangelo mit der Konzeption seiner Sicht auf die *Schlacht von Cascina* begonnen, die am 28. Juli 1364 zwischen Pisa und dem siegreichen Florenz ausgetragen worden war und auf Seiten der Pisaner zu rund tausend Toten und mehr als zweitausend Gefangenen geführt hatte. Auch wenn das Ereignis be-

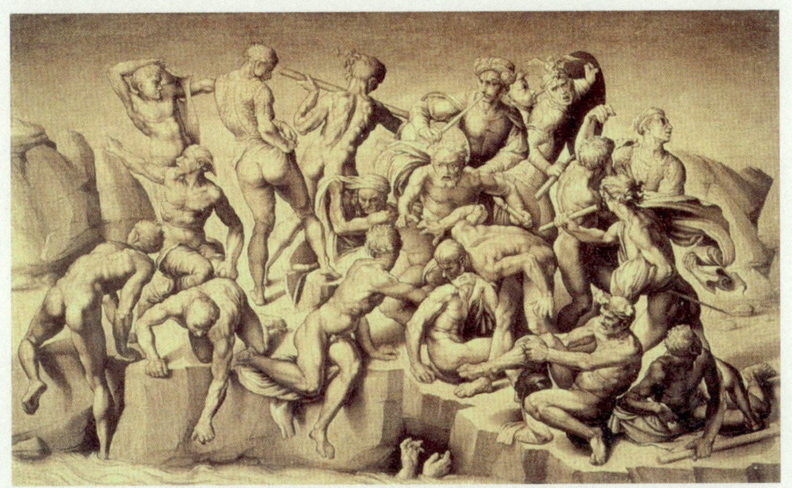

Abb. 38: Aristotile da Sangallo nach Michelangelo: *Schlacht von Cascina*, 1542

reits lange zurücklag, waren die Konflikte zwischen den Parteien nie beigelegt worden, und erst in jüngster Vergangenheit, im Jahr 1499, war Cascina tatsächlich an die Republik Florenz gefallen. Während sich Leonardo immerhin im Ratssaal an die Arbeit machte, hat Michelangelo mit der Arbeit am Bestimmungsort gar nicht erst begonnen, sondern reiste zu höheren Weihen nach Rom ab. Erhalten in Kopien ist aber eine Szene seiner badenden Soldaten, die der Überlieferung nach durch den Ruf ihres Kommandeurs »Noi siamo perduti!« (Wir sind verloren!) aufgeschreckt werden und zu den Waffen greifen. Es handelte sich um einen Probealarm des um die Einsatzfähigkeit der Truppe besorgten Manno Donati, der genau jene Tugend herausfordern wollte, der Michelangelo kurz vor Beginn seiner Arbeit für das Fresko schon mit seinem *David* ein Denkmal gesetzt hatte: der Wachsamkeit angesichts eines unberechenbaren Feindes (prontezza). Michelangelo konzentrierte sich also ebenfalls auf einen Augenblick und folgt damit der Herangehensweise Leonardos. Auch sonst dürfte, bei aller Konkurrenz, eine konzeptionelle Abstimmung zwischen beiden Werken erfolgt sein. So tummelt sich bei Michelangelo das Fußvolk, während bei Leonardo die Kavallerie zum Einsatz kommt. Auch das lässt sich als politische Botschaft deuten, als Appell zur Verständigung zwischen den führenden Florentiner Familien, die die berittenen Krieger stellten, und den Fußtruppen, die auf Betreiben Machiavellis aus den Reihen der Popolani, der einfachen Leute, akquiriert wurden.[126]

Die überlieferte Szene Leonardos, die wohl eine Größe von mehr als vier mal fünf Metern hatte, ist jedoch nur ein Teil, vermutlich das Herzstück, des geplanten Gemäldes, über dessen geplante Dimensionen und genaue Position im Saal bis heute gerätselt wird. Leonardo, der für Hokuspokus sonst nur Hohn übrighatte, dramatisierte den Beginn der Arbeit geradezu als Verschwörung der Elemente gegen ihn. »Am Freitag, dem 6. Juni 1505, begann ich Schlag dreizehn Uhr im Palazzo zu malen. Als ich den Pinsel ansetzte, wurde mit einem Schlag das Wetter schlecht; die Glocke rief die Leute zu Gericht. Der Karton zerriß, das Wasser wurde verschüttet, und das Wassergefäß, das man herbeibrachte, zerbrach. Und das Wetter wurde mit einem Schlag schlecht; und es regnete in Strömen bis zum Abend, und der Tag war finster wie die Nacht.«[127]

Obwohl er Ratenzahlungen für sein Gemälde erhielt – die letzte im Oktober 1505 –, schmolzen seine Ersparnisse dahin. Im Mai 1506 waren von den sechshundert Gulden drei Viertel bereits ausgegeben. Mit seinem Werk war Leonardo dagegen nicht weit gekommen. Überliefert ist lediglich, dass sich der Künstler in einer Enkaustik-Technik trocken auf Stuck versuchte, mit der er einmal mehr nicht zurande kam. Sein Experimentiertrieb mit Farben und Grundierungen führte – wie sich beim einsetzenden Verfall des *Abendmahls* ebenfalls noch zeigen sollte – auch hier und weitaus rapider zu verheerenden Resultaten. Nun wurde er, den Misserfolg vor Augen, unruhig.

Dass etwas nicht rundlief bei den Arbeiten des Meisters, hatte sich nicht nur in Florenz herumgesprochen, sondern war offenbar auch bis in fernere Regionen durchgedrungen. So schrieb ihm Isabella d'Este, er solle ihr doch endlich den bestellten Jesusknaben malen, wenn ihn die Florentiner Geschichte allzu sehr ermüdet habe (quando seti fastidito de la historia Fiorentina).[128]

Bereits im Herbst wurden die Zahlungen an ihn eingestellt, denn Leonardo hatte die Arbeit aufgegeben, hatte sich resignierend zurückgezogen und reiste im September 1506 nach Mailand. Dort hatte er Respekt genossen und eine gewisse Sicherheit. In Mailand war sein Name noch immer ein wohlklingender, und eines seiner wichtigsten Werke, das *Letzte Abendmahl*, hatte bis dato noch nichts von seiner Wirkung eingebüßt. So folgte er bereitwillig der Einladung des neuen Machthabers, des französischen Gouverneurs Charles d' Amboise, Graf von Chaumont, mit der Option, an seine alte Wirkungsstätte zurückzukehren und Florenz ein weiteres Mal hinter sich zu lassen, von wo aus ihn der erboste Gonfaloniere Piero Soderini zu einer Anhörung zurückzuzitieren versuchte: »Wir wollen einen Termin mit Leonardo da Vinci, der sich gegenüber dieser Republik nicht so verhalten hat, wie es seine Pflicht gewesen wäre. Denn er hat eine schöne Summe Geldes eingestrichen und nur einen kleinen Schritt zu einem großen Werk getan, das er auszuführen sich verpflichtete.«[129]

Ein weiteres Mal hatte Leonardo wichtige Auftraggeber in seiner Heimat enttäuscht und verärgert, an eine Rückkehr war unter diesen Voraussetzungen bis auf weiteres kaum zu denken, auch wenn er sich befleißigte, die geleisteten Gelder zurückzuzahlen. Das in Florenz begonnene Werk Leonardos wurde bewundert und kopiert, löste sich jedoch bald gänzlich auf und wurde zur Legende. Paolo Giovio schreibt, es scheine, »daß die begründete Trauer um den unerwarteten Verfall und Verlust des Werkes am meisten zu dessen Ruhme beigetragen habe«.[130]

Auch vom Karton der *Schlacht* ist heute nichts erhalten, lediglich eine Kopie von Peter Paul Rubens (1577-1640) gibt einen Eindruck von der Gewalt und Dynamik des Werkes. Michelangelos Karton überlebte seinerseits nicht einmal ein Jahrzehnt. Sein Verschwinden ist in einer weiteren wunderbaren Anekdote Vasaris überliefert. Als 1512 die Familie Medici aus der Verbannung nach Florenz zurückkehrte, so Vasari in der Vita des Baccio Bandinelli (1493-1560), »ging Baccio während des Tumultes, der bei dieser Veranstaltung im Palast herrschte, heimlich und allein nach dem Saale und zerschnitt den Carton Michelangelo's in viele Stücke. Niemand kannte die Beweggründe dieses Frevels und so sagten Einige, er habe es gethan, um einen Theil des Cartons für sich zu haben, andere um den jungen Künstlern die Gelegenheit zu nehmen daran zu lernen und sich in der Kunst Namen zu erwerben, noch andere maßen es seiner Neigung für Leonardo da Vinci bei, dessen Ruhm der Carton Michelangelo's vielen Schaden gebracht hatte, und endlich gab es welche, und diese mochten wohl am meisten Recht haben, die darin einen heftigen Haß gegen Michelangelo erkannten, welchen er während seines ganzen späteren Lebens bei jeder Gelegenheit kund gab.«[131] Wie ließe sich das kulturelle Klima in Florenz zwischen Neid, Missgunst und Sabotage anschaulicher schildern als mit diesen Zeilen?

EWIGES LÄCHELN: DIE *MONA LISA*

Unzweifelhaft ist das »Bildniss aller Bildnisse«[132] von Leonardos Hand die *Mona Lisa*, auch *Gioconda* genannt. Mehr als sechs Millionen Besucher tummeln sich jährlich vor dem Kerkerfenster aus Panzerglas im Louvre, hinter dem die berühmteste Frau der Welt mit einem amüsierten Lächeln in ihrem Hochsicherheitstrakt auf sie wartet, und es darf vermutet werden, dass wir es mit dem meist fotografierten und gefilmten Bild der Welt zu tun haben. »In der Regel werden in den Werken der Malerei die menschlichen Gestalten als Betrachtungsobjekte geschaffen. Leonardo geht mit der *Mona Lisa* einen Schritt weiter«, schrieb Joachim Uhlitzsch 1956. »Ihm gelang in diesem Bild das beinahe Unwahrscheinliche: er verlieh dem Gesicht und dem Blick der Frau einen solchen Ausdruck, daß man meint, sie selbst wolle Gedanken und Gefühle des Betrachters erraten und sein Wesen erschließen. [...] Der Betrachter wird selbst zum Betrachteten.«[133]

Der Erhaltungszustand der Tafel ist bescheiden, die Kleidung der Dargestellten schlicht, Schleier und rechte Hand teilweise nachträglich übermalt, die Landschaft schemenhaft, doch gerade diese Umstände verstärken die Wirkung des herausfordernden Blicks und dieses linken Mundwinkels, der angesichts des Betrachters ein wenig nach oben gezogen scheint.

Das wird besonders deutlich, wenn man das Bild mit einer weit besser erhaltenen Fassung vergleicht, die 2012 im Prado in Madrid vorgestellt wurde und die sich seit 1819 im Museum befindet, bis dato aber als spätere Kopie gegolten hatte. Unter dem schwarzen Hintergrund tauchte jedoch eine gleiche Landschaft auf wie im Pariser Original, und die Infrarotuntersuchung ergab, dass der Maler die gleichen Korrektu-

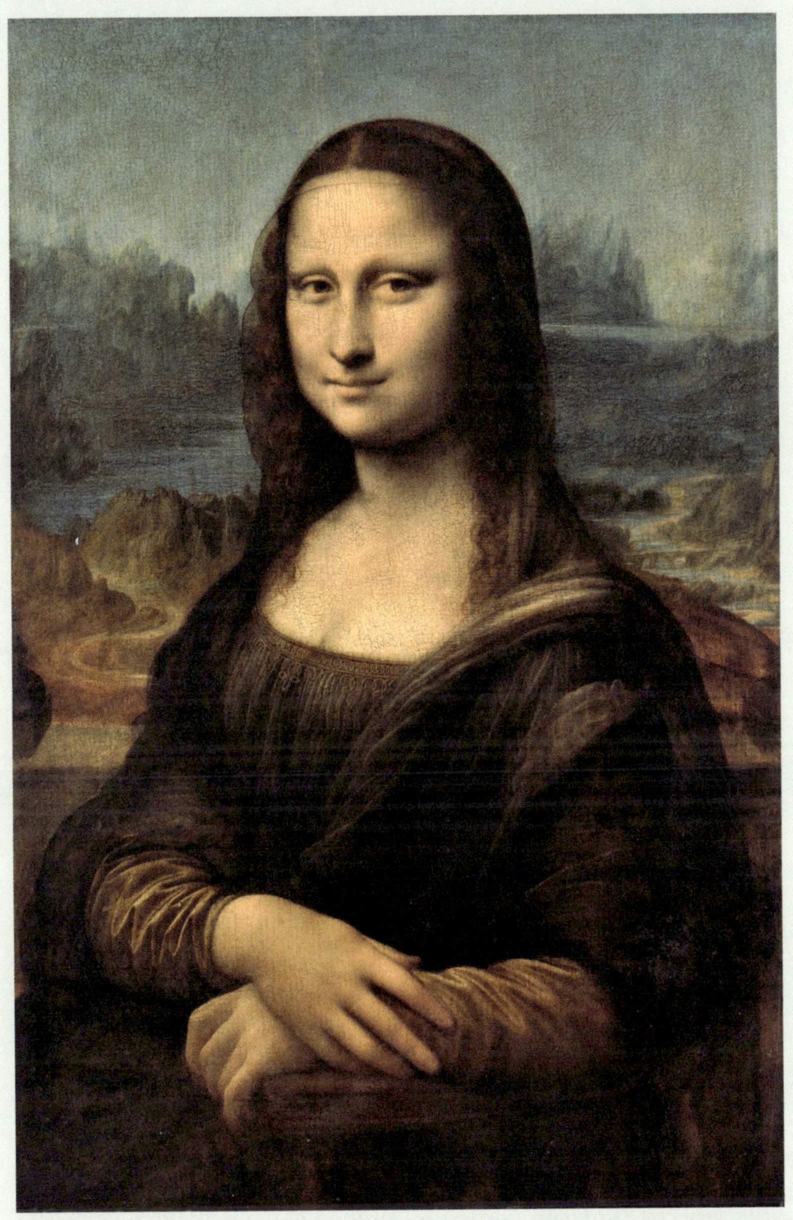

Abb. 39: Leonardo: *Mona Lisa*, 1503-06, Louvre, Paris

ren machte, wie sie auch Leonardo bei der Arbeit vornahm. Daraus wurde geschlossen, dass einer seiner engsten Mitarbeiter parallel zur Entstehung des Originals bereits diese Kopie anfertigte. Eine weitere, unvollendete Fassung auf Leinwand, die über England und die USA in die Schweiz gelangte und dort 2008, wie das Gemälde der Isabella d'Este, in einem Banktresor auftauchte, wollten einige Autoren als eigenhändige erste Version der *Mona Lisa* etablieren.[134] Unweigerlich muss man hier an Andy Warhol denken, der im Zeitalter des Massenkonsums, der Direktive »mehr ist mehr« folgend, die *Mona Lisa* vervielfältigte: *Thirty are better than one.*

Lisa Gherardini, geboren 1479, heiratete 1495 den ebenso einflussreichen wie skrupellosen Geschäftsmann Francesco di Zanobi del Giocondo und lebte in Florenz. Leonardo begann schon 1503 mit ihrem Porträt – vielleicht aus Dankbarkeit für eine Fürsprache Giocondos, den Großauftrag der Republik Florenz für die Darstellung der *Schlacht von Anghiari* betreffend –, ohne es jedoch fertigzustellen, und hatte das Bild immer noch bei sich, als er 1516 dem Ruf Franz' I. nach Frankreich folgte.

Am 10. Oktober 1517 sah der Kardinal von Aragon, in Begleitung seines Sekretärs Antonio de' Beatis, das Bild bei Leonardo in dessen Haus Clos Lucé. De' Beatis' Reisebericht vermerkt, dass der greise »Graubart« drei Bilder gezeigt habe, eine Anna Selbdritt, einen jugendlichen Johannes und das Bildnis »einer gewissen Florentiner Dame nach dem Leben und auf Drängen des späteren Magnifico Giuliano de' Medici gemalt«.[135] Das klingt zweideutig, denn warum sollte der Regent von Florenz, jener, dem Machiavelli sein Werk *Der Fürst* gewidmet hatte, eine »fremde« Dame malen lassen, wenn sie nicht die Rolle der Geliebten oder zumindest der platonisch Angebeteten innehatte? Giuliano aber war erst fünfzehn, als seine Familie 1494 aus Florenz vertrieben wurde, und dreiunddreißig, als er zurückkehrte. Mit Lisa del Giocondo

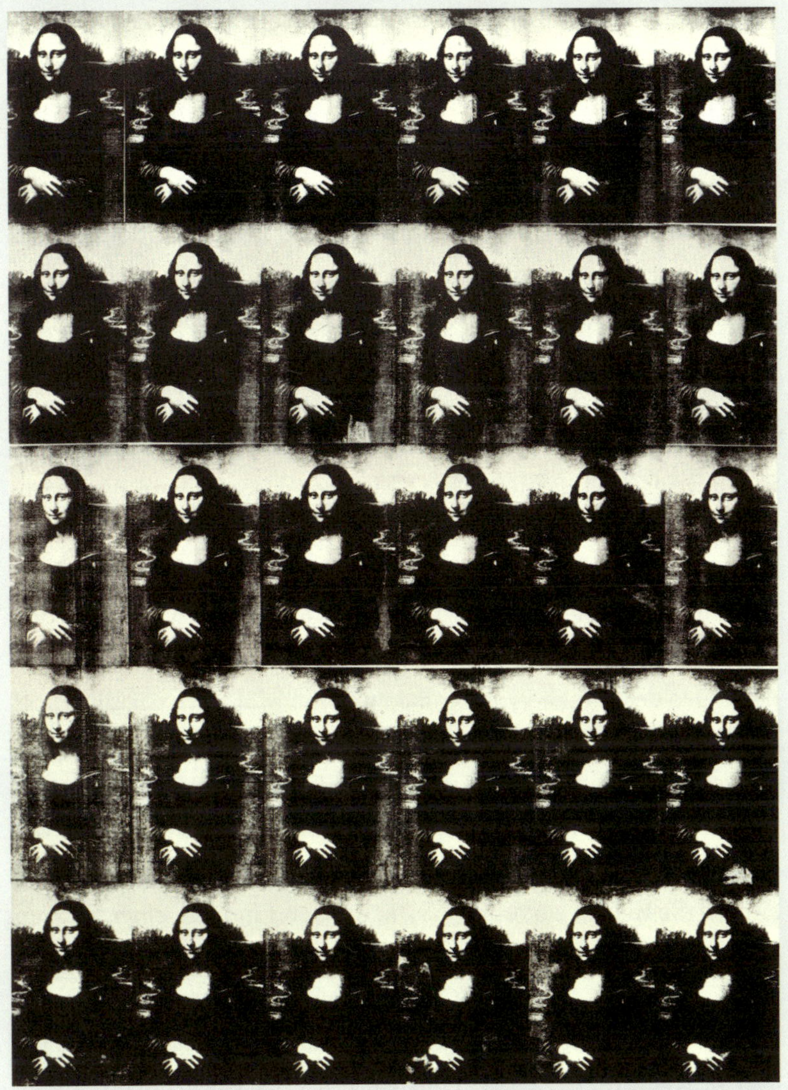

Abb. 40: Andy Warhol: *Thirty are better than one*, 1963

verband ihn zudem wenig. Es ist daher anzunehmen, dass der vom Schlaganfall gezeichnete Leonardo gegenüber seinen Besuchern in Amboise 1517 den erst kürzlich verstorbenen Giuliano de' Medici, in den er so große Hoffnungen gesetzt hatte, erwähnte, aber eher unwahrscheinlich, dass dieser als Auftraggeber für das Bildnis »einer gewissen Florentiner Dame« in Frage kommt. Vielleicht hatte er Leonardo bei ihren Begegnungen in Rom lediglich dazu gedrängt, das großartige Bild doch nach den mehr als zehn Jahren, die seit der ersten Porträtsitzung vergangen waren, endlich einmal fertigzustellen.

Die erste detaillierte Beschreibung des Werkes geht auf Giorgio Vasari zurück, der das Modell vermutlich noch persönlich kennenlernte.[136] Er zeigt sich begeistert: »Alle Kleinigkeiten waren darin aufs feinste abgebildet, die Augen hatten Glanz und Feuchtigkeit, wie wir es im Leben sehen, rings umher bemerkte man die röthlich blauen Kreise und die Wimpern, welche nur der zarteste Pinsel ausführen kann, bei den Brauen sah man, wo sie am vollsten, wo am spärlichsten sind, wie sie aus den Poren der Haut hervorkommen und sich wölben, so natürlich, als nur zu denken ist.«[137] Es genügt vielleicht zu sagen, dass die *Mona Lisa* gar keine Brauen hat. Vasari zugutehalten könnte man, dass sie möglicherweise einer ruppigen Reinigung des Bildes zum Opfer fielen, vielleicht hatte sich die Dargestellte aber nach damaliger höfischer Mode einfach die Brauen auszupfen lassen, um den Eindruck einer höheren Stirn und einen weich fließenden Übergang zu den Augen zu erzeugen, jedenfalls erscheinen die Brauen auch auf der Madrider Fassung der *Mona Lisa* lediglich als geschminkter Strich. Sicher ist jedenfalls, dass Vasari die *Mona Lisa* des Louvre nie zu sehen bekam, denn sie hing in Fontainebleau (wie er selbst schreibt), und so war zumindest nicht er derjenige, der, vom Naturalismus überwältigt, das Pulsieren der Halsschlagader zu sehen glaubte.[138]

Die Vorbehalte hinsichtlich Vasaris Darstellung, die bereits der

Kunsthistoriker Julius von Schlosser formulierte, haben inzwischen Tradition. Er schildere Details von Kunstwerken, »ohne daß sie in Wirklichkeit vorhanden wären – echte Schreibtischarbeit«, er lausche und vertraue dem »Werkstatt- und Sakristeienklatsch« und er sei der Meister der Anekdote, der die »Lust am Fabulieren niemals unterdrücken kann«.[139] Doch bei aller Skepsis sollte man den Verfasser der Künstlerviten zumindest zur Kenntnis nehmen, denn es sind eben oft gerade Anekdoten, die aufschlussreich sein können. Vasari berichtet, dass Leonardo das Lächeln in seiner Kunst bereits seit seiner Kindheit begleitete, denn er formte schon »in seiner Jugend einige lachende weibliche Köpfe aus Erde«, die in Gips vervielfältigt wurden[140], und er erzählt, wie Leonardo das Lächeln erzeugte. Des Künstlers Methode, das triste Erstarren der Gesichtszüge der Modelle bei langen Porträtsitzungen zu vermeiden, war Entertainment: Er verlangte (explizit beim Malen der *Mona Lisa*), »daß während er malte, immer jemand zugegen sein mußte, der sang, spielte und Scherz trieb, damit sie fröhlich bleiben und nicht ein trauriges Ansehn bekommen möchte«. So kam es, dass die Mona Lisa ein Lächeln besaß, »daß eher von himmlischer als von menschlicher Hand zu seyn schien, und es galt für bewundernswerth, weil es dem Leben völlig gleich war«.[141]

Doch dass es sich überhaupt um Lisa del Giocondo handelt, auch dafür gab es lange nur eine Quelle, und die hieß ebenfalls Vasari. Waren gegenüber einem Autor, der ein Bild ebenso minutiös wie falsch beschreiben konnte, nicht auch hinsichtlich seiner Identifizierungen Zweifel angebracht? Die Rezeptionsgeschichte bietet verschiedenste Vorschläge bis hin zum Selbstporträt des Künstlers. In jüngerer Zeit wurde Caterina Sforza vorgeschlagen, Gräfin von Forlì und Herrin über Imola, uneheliche Tochter Galeazzo Maria Sforzas und der Lucrezia Landriano, Mutter des Condottiere Giovanni dalle Bande Nere und Großmutter von Cosimo I. de' Medici.[142] Leonardo hat die zielstrebige

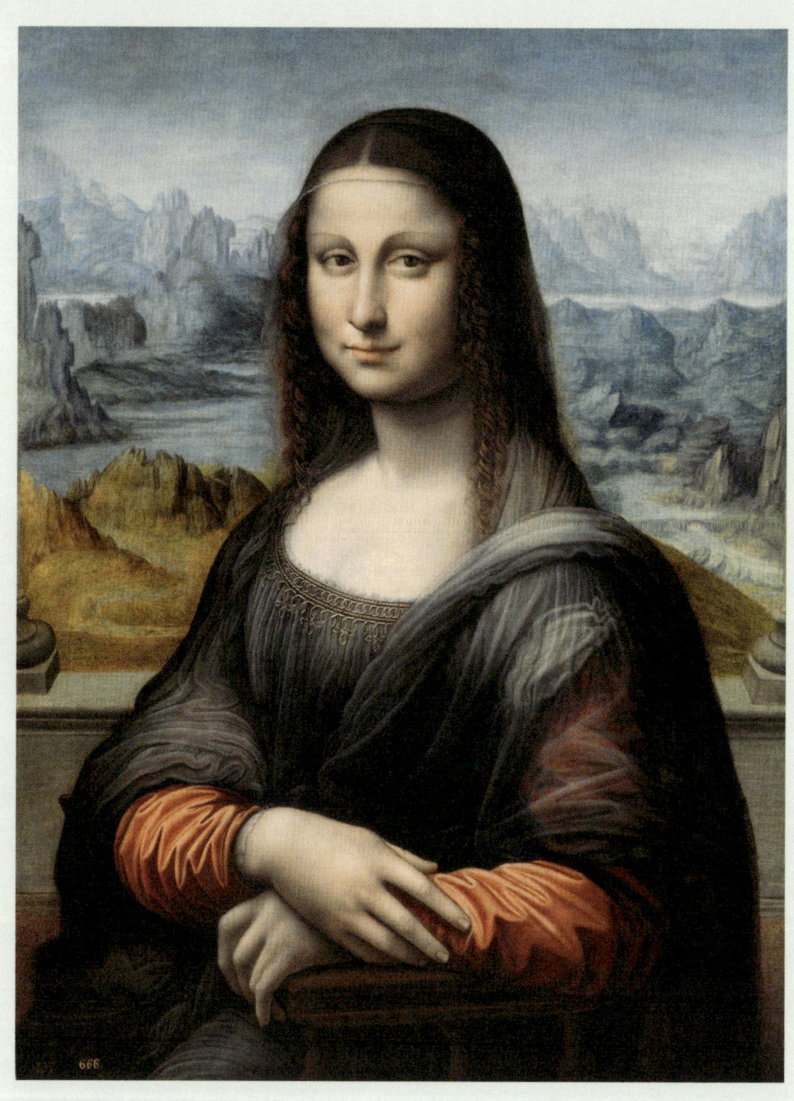

Abb. 41: *Mona Lisa*, Prado, Madrid

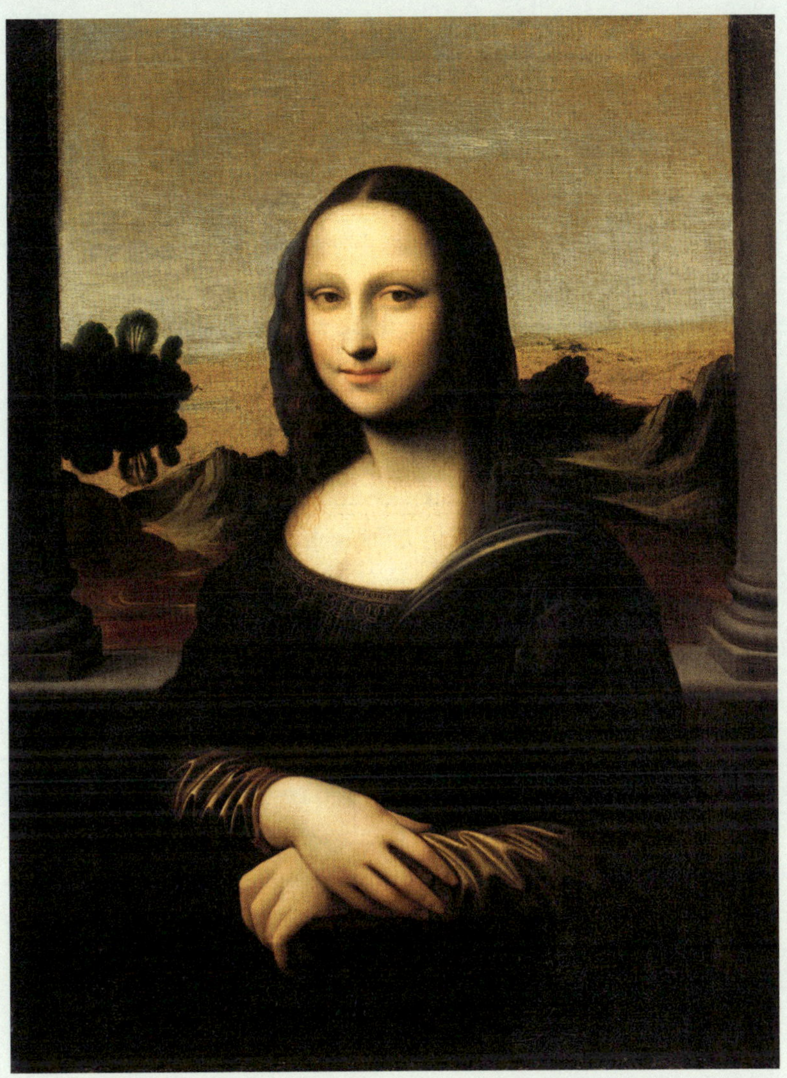

Abb. 42: *Isleworth Mona Lisa*, Mona Lisa Foundation, Zürich

und waffenkundige Aristokratin, die sich für Alchemie ebenso wie für Festungsbau begeistern konnte, die ihre drei Ehemänner überlebte und sich in den Niederungen der Politik und des Krieges auf atemberaubende Weise behauptete, mit Sicherheit gekannt, zu sehr überlagern sich beider Netzwerke aus Vertretern von Kirche, Kunst und Politik. Eine gewisse Ähnlichkeit zwischen *Mona Lisa* und Porträts der Caterina lässt sich zudem nicht von der Hand weisen. Wiederholt wurde aber auch Pacifica Brandani aus Urbino vorgeschlagen[143], die während Giuliano de' Medicis Verbannung seine Geliebte und Mutter seines Sohnes Ippolito war. Das Bildnis sei von Giuliano für seinen Sohn als Erinnerung an die kurz nach der Geburt verstorbene Mutter in Auftrag gegeben worden und zeige eine lächelnde, mütterliche Idealfigur, geschaffen ohne Modell. Der Titel *La Gioconda* sei dementsprechend als »die Heiter-Tröstende« zu verstehen. Unbestritten heißt »fröhlich« im Italienischen »giocondo«, doch es liegt auch hier nahe, wie schon beim Wortspiel im Bildnis Ginevra de' Bencis, dass nicht der Titel aufgrund des Lächelns zustande kam, sondern dass das Lächeln als Anspielung auf den Namen zu verstehen ist.[144]

Franz I. erwarb das Bild noch von Leonardo selbst oder in den Jahren nach dessen Tod aus dem Nachlass, und der Jurist und Sammler Cassiano dal Pozzo, Besitzer auch einer Abschrift von Leonardos Malereitraktat, sah es 1625 in Fontainebleau als »ein Büstenbildnis einer gewissen Gioconda. Es ist das vollendetste Werk des Künstlers, da es alles, außer sprechen vermag.«[145] Dass nicht nur der Titel *Gioconda* schon lange vor Vasari gebräuchlich war, sondern auch, dass es sich dabei nicht um eine Allegorie, sondern einen Familiennamen handelt, belegt eine handschriftliche Randnotiz in einem Exemplar von Ciceros *Epistulae ad familiares*, erschienen 1477 in Bologna. Dort notierte der engste Mitarbeiter Machiavellis und Bekannte Leonardos, Agostino Vespucci, mit Datum »Oktober 1503«, der Maler habe, wie einst der antike

Künstler Apelles bei seiner Venus, »in allen seinen Bildern, wie z. B. dem Antlitz der Lise del Giocondo«, nur das Gesicht ausgeführt und den Rest unfertig belassen. Es besteht wenig Zweifel, dass Vespucci das Bild 1503 in Florenz selbst gesehen hat.[146] Einzig die eher unwahrscheinliche Möglichkeit, dass Leonardos Porträt der *Mona Lisa* von 1503 verloren ging und im Louvre heute ein anderes lächelndes Bildnis Leonardos hängt, das zufällig auch *Gioconda* heißt, öffnet den Raum für weitere Spekulationen über die Identität der Dargestellten.

EIN WILLKOMMENES ANGEBOT: UNTER FRANZÖSISCHER FLAGGE IN MAILAND

(1507-1512)

Es muss schmeichelhaft für Leonardo gewesen sein, dass sich Mailand um ihn bemühte, dass Florenz immerhin nach ihm verlangte und der französische König Ludwig XII. ihn sowohl zum Hofkünstler als auch zum königlichen Ingenieur berief. Als Zeichen des guten Willens erhielt Leonardo in Mailand seinen Weinberg zurück, zugleich machte er Bekanntschaft mit Francesco Melzi – »ein Kind von seltener Schönheit«[147] –, der als Schüler in seine Werkstatt eintreten sollte. Doch ganz so abrupt, wie gewünscht und geplant, konnte er sich nicht von Florenz lösen, denn der Prozess um die Erbschaft seines verstorbenen Onkels Francesco, die ihm seine Geschwister streitig machten, erforderte seine Gegenwart. Wie wichtig ihm diese Angelegenheit war, belegt die Tatsache, dass sie ein wenig den Charakter einer Staatsaffäre annahm, denn selbst der französische König erfuhr davon, und Florimond Robertet bat im Namen des Königs die Florentiner Regierung, die Dinge im Sinne Leonardos zu regeln.

1507 weilte der Künstler also doch noch einmal für etwa sechs Monate in Florenz und lebte während dieser Zeit im Haus des Piero di Braccio Martelli, in dem auch der Bildhauer Giovanni Francesco Rustici (1474-1554) seine Werkstatt hatte. Obwohl bei einem Künstler ausgebildet, der vornehmlich als Bildhauer Berühmtheit erlangte, sind von Leonardo keine plastischen Werke überliefert. Allerdings sollte man Vasaris Bemerkungen Beachtung schenken, der berichtet, Leonardo habe Rustici, der gerade drei Giebelfiguren für die Paradiestür des Bap-

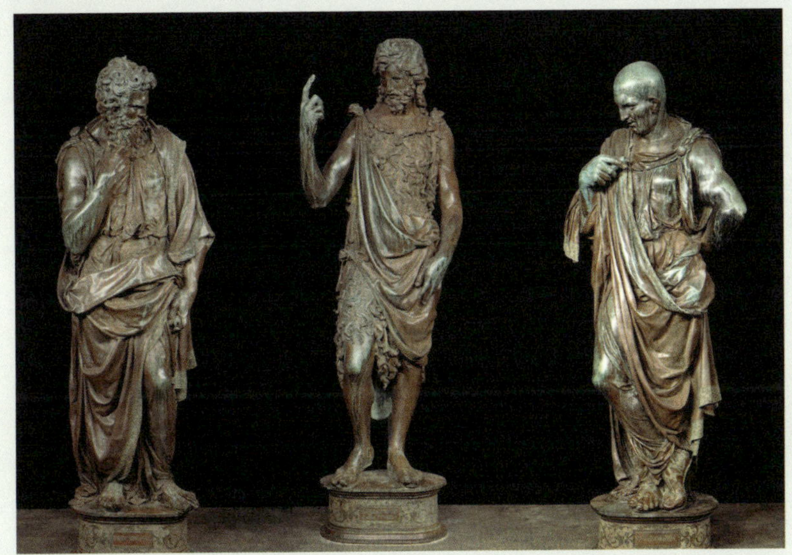

Abb. 43: Francesco Rustici: *Giebelskulpturen des Baptisterium-Portals*, 1511, Florenz

tisteriums schuf, bei der Arbeit geholfen.[148] Rustici wollte in dieser Zeit »niemand bei sich sehen außer Leonardo da Vinci«, der ihn bei der gesamten Konzeption unterstützte, »weßhalb Einige glauben, (doch ohne Gewissheit darüber zu haben), Lionardo habe mit eigener Hand daran gearbeitet, oder mindestens durch Rath und Urteil Francesco Hülfe geleistet«.[149] An anderer Stelle spricht der Biograph davon, die Figuren seien zwar von Rustici gegossen, »aber nach Angabe Lionardo's entworfen«.[150]

Die Ausführung übertraf, so Vasari, bei Weitem die Modelle[151], und als das Werk »vollendet war, galt es in allen Theilen für das durchdachteste seiner Art, welches man bis dahin gesehen hatte; die Figuren waren in tadelloser Vollkommenheit gearbeitet und ihr Ansehen zeigte Anmuth und höchste Kraft. Auch die nackten Arme und Beine waren trefflich ausgeführt und in den Gelenken so schön verbunden als nur möglich.«[152]

Eigene Pläne, endlich ein Bronzewerk gestalten zu können, hatte Leonardo ebenfalls noch nicht aufgegeben.

Das Reiterstandbild zu Ehren Francesco Sforzas war zwar verloren, und der politische Wind hatte sich gedreht, aber derartige persönliche und künstlerische Rückschläge und politische Machtverwehungen hatte Leonardo schon zu viele erlebt, als dass er sich davon dauerhaft hätte entmutigen lassen. Also machte er sich daran, den erbitterten Feind der Sforza, den Condottiere Gian Giacomo Trivulzio, zu verewigen.

Über Jahre entstanden Studien zu einem sich aufbäumenden Pferd mit weit ausgreifendem Reiter auf einem Sockel, unter dem ein Sarkophag zu stehen scheint. Das Denkmal war offenbar als Grabmal angelegt, doch sowohl die disparate Dynamik des Entwurfs als auch die Tatsache, dass Trivulzio noch lebte (er sollte erst wenige Monate vor Leonardo selbst sterben), dürften einer Verwirklichung im Wege gestanden haben. Endgültig besiegelt wurde das Aus für das Projekt durch

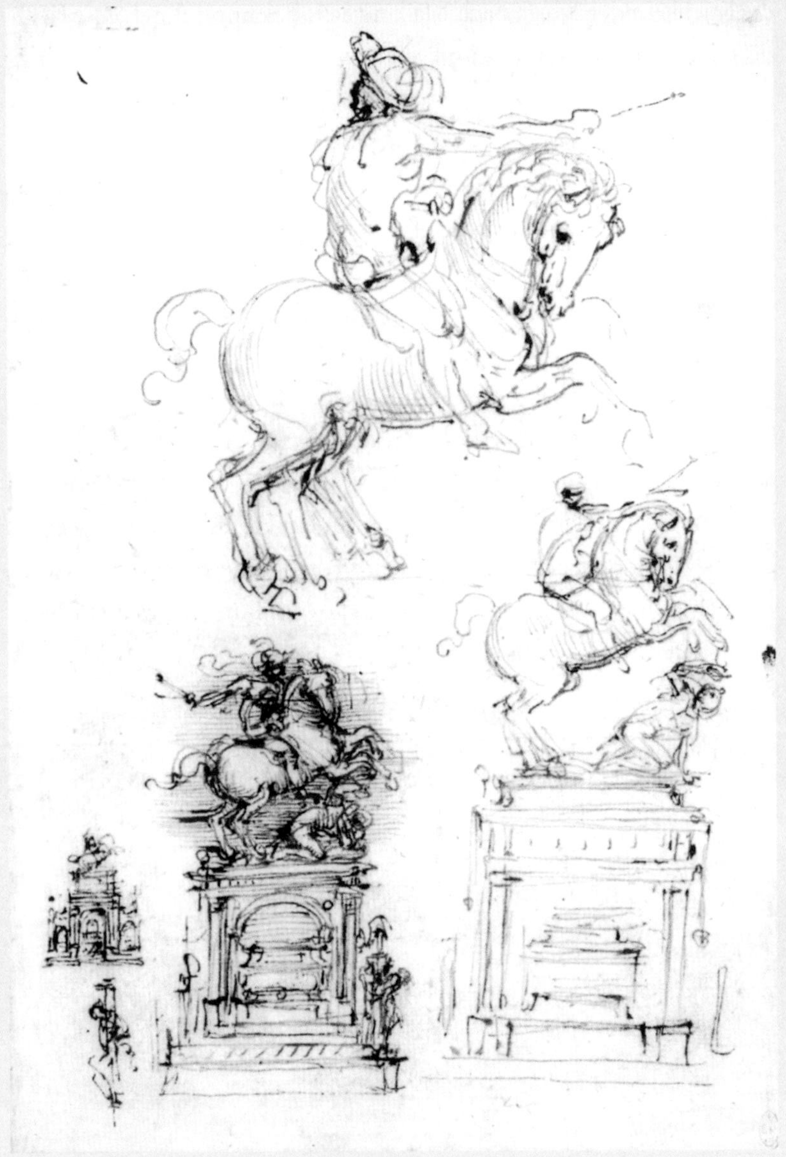

Abb. 44: Leonardo: *Reitermonument für Gian Giacomo Trivulzio*, um 1503, Royal Library, Windsor Castle

die Rückkehr der Sforza nach Mailand 1511. Bekämpft durch eine Koalition aus Venedig, Vatikan und Spanien mussten die Franzosen abziehen, und Lodovicos ältester Sohn Massimiliano, benannt nach Kaiser Maximilian I., ließ sich als neuer Herzog installieren. Seine Herrschaft währte drei Jahre, lange genug, um Leonardo die letzte Hoffnung auf die Verwirklichung seines Traums vom Bronzestandbild zu rauben. Die Kämpfe um die Stadt hatte er aus nächster Nähe miterlebt und zwei Brände, gelegt von Schweizern, die Massimiliano unterstützten, skizziert.

Auch in Leonardos Florentiner Heimat kehrte 1512 die Herrscherfamilie der Medici zurück und konnte derart rasch ihre Machtstellung festigen, dass sie bereits im Jahr darauf mit Leo X. den ersten Papst aus ihrer Mitte zu stellen vermochte – was für ein Hoffnungsschimmer für Leonardo, der, perspektivlos zwischen Mailand und Florenz unterwegs, weder hier noch dort seriöse Auftraggeber und lukrative Aufträge gewinnen konnte.

DIE VERSUCHUNG DES VATIKAN
(1512-1516)

Mit vier seiner Schüler, darunter Salaì und Melzi, reiste Leonardo gen Rom. Auf der Durchreise zahlte er in Florenz Geld auf sein Konto ein, beeilte sich aber, weiterzukommen, um in die Dienste Giuliano de' Medicis, des Herzogs von Nemours, Sohn Lorenzo Magnificos und Bruder des Papstes, treten zu können. Der Empfang in Rom wird gegenüber dem ergrauten Genie freundlich gewesen sein, und die Unterbringung im Belvedere des Vatikans war ein weithin sichtbares Zeichen des Respekts.

Doch während der dreißigjährige Raffael noch an der Ausmalung der Stanzen arbeitete und Leonardo miterleben musste, wie der junge Mann vor seinen Augen zum Baumeister von Sankt Peter berufen wurde, hatte sein großer Widersacher, der inzwischen achtunddreißigjährige Michelangelo, gerade triumphal die Decke der Sixtinischen Kapelle vollendet und wartete auf neue Herausforderungen. Anstelle Leonardos, der als Architekt im Gespräch war, berief man auch für die Gestaltung der Fassade von San Lorenzo nicht ihn, sondern Michelangelo nach Florenz, obwohl der genug mit der Fertigstellung des monumental konzipierten Grabmals für Papst Julius II. zu tun gehabt hätte, mit dem er sich bereits seit Jahren, zumindest gedanklich, auseinandersetzte.

Rückblickend lässt sich nur konstatieren, dass sich Leonardo mit dieser Entscheidung glücklich schätzen konnte. Der über Sechzigjährige wäre den Strapazen in den Marmorbrüchen, die Michelangelo erwarteten und diesen völlig demoralisierten, nicht gewachsen gewesen. Gab es in Rom überhaupt nennenswerte Aufgaben für ihn? Was sollte er hier tun, wo man doch selbst für Michelangelo andernorts scheinbar wichtigere Projekte fand? Was hatte er hier erwartet, was erwartete er überhaupt noch vom Leben? Was war ihm noch wichtig? »Der soziale Status des Künstlers«, hielt Alessandro Nova fest, »hat sich in der sogenannten Hochrenaissance gewaltig verändert, aber die Aspirationen der Protagonisten der Epoche waren sehr unterschiedlich. Für Michelangelo war es beispielsweise viel wichtiger, die fiktive aristokratische Herkunft seiner Familie zu behaupten, während Raffael so stark an realer Macht interessiert war, daß er mit dem Gedanken spielte, Kardinal zu werden. Leonardo wollte stattdessen als Hofmann leben, um die Privilegien des freien Denkens zu genießen.«[153] Doch Rom war eben kein gewöhnlicher Fürstenhof. War Leonardo hier wirklich in der richtigen Umgebung? Konnte er ausgerechnet hier frei denken und seiner Überzeugung Ausdruck verleihen, dass nur das sinnlich Wahrnehmbare auch real sein könne? Konnte er im Vatikan wissenschaftlich arbeiten? »Mir aber erscheinen die Wissenschaften eitel und fehlerhaft, die nicht aus der Erfahrung, der Mutter aller Sicherheit, hervorgegangen sind und nicht in einer handgreiflichen Erfahrung enden; das heißt, deren Anfang oder Mitte oder Ende nicht über einen der fünf Sinne geht«, notierte er im *Codex Urbinas*. »Und wenn wir an der Sicherheit eines jeglichen zweifeln, das über die Sinne geht, um wieviel mehr müssen wir dann an den Dingen zweifeln, gegen die sich die Sinne sträuben, wie das Wesen Gottes und der Seele und ähnliches, über das unaufhörlich diskutiert und gestritten wird. Es geschieht nämlich, daß immer da, wo der feste Grund fehlt, das Geschrei an seine Stelle tritt; was bei den sicheren Dingen nicht geschieht. Daher gibt es keine wahre Wissenschaft, wo geschrien wird.«[154]

Mit dem Streben nach Macht und Mammon hatte er sich ebenfalls schon oft konfrontiert gesehen, aber im Umfeld des Papstes fand dies auch noch im Namen des Glaubens statt. »O Mensch, wie nichtig bist du, daß du dich zum Sklaven des Geldes erniedrigst«, schrieb Leonardo und spann den Gedanken über die Raffgier fort: »Wie viele Kaiser, wie viele Fürsten sind dahingegangen, von denen keinerlei Gedächtnis blieb, obwohl sie nur darum nach Staaten und Reichtümern trachteten, um Nachruhm zu hinterlassen.«[155] Das Nicht-genug-Bekommen, so Leonardo, lasse die Menschen eines verkennen: Geld hat erst in dem Augenblick überhaupt einen Wert, in dem man es ausgibt. Vorher scheint es einem gar nicht wirklich zu gehören. Hat man es aber im Überfluss, »kannst du doch nicht alles ausgeben, und so gehört es dir nicht«.[156] Ein Großteil der Vertreter Christi auf Erden machte hier keine Ausnahme, nur dass sie ihrem Tun den Mantel des Sakralen umhängten.

Das war sicher nicht die Versöhnung von Rationalität und Spiritualität, die Leonardo im Sinn hatte. Nicht nur mit den Sklaven des Geldes haderte er, sondern auch die Vorstellungen von Himmel, Hölle und Auferstehung mussten mit seinem Weltbild zwangsläufig kollidieren, denn er begriff den Körper als Maschine[157] und die Seele als fünftes Element. Die Elemente ordnete er nach ihrer Trägheit – Erde, Wasser, Feuer, Luft und Geist – und kam zu dem Schluss, dass der Geist allein bis ins Weltall reicht, »da er aber endlich ist, reicht er nicht ins Unendliche«.[158] Leonardo saß über seinen Notizen und dachte das All als unendlich. Dann unterbrach er sich plötzlich im Fluss seines Schreibens, um in größeren Lettern zu notieren: Die Sonne bewegt sich nicht.[159] Ein Jahrhundert später hätte ihn das, laut ausgesprochen, womöglich auf den Scheiterhaufen gebracht.

Phantasien gestattete sich Leonardo durchaus, doch selbst die phantastischsten Kreationen, wie wir angesichts seiner Ausführungen zu den Monstern gesehen haben, mögen bitte in ihren Teilen den Gesetzen der Natur folgen.[160] Das, was die Bibel in dieser Sparte aufzubieten hatte – sprechende Schlangen (1. Mose 3,1) oder Drachen mit sieben Köpfen und zehn Hörnern (Off. 12,3) –, fand dagegen in Leo-

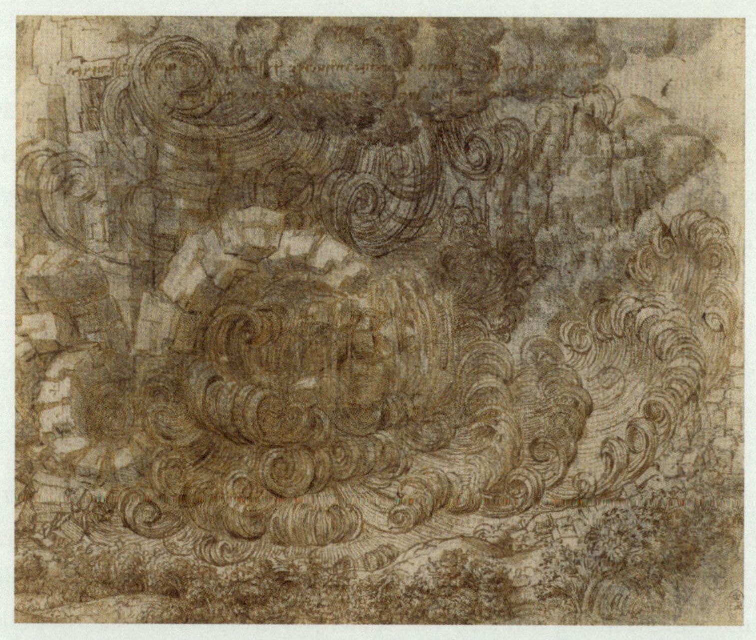

Abb. 45: Leonardo: *Sintflutzeichnungen*, um 1514, Royal Library, Windsor Castle

Abb. 46: Leonardo: *Sintflutzeichnungen*, um 1514, Royal Library, Windsor Castle

nardos Welt keinen Platz. Selbst seine sogenannten *Sintflutzeichnungen* (Windsor Castle), die um 1514 vielleicht nicht ganz zufällig in den Refugien des Vatikans entstanden, folgen akribisch den Gesetzen der Wasserbewegung, die Leonardo eingehend studierte.

Immer wieder aufs Neue trieb sich Leonardo an und forderte sich selbst heraus. »Stelle dar: woher der Katharrh – die Tränen – das Niesen – das Gähnen – das Zittern – die Fallsucht – der Wahnsinn – der Schlaf – der Hunger – die Wollust – der Zorn, wo er sich im Körper auswirkt – die Angst ebenso – das Fieber – die Krankheit kommt – wo das Gift wirkt ... Warum der Blitz den Menschen tötet und ihn nicht verwundet; und wenn sich der Mensch die Nase zuhielte, würde er nicht sterben, weil der Blitz die Lunge angreift. Schreibe, was Seele ist. [...] Stelle dar, woher das Sperma kommt, woher der Urin, woher die Milch. – Wie sich die Nahrung in den Adern umwandelt – woher die Trunkenheit kommt – woher das Erbrechen – woher die Nierensteine und andere Steine – woher das Seitenstechen – woher das Träumen – [...] woher die Tränen kommen – woher die Drehung der Augen, bei der das Auge das andere mitnimmt. Vom Schluckauf.«[161]

Leonardos Neugier schien grenzenlos, seine Zeit knapp bemessen. Immer weiter verästelten sich seine Forschungen, sein Labyrinth aus Erkenntnissen, in dem sich der Denker in seinen späten Jahren hin und wieder zu verirren drohte. Er versuchte Analogien aufzuzeigen zwischen Musik und Perspektivkonstruktion, zwischen Fleisch und Erdreich, zwischen Blut und Wasser, zwischen gelocktem Haar und den Wirbeln des Wassers. Vielleicht sehnte er sich doch gelegentlich danach, die Enden seiner Forschung zu erfassen und zu einem geschlossenen Weltbild zusammenzuknüpfen. Er erkannte im Zyklus der Jahreszeiten eine Seele, begriff die Erde als großen Organismus, der nicht Luft, sondern Wasser atmet.[162] Und wenn Leonardo den Leib der Erde »in seiner Natur« als Fisch, Seeungeheuer oder Pottwal beschrieb, ist es rückblickend sogar verlockend, hier über eine leise Ahnung von der Evolutionstheorie zu spekulieren.[163] »Analogie« wurde zu einem der zentralen Begriffe in seinem Denken. Und auch in seinem persönlichen Werdegang entwickelte sich eine beeindruckende Entsprechung zwischen »zunehmendem Pessimismus, der Entwicklung seiner Kosmologie, der Verfeinerung seiner Lehre, der Entdeckung des ›formlosen Entwurfs‹, der Praxis des Unvollendeten in der Malerei und den Zeichnungen aus seinen letzten Jahren«.[164]

Das Rätsel der Kunst erschien auch für Leonardo unauflösbar, der Zauber der Malerei blieb ambivalent und entzog sich in Dimensionen, die er mit seinem Sfumato nur andeutete. Selbst sah er sich als ein Umherirrender zwischen den Formen der Natur, der plötzlich an den Eingang einer dunklen Höhle gelangt. Er beugt sich vor, beschattet die Augen, doch er kann drinnen nichts erkennen. »Und nachdem ich eine Weile so verblieben war, stieg in mir plötzlich zweierlei auf: Furcht und Verlangen. Furcht vor der bedrohlichen dunklen Höhle und das Verlangen, zu sehen, ob nicht etwas Wunderbares darin verborgen wäre.«[165] Das klingt wie die Umkehrung des von Platon überlieferten Höhlengleichnisses. Leonardo ist keiner der gefesselten Menschen, die ihr Leben in einer Höhle verbringen, ohne deren Ausgang zu sehen, die stattdessen nur die Schatten der Dinge, die draußen im Licht vorbeiziehen, an der Wand gegenüber wahrnehmen und sie daher für real halten. Leonardo ist vielmehr derjenige, der draußen vor der Höhle steht und herausgefordert wird von der Finsternis, die drinnen herrscht und die es zu durchdringen gilt.

In Rom war es noch mehr angezeigt, seine Neugier zu verbergen und nonkonformistische Gedanken und naturwissenschaftliche Notizen geheim zu halten, denn wenn Glaubensgrundsätze im Vatikan auch nebensächlich waren, so ließen sie sich doch bei Bedarf von Neidern oder Intriganten in Stellung bringen. Ein Grenzgänger zwischen Naturwissenschaften und Philosophie, zwischen Alltag und Kunst, zwischen Theorie und Praxis musste verdächtig sein, ein Mann, der überzeugt war, dass nicht ein Gott, sondern die Natur Seele und Körper kreiert, musste suspekt erscheinen. Leonardo konnte das Absurde seiner Situation nicht entgangen sein. Keine zweihundert Meter vom religiösen Zentrum des Katholizismus entfernt, lebte er in einer Gedankenwelt, die immer wieder gefährliche Züge der Häresie annahm. Und an ein Arbeiten in Ruhe war in den Räumen des Belvedere ohnehin nicht zu denken.

AM ANFANG WAR DER PUNKT: DER *TRAKTAT ÜBER DIE MALEREI*

Das einzige schriftliche Werk, das zu Leonardos Lebzeiten in irgendeiner Form bereits in Umlauf war, ist ein recht unverfängliches: sein *Traktat über die Malerei*. Er »hat die Malerei zu einem ruhmvollen Glanze entwickelt, indem er begründete, daß die Malerei nur dann recht ausgeübt werden könne, wenn sich der Künstler zuvor die unentbehrlichen Kenntnisse in den Wissenschaften erworben habe«, so Paolo Giovio acht Jahre nach Leonardos Tod.[166] Sein erster Biograph sieht Leonardo folglich zunächst einmal als Theoretiker, der sich um den Stellenwert und die Würdigung der Malerei verdient machte, indem er nicht ihren Status als Handwerk betonte, sondern sie als Krönung wissenschaftlicher Forschung aufzuwerten versuchte. Das deutet darauf hin, dass es tatsächlich eine fertige Schrift gegeben hat, von der auch bereits Luca Pacioli im Vorwort zu seinem Werk *De divina proportione* (1509) berichtet. Leonardo habe »mit seinem ganzen Fleiß einen wertvollen Traktat über die Malerei und die menschlichen Bewegungen vollendet«.[167] Giovio kannte entweder den Text oder aber eine der rund fünfzig, teilweise rudimentären Abschriften, die nach Leonardos Tod vom *Codex Urbinas* kursierten. Auf welche Quelle er sich auch bezieht, er versteht Leonardo so, dass dem Zeichnen und Malen als Übung plastisches Arbeiten vorausgehen soll. Ferner sei die Wissenschaft der Optik und damit die Kenntnis von Licht und Schatten grundlegend. Leonardo selbst definiert Wissenschaft als Gedankengang, »der von den letzten Prinzipien ausgeht, außerhalb derer man in der Natur nichts anderes finden kann«, und kommt zu dem Schluss, dass der Punkt zu diesen letzten Prinzipien gehört, denn alles lässt sich auf den Punkt zurückführen, er ist »das Grundprinzip der Geometrie und es gibt nichts, weder in der Natur noch im menschlichen Geist, das der Anfang des Punktes wäre«.[168] Ganz im Geiste Euklids sind sowohl Punkt als auch Linie nach der Überzeugung Leonardos ausdehnungslos und damit unsichtbar. Zudem – und im Unterschied etwa zu Leon Battista Alberti, der die Linie als eine statische Reihung von Punkten verstand – resultiert für Leonardo die Linie aus einem einzigen, jedoch in Bewegung geratenen Punkt.[169] Als erster Künstler definierte er damit Zeichnung als Bewegung, Kunst letztlich als einen dynamischen Prozess. Wie für ihn Bewegung die Ursache allen Lebens ist, ist auch die eng mit der Natur verknüpfte Kunst geradezu zwangsläufig von der Bewegung als schöpferischer Energie abhängig. Alles ist im Fluss, das erkannte Leonardo spätestens, als er sein Augenmerk auf Mikrokosmen richtete, exemplarisch fokussiert im lebenspendenden Wasser. »In Anbetracht der Tatsache, daß er alle Bewegungen des Wassers in der Erde dem Eigenleben der Welt zuschrieb, ›dem Atmen dieser Maschine, der Erde‹[170], betrachtet er das Phänomen als eine Art Ebbe und Flut der Flüssigkeiten im Körper der Erde«, bemerkte Martin Kemp.[171] Die labilen und transitorischen Kräfte des Wassers finden sich folgerichtig auch in der Komposition eines Kampfgetümmels wieder, wie es die *Schlacht von Anghiari* zeigt, die letztlich nichts anderes darstellt als den Zusammenprall widerstrebender Energien. Die Kunst besteht nun drin, das Paradox der Malerei glaubhaft zu machen: Das tote Bild soll lebendig erscheinen, das Starre bewegt.

Die Struktur der überlieferten Zusammenstellung des Malereitraktats, den Leonardo bereits um 1490 zu veröffentlichen plante, ist äußerst fragwürdig, ja willkürlich. Es gibt eine Reihe von Rekonstruktionsversuchen, plausibel wäre etwa eine Ordnung, in der allgemeine Gedanken vorangestellt werden, wie der Vergleich zwischen Malerei und Skulptur, der sogenannte Paragone, der hier selbstverständlich zugunsten der Malerei entschieden wird. Anschließen könnten sich theoretische Bücher mit Anweisungen zu Beleuchtung, Naturbeobachtung und Anatomie sowie zur Darstellung von Emotionen und Kleidung. Den zweiten Hauptteil würden dann Bücher zur handwerklichen Arbeit bilden: über Zeichnung und Farbe, Perspektivkonstruktion, Ateliereinrichtung und über die häufigsten Fehler der Maler. In einem Nachwort könnten allgemeine Weisheiten über die Malerei als Wissenschaft und über den Auftrag der Schüler Platz finden, nämlich die Fackel weiterzutragen: »Armselig der Schüler, der seinen Lehrer nicht übertrifft.«[172]

Erhalten ist von diesem Manuskript vermutlich nicht viel mehr als ein Drittel. Doch auch das stieß ein Jahrhundert nach Leonardo auf wenig Wohlwollen, wie eine Äußerung Federico Zuccaris (ca. 1540-1609), des Mitbegründers und ersten Präsidenten der Accademia di San Luca in Rom, zeigt: »... von geringem Nutzen und geringem Gehalt waren andere Regeln, die in Zeichnungen und Spiegelschrift ein anderer kundiger und tüchtiger Mann hinterließ, aber zu verstiegen auch er mit seinen ebenfalls mathematischen Vorschriften für die Bewegung und Windung der Gestalten, wobei er Lotrechte, Winkeldreieck und Zirkel verwendet: zwar lauter einfallsreiche Dinge, aber Phantastereien ohne substantiellen Nutzen.«[173]

Doch Leonardos Ausführungen sind weit mehr als Phantastereien über Körperwindungen, auch wenn diese den Manieristen Zuccari zweifellos besonders interessiert haben dürften. Leonardo ist in den überlieferten Texten des *Codex Urbinas* vielmehr daran gelegen, die Malerei als die höchststehende aller Künste darzustellen. Sie sei, wie auch die Musik oder die Geometrie eine geistige Wissenschaft. Dichtung und Musik blieben auf das Gehör angewiesen, die Malerei auf das Auge. Wobei die Vorstellung, die auf akustischem Weg durch die Literatur ausgelöst wird, nie so klar zu werden vermöge wie ein Bild,

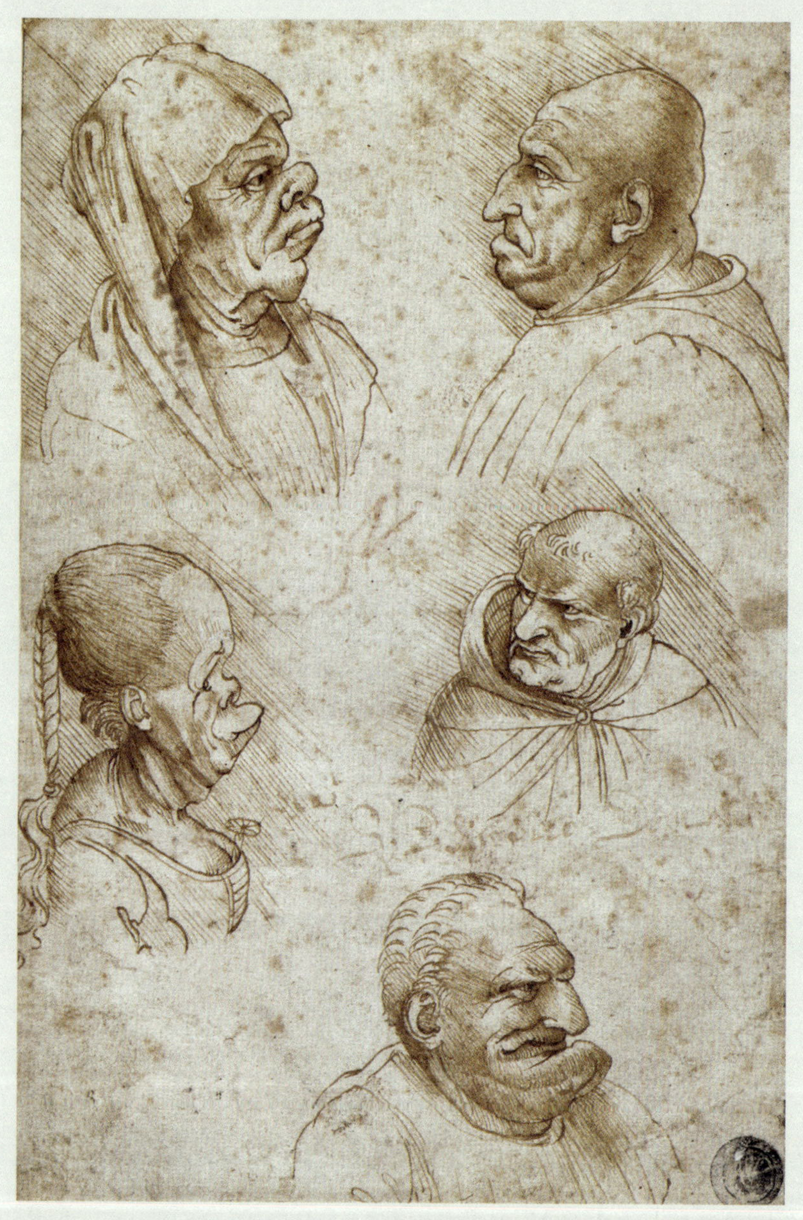

Abb. 47: Leonardo: *Karikaturen*, um 1490, Gallerie dell'Accademia, Venedig

das eine weitaus größere und konkretere Vielfalt hervorbringen könne.[174] Fast scheint es, als ob Leonardo den Bildern ein Eigenleben zuspreche, einen aktiven Part, denn Bildern könne es gelingen, Betrachter in sich verliebt zu machen, sie sogar körperlich zu begehren. Davon sei die Abstraktion der Literatur weit entfernt. Eine Auffassung, die sich dann doch unübersehbar im Konflikt mit der Doktrin der Kirche befindet, die eine solche Bilderverehrung als Götzendienst verurteilte.

Aber auch diese Erkenntnis beruht auf eigener Anschauung, auf selbsterworbener Erkenntnis: Der Maler erzeuge eben ein Bild mit derselben Wahrheit, wie es sonst nur die Natur vermöge.[175] Außerdem sei der Dichter darauf angewiesen, die Dinge nacheinander zu beschreiben, während der Maler, wie die Natur selbst, alles auf einmal zeigen könne. Das Zusammenwirken aller Teile, sprich die Proportion, in der sie zueinander stehen, könne die Literatur niemals darstellen. Der Musik gelänge es immerhin, mehrere Stimmen zu einer Harmonie gleichzeitig zusammenzubringen, allerdings bleibe diese dabei unsichtbar.

Malerei wird somit zur höchststehenden der Künste. Sie ist der Musik und erst recht der Schrift, dem Wort, der Dichtung überlegen, da sie nicht schattenhaft abstrakt, sondern sinnlich erfassbar die Dingwelt sichtbar mache. »Die Poesie gibt nur Schatten, die Malerei aber die Dinge selbst«[176], auch das lässt an das Höhlengleichnis denken.

Die Musik triumphiert über die Literatur, die Malerei aber triumphiert über die Musik[177], denn der höchste aller Sinne ist das Auge. Erblindet man, so verliert man die Schönheit der Welt.[178] Zudem ist die Musik flüchtig und erstirbt, während die Malerei fortdauert und die Harmonie lebendig hält. Ja, die Malerei ist sogar der Natur überlegen, nicht weil sie die Natur korrigiert, sondern weil sie die Schönheit konserviert, die in der Natur vergänglich ist.[179] Das Feld der Malerei »ist das Oberhaupt der Anatomie, es bewerkstelligt die Kosmographie, es berät und berichtigt alle menschlichen Künste. Es treibt den Menschen nach den verschiedensten Weltgegenden hin. Es ist der Fürst der mathematischen Fächer, seine Wissenschaften sind höchst sichere. Es hat Höhe und Größe der Sterne gemessen, die Elemente und ihre Lage aufgefunden und aus dem Lauf der Sterne die zukünftigen Dinge voraussagen lassen; es hat die Architektur und die Perspektive und endlich die göttliche Malerei erzeugt.«[180] Malerei, beruhend auf den Hilfsdisziplinen Botanik, Astronomie, Optik, und vor allem Mathematik wird zur Krone der Wissenschaften.

Nun könnten die Bildhauer kommen, deren Werke auch zeitlos und sichtbar sind. Die Bildhauerei brauche jedoch in ihrer Kunst lediglich Körper, Figur, Lage, Bewegung und Ruhe zu berücksichtigen, während sich der Maler darüber hinaus noch um Beleuchtung, Farbe, Atmosphäre und Perspektive zu kümmern habe.[181] Ein letztes Argument für die Malerei hat geradezu rührend naive Züge und stammt unübersehbar aus der Feder des eleganten Höflings Leonardo: Die Arbeit des Bildhauers sei eine mechanische, »bei der er häufig sehr ins Schwitzen kommt, sich der Schweiß mit Staub vermischt und in Schmutz verwandelt; sein Gesicht ist verschmiert und ganz mit Marmorstaub bedeckt, so daß er wie ein Bäcker aussieht«. Währenddessen sitzt der Maler »in höchster Bequemlichkeit und fein gekleidet vor seinem Werk und bewegt den federleichten Pinsel mit den schönen Farben und ist nach seinem Geschmack mit Gewändern geschmückt, wie er Lust hat und seine Wohnung ist voll schöner Bilder und sauber«.[182]

Grundlage aller Ausführungen ist Leonardos tiefste Überzeugung, dass »die Natur, die Meisterin aller Meister« ist[183], daher fordert er intensive Studien der Beleuchtung und plant, allein über die unterschiedlichen Schatten und Reflexionen des Lichts sieben Kapitel zu schreiben.[184] Bei der Wiedergabe der Außenwelt empfiehlt Leonardo, diese in einem Spiegel zu spiegeln, sie somit wie ein Gemälde auf zwei Dimensionen zu reduzieren, um sie besser mit dem Bild vergleichen zu

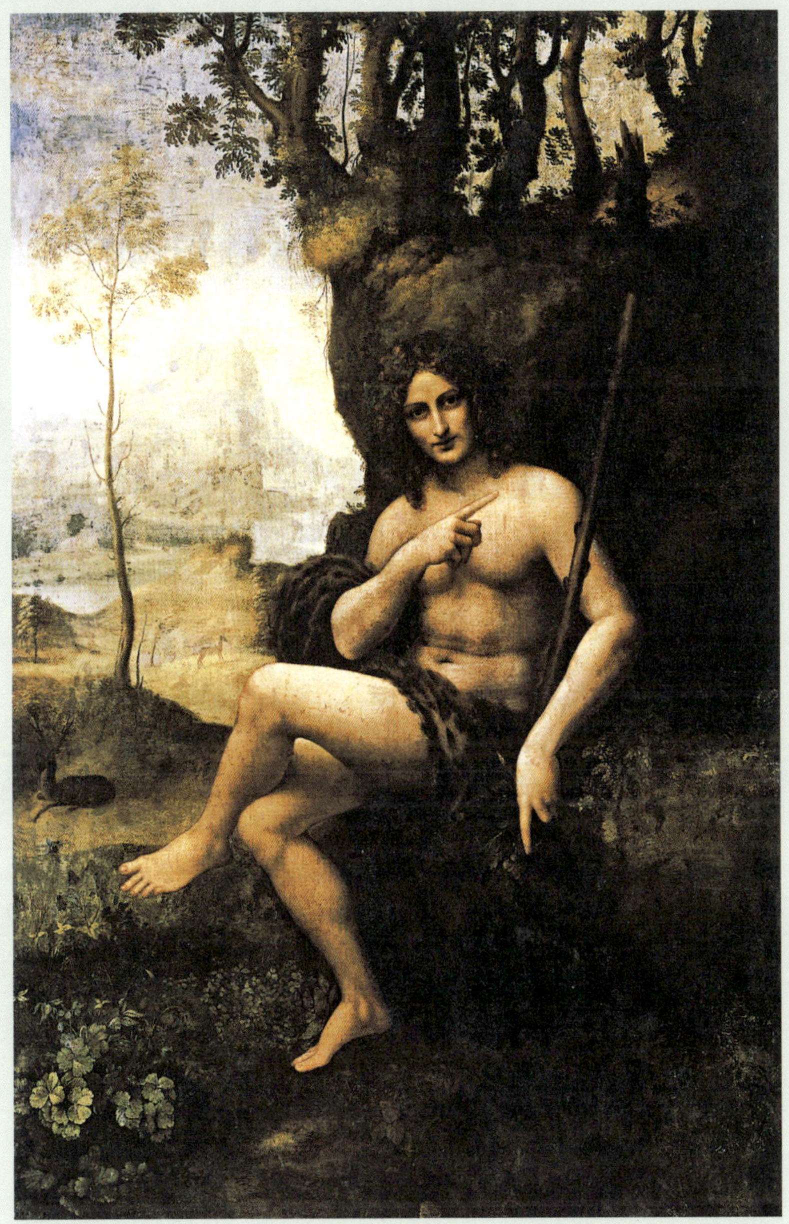

Abb. 48: Leonardo (?): *Johannes der Täufer / Bacchus*, 1510-16, Louvre, Paris

können. Erst wenn umgekehrt das Bild wie gespiegelte Natur erscheint, ist es perfekt, denn im Spiegel bildet sich die Natur selbst ab und ist folglich auch hier die Lehrerin und Meisterin der Maler: »Wenn du sehen willst, ob dein ganzes Bild Ähnlichkeit mit dem Gegenstand in der Natur hat, den du darstellen willst, dann nimm einen Spiegel und spiegle den lebendigen Gegenstand darin und vergleiche das Spiegelbild mit deinem gemalten Bild und schau dir gut an, ob der Gegenstand auf dem einen wie auf dem anderen Bild und über die ganze Spiegelfläche hin gleich aussieht [...], dann wird deine Malerei aussehen wie ein Gegenstand der Natur, den man in einem großen Spiegel sieht.«[185]

Als Erster äußert er auch leise Kritik an der großen Errungenschaft der Renaissance, der Konstruktion der Zentralperspektive, und muss damit indirekt einräumen, dass die Malerei der Skulptur doch zumindest in einem Punkt unterlegen ist: in der Dreidimensionalität der Wahrnehmung. Denn die Perspektive in Gemälden sei, wie Leonardo richtig feststellt, zwangsläufig so konzipiert, als habe der Betrachter nur ein Auge. Zudem sei sie auf einen idealen Standpunkt hin ausgerichtet, den der Betrachter nicht verlassen dürfe, wenn er die Illusion nicht schmälern wolle. Schließlich sei auch die flache Leinwand nicht ganz optimal, da die Randzonen verzerrt erschienen. Leonardo nennt neben der natürlichen Perspektive alternativ die bis hin zur Anamorphose verschobene Perspektivkonstruktion, die, sobald man den kalkulierten Betrachterstandpunkt verlässt, allerdings zu monströsen Verzerrungen führt.

Für die perfekte Illusion des Raums bedarf es zusätzlich zur Linearperspektive noch der Luftperspektive, die die Veränderung der Farben und das Verschwimmen der Konturen in der Ferne berücksichtigt.[186] Und immer wieder bedarf es der genauen Beobachtung des eigenen Lebensraums hinsichtlich der Farben der Berge[187], des Rauchs der Städte[188], des Nebels, Staubs und der Wolken, des Regenbogens[189], der Farben und Blätter der Bäume[190] oder der changierenden Gefieder mancher Vögel.[191] Leonardo verfolgt hier einen quasi impressionistischen Ansatz, der allerdings weiter geht, indem er nicht nur die visuellen Wirkungen, sondern auch die Ursachen zu ergründen sucht. Daher bleibt für ihn die Krone der Naturstudien immer die Darstellung des Menschen. Die Erforschung der Anatomie, Physiognomie, des Bewegungsapparates und noch weit mehr als das, denn »der gute Maler muß in der Hauptsache zweierlei malen, nämlich den Menschen und seine geistige Verfassung, das erste ist leicht, das letztere schwierig, denn man muß es durch die Gebärden und Bewegungen der Glieder darstellen: und das kann man von den Stummen lernen, die es besser machen als alle anderen Menschen«.[192] Der Vielfalt der Bewegungen, die sich nicht wiederholen sollen, entspricht eine Vielfalt der Emotionen – denn selbst wenn man nur einen Menschen malt, der weint, soll man sich stets fragen, ob aus Zorn, Schrecken, Schmerz, Rührung, Trauer, Verzweiflung oder Mitleid.[193]

ABSCHIED VON ITALIEN
(1516-1519)

Am 1. Januar 1515 starb der französische König Ludwig XII., und Leonardo notierte acht Tage später dieses Ereignis in seinen Aufzeichnungen. Ludwig hatte Leonardos Werk hoch geschätzt, jetzt stellte sich die Frage, welchen Zugang die nächste royale Generation, repräsentiert durch den grade zwanzigjährigen Franz I., zu seinem Werk finden würde.

Doch vor den Fragen der Kultur ging es zunächst um Machtpolitik. Ende des Jahres 1516 konnte sich Leonardo einen Eindruck vom neuen König der Franzosen verschaffen, als er bei der Zusammenkunft zwischen Franz I. und dem Papst in Bologna zugegen war. Der Bauernhandel, offiziell Konkordat genannt, der aus dem Treffen hervorging, räumte dem König das Recht ein, die kirchlichen Ämter in seinem Land eigenmächtig zu vergeben und damit auch die Vertreter des Glaubens staatlich zu sanktionieren, während dem Papst die Annaten, das heißt die Tributzahlungen, garantiert wurden, die von den Begünstigten für ihr neues Amt zu entrichten waren. Für Leonardo war die Begegnung ebenfalls erfreulich, denn er hinterließ offenbar einen guten Eindruck beim jungen König. Durch seine Gemälde – Franz war ein großer Verehrer der italienischen Kunst –, aber sicher auch durch eine besondere Finesse, einen faszinierenden Roboter in Gestalt eines mechanischen Löwen, der dem Monarchen entgegengelaufen sein soll, seine Brust öffnete und weiße Lilien vor seine Füße fallen ließ.

In den Augen des Zweiundzwanzigjährigen muss Leonardo eine imposante Gestalt gewesen sein, die Erscheinung eines Weisen oder Magiers, den bereits zu Lebzeiten etwas Legendäres umwehte. Ihn nach

Frankreich zu holen, ihn dort als Ratgeber und Wissensquelle in seiner Nähe zu haben muss für Franz ein faszinierender und verlockender Gedanke gewesen sein.

Noch hatte Leonardo Hoffnung, in den Diensten Giuliano de' Medicis in Rom lohnenswerte Projekte angehen zu können, doch bereits drei Monate nach dem Konkordat von Bologna war Giuliano tot. Leonardo zögerte noch, machte eine Bauaufnahme der Kirche San Paolo in Rom, entschloss sich dann aber, die Einladung Franz' I. anzunehmen. Wohl noch im Herbst 1516, spätestens aber am Himmelfahrtstag 1517, war er in Amboise, wieder in Begleitung Melzis und Salaìs', und bezog seine letzte Bleibe, das Herrenhaus Clos Lucé, gelegen auf dem Weg vom Stadtzentrum zum Schloss des Königs. Ein kleines Paradies für seine kleine Familie, in dem er vom Trubel und der Neugier der Besucher des vatikanischen Belvedere ausruhen konnte, den er drei Jahre hatte ertragen müssen. Sein neues Heim, ein geräumiger, zweigeschossiger Bau inmitten eines Landschaftsidylls, lud zum Arbeiten ein. Im Gepäck hatte Leonardo bei seiner Ankunft illustrierte Traktate und seine zwei wohl bedeutendsten transportablen Gemälde: die *Anna Selbdritt* und die *Mona Lisa* sowie einen *Johannes der Täufer*. Alle drei wurden vom König angekauft, hängen heute im Louvre und tragen entscheidend dazu bei, dass das Museum, wenn auch nicht das größte, so doch das berühmteste der Welt geworden ist.

Leonardo bezog zudem eine generöse Pension, auch an Francesco Melzi wurde gedacht und selbst Salaì erhielt eine Art kleiner Aufwandsentschädigung vom königlichen Hof.

Den Gehaltszahlungen an Leonardo und seine zwei Vertrauten standen selbstverständlich immense Erwartungen gegenüber. Es darf vermutet werden, dass der Künstler, wie schon am Mailänder Hof, die Feste, Theaterinszenierungen und Maskenbälle, die Franz I. gab, nicht nur verfolgte, sondern auch mitgestaltete, zumal auch *Il Paradiso* von

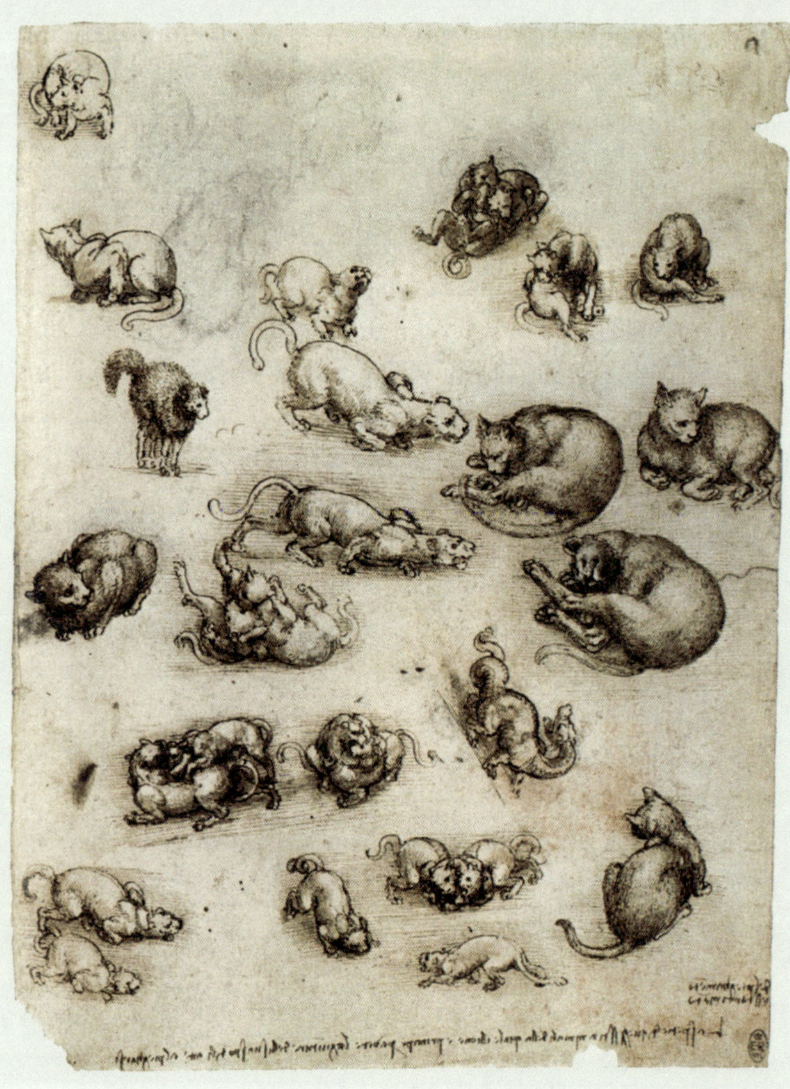

Abb. 49: Leonardo: *Studie von Katzen und Drachen*, 1517-18, Royal Library, Windsor Castle

Bellincioni gegeben wurde, für das er schon in Mailand als Bühnenbildner tätig geworden war. Doch dafür hatte er nicht die beschwerliche Reise gemacht. Was der König, unterstützt durch seine Mutter Louise von Savoyen, von Leonardo eigentlich erwartete, war die Planung einer neuen idealen Residenzstadt – einer königlichen, vielleicht irgendwann sogar kaiserlichen – um das Schloss von Romorantin, das im Stil der italienischen Renaissance umgestaltet werden sollte. Die Vernetzung des Landes sollte durch ein Kanalsystem erfolgen, das auch eine schiffbare Verbindung vom Mittelmeer zum Atlantik umfasste, die Frankreich vom Nadelöhr Gibraltar unabhängig machen würde. Zögerlich wurde das Unternehmen angegangen. Doch nicht nur Leonardo, der unterdessen einen ersten Schlaganfall erlitten hatte, wuchs das Projekt über den Kopf.

Die Träume Franz' I., zum Kaiser aufzusteigen, waren aber keineswegs ausgeträumt, und so entstand doch noch das Schloss, das mit seiner spektakulären Wendeltreppe als Symbol der Weltenachse, um die sich das Reich drehen sollte, seinen Anspruch untermauerte: Chambord. Die Bauarbeiten begannen im Todesjahr Leonardos. Dass die Idee zu diesem größten Schloss der Loire seiner würdig gewesen wäre, steht außer Frage. Wie weit er an den Planungen beteiligt war, bleibt ungewiss, aber er stand den Tendenzen zu Symmetrie und Zentralisierung, die seit den 1470er Jahren auch in Profanbauten auf dem Vormarsch waren, mit wachem Interesse gegenüber und leistete eine Vielzahl von zeichnerischen Beiträgen. »Zentralisierte Wohnbauten mit nahezu sakralem Charakter«[194] waren schon die Gartenpavillons gewesen, die er um 1487 für den Hof in Mailand entworfen hatte, warum sollte er nicht sein Lebenswerk mit jener doppelläufigen, offenen Treppenspindel bekrönt haben?

Am 23. April 1519, eine Woche nach seinem siebenundsechzigsten Geburtstag, verfasste Leonardo sein Testament. In der Fremde, so scheint es, hat der Greis, dessen äußere Erscheinung längst die eines weit über Siebzigjährigen war, doch noch Trost in einem Glauben gesucht, der konventioneller ausgerichtet war als die von Leonardo in seinen letzten Jahren wiederholt gemalte Versuchung eines lächelnden, spärlich bekleideten Jünglings, der, halb Johannes, halb Bacchus, mit seinem Finger den Weg gen Himmel weist. »Endlich alt geworden, lag er viele Monate krank, und da der Tod ihm nahte, wollte er sich mit allem Fleiß in dem katholischen Ritus und der richtigen Lehre der heiligen christlichen Religion unterweisen lassen«, weiß Vasari zu berichten. »Unter vielen Thränen, und obwohl er nicht mehr auf den Füßen stehen konnte, ließ er sich doch von den Armen seiner Freunde und Diener unterstützt, das Heilige Sakrament außerhalb des Bettes reichen.«[195] Die Sehnsucht nach der Florentiner Heimat äußerte sich in seinem Wunsch, in der Kirche Saint Florentin beerdigt zu werden. Penibel notierte er die gewünschte Zahl der Messen in den Kirchen von Amboise, die Zahl der Kerzen, die bei der Beerdigung getragen werden sollten, und die der Priester und Mönche, die dem Trauerzug zu folgen hätten. Seinen Halbbrüdern hinterließ er die Gelder in Florenz. Seine Instrumente, Manuskripte und Gemälde, seine Künstlerwerkzeuge, Kleider und sein übriges Vermögen sollte Melzi erben, den Mailänder Weinberg vermachte er zu gleichen Teilen Salaì – der sich dort niederließ und 1524 gewaltsam ums Leben kam[196] – und seinem Diener Battista Villani.[197]

Nach seinem Tod am 2. Mai 1519 wurde Leonardo wunschgemäß in Saint Florentin beigesetzt. Das Kirchenregister verzeichnete ihn als »M. Leonard da Vincy, adliger Mailänder und erster Maler, Ingenieur und Architekt des Königs, Staatsmechaniker (meschanischien d'estat) und ehemaliger Direktor für Malarbeiten (directeur de peincture) des Herzogs von Mailand«.

Es komplettiert Vasaris Entwurf des göttlichen, aber unbeständigen Genies, dass der Biograph Leonardo auf dem Totenbett, dahinschei-

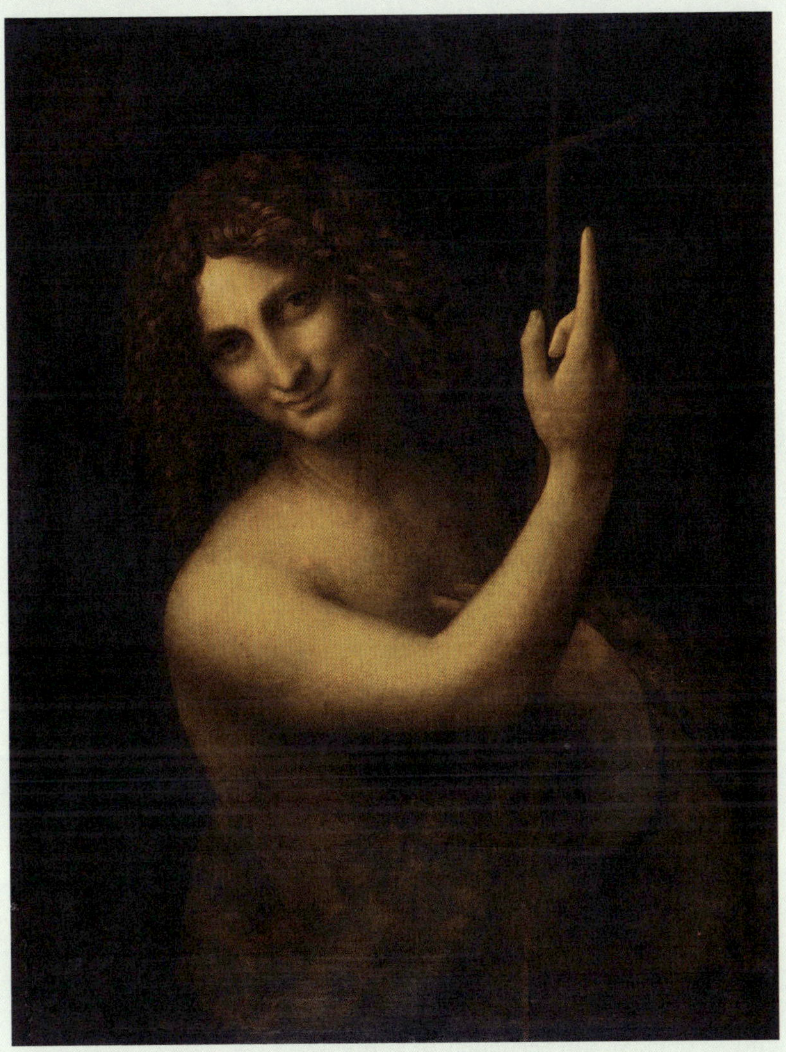

Abb. 50: Leonardo: *Johannes der Täufer*, 1513-16, Louvre, Paris

dend in den Armen des Königs, klagen lässt, »wie er gegen Gott und Menschen gefehlt habe, daß er in der Kunst nicht gethan hätte was ihm Pflicht gewesen wäre« und wie überhaupt ihm das Schicksal übel mitgespielt habe.[198] Dass der König am Tag von Leonardos Tod rund zweihundertfünfzig Kilometer entfernt in Saint-Germain-en-Laye weilte, entzieht der Anekdote ihre historische Plausibilität, und dass Leonardos mentale Verfassung tatsächlich so von Demenz oder einem religiösen Wahn gezeichnet gewesen sein soll, dass er in einem späten Glaubensbekenntnis die Wirkungskräfte seines Schaffens verriet, mag man nur ungern glauben. Das Scheitern war doch stets einkalkuliert, mehr noch, das Unmögliche war Teil des kreativen Konzepts.

Es gab kein Terrain, auf das Leonardo sich nicht vorwagte, denn nicht das göttliche, sondern das menschliche Auge war Fluchtpunkt des Universums. Was es nicht erkennen konnte, war nicht existent im Weltbild des Künstlers. Das Außen strömte durch den Augapfel nach innen und verschmolz dort zu einem Bild, zu einer Vorstellung von der Welt.

Das Mysterium dieses Vorgangs, die Unvorstellbarkeit, dass der Kosmos auf so engem Raum Platz finden könne, übersteige zwar das Fassungsvermögen des Geistes – »Hier erhebt sich das menschliche Denken zur Anschauung des Göttlichen«[199] –, doch es folge zugleich einer natürlichen Logik. Und so, wie jedes Bild auf dem kürzesten Weg das Auge erreiche, seien Ursache und Wirkung immer auf dem kürzest möglichen Weg miteinander verknüpft. Man brauche daher nur zu sehen und zu denken, um verstehen zu können.

Erfahrung, so Leonardo, werde dabei völlig überschätzt, ja sie sei geradezu hinderlich, weil sie die Sinneseindrücke zu stören vermöge: »Keine Wirkung ist in der Natur ohne Ursache; begreife die Ursache und du brauchst keine Erfahrung.«[200] Dabei sind Metaphysik, Vorurteil und selektive Wahrnehmung der Erkenntnis hinderlich. Offenheit ist gefragt und ein Forscherdrang, der nur durch die Zeit, durch den unausweichlichen Tod begrenzt ist. Spezialisierung angesichts der verrinnenden Zeit war jedoch nie die Sache Leonardos. Sich auf ein Gebiet zu konzentrieren und dieses zu perfektionieren, führe zu traurigen Ergebnissen, denn die Malerei umfasse alles, was die Natur bereithält, also müsse man sich als guter Maler auch allem widmen. Das Leben ist zu kurz für *alles*, selbst das Leben Leonardos, doch das wird ihm nicht erst auf dem Totenbett bewusst geworden sein.

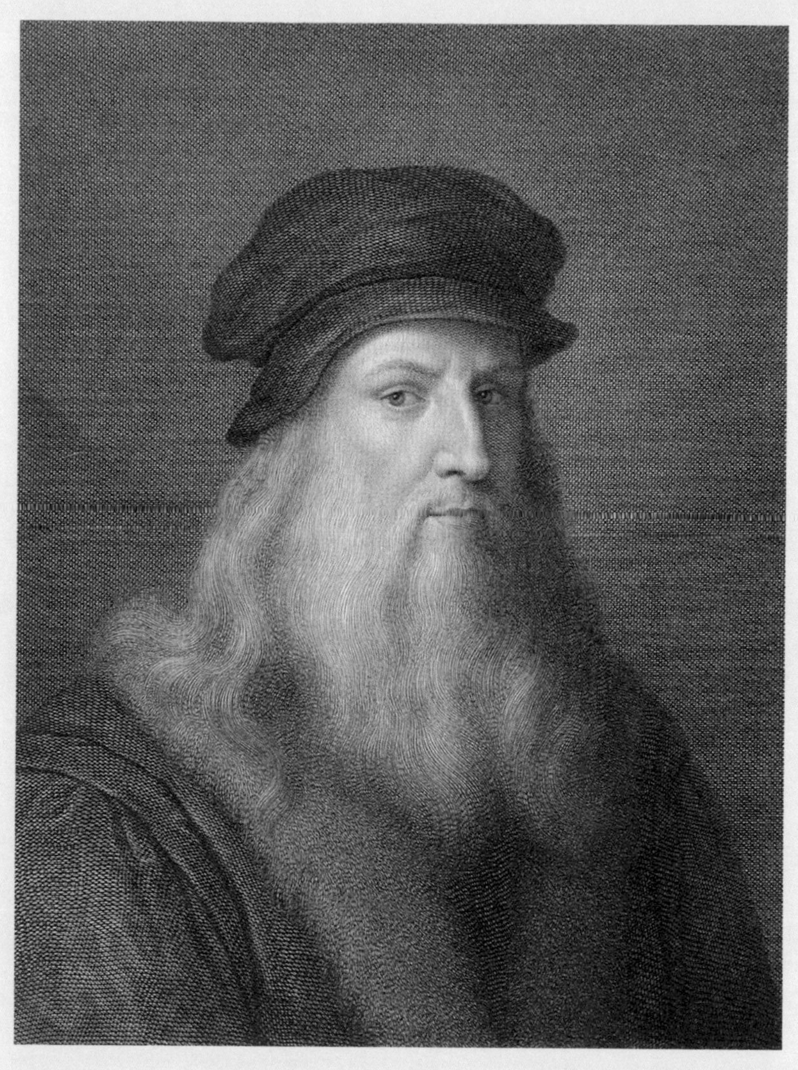

Abb. 51: *Porträt Leonardos*, Stich von Raffaello Sanzio Morghen, 1817

FÜNFHUNDERT JAHRE OHNE LEONARDO

Leonardos Forschen und Denken hätte mutmaßlich auch dann zu keinen allgemein zugänglichen manifesten Resultaten geführt, wäre er noch weitere fünfhundert Jahre tätig gewesen. Im Gegenteil, das Dickicht der Notizen und Skizzen wäre zu einem undurchdringlichen Urwald gewuchert, vor dem die Nachwelt lediglich mit Staunen verharrt hätte. Eine Wucherung, als hätte Leonardo die Feder niemals abgesetzt, damit der übers Papier fliegende Punkt ihrer Spitze um keinen Preis zum Stillstand kommt. Ein Gespinst aus Linien und Gedankensträngen, das unentwirrbar als annähernd abstraktes Gesamtkunstwerk überliefert worden wäre. Den Mut zu fassen, hier Schneisen zu schlagen, hätten nur wenige aufgebracht, und auch das, was der Siebenundsechzigjährige am Tag seines Todes zurückließ, blieb bereits eine Herausforderung. Nur annähernd allen Assoziationen und Verknüpfungen Leonardos zu folgen, scheint unmöglich, und ganz sicher gilt für viele Bereiche seines Schaffens, was Johannes Nathan und Franz Zöllner über seine militärischen Erfindungen schreiben: Sie sind vielleicht »noch utopischer, als man ohnehin vermutet«.[201]

Das Nachleben Leonardos präsentiert sich, auch ohne seine physische Anwesenheit, annähernd so facettenreich wie sein Leben selbst. Die wenigen Gemälde, die er geschaffen hat, entfalteten bereits zu seinen Lebzeiten eine Wirkung, die kaum zu überschätzen ist. Davon künden die Verbreitung seiner Motive in der Druckgrafik und die zahlreichen Kopien – allein die beiden Fassungen der *Felsgrottenmadonna* wurden bis Mitte des 16. Jahrhunderts jeweils mindestens zwölfmal kopiert.

»Wo von ihm aber das Beste erreicht wurde, da ist es unnachahmlich«, meinte Karl Jaspers. »In Kopien, im Echo bei anderen ist wohl stets das Wesentliche verschwunden zugunsten einer Schönheit, einer vielleicht noch berückenderen Form, einer Scheinvollendung, der jenes Einzige fehlt, das Herbe noch im Lächeln, die Indirektheit in der Sichtbarkeit.«[202] Das trifft auf manch süßliches Lächeln im Stil Bernardino Luinis (1480-1532) zu, vor allem auf jene Werke, die als unmittelbare Kopien entstanden. Aber diese »Indirektheit in der Sichtbarkeit«, die man angeblich einer »Scheinvollendung« opferte, so konkret zu benennen, dass man sich als Leser darunter etwas vorstellen könnte, ist oft versucht worden, aber selten gelungen. Auch das angeblich Unnachahmliche in seiner Unverwechselbarkeit zu beschreiben, daran haben sich zahlreiche Autoren versucht, doch der Umgang der Wissenschaft mit Leonardos Werken deutet auch hier auf große Unsicherheit. Folgt man Jaspers, lässt die Vielzahl der Zu- und Abschreibungen nur zwei Schlüsse zu: Entweder fehlt vielen Experten der Blick für das »Wesentliche«, oder Leonardo hat nur selten jenes »Beste« erreicht, das ihn unnachahmlich machte. Die Äußerung Jaspers' ist ihrerseits so berückend schön und zugleich vage, wie das Sujet, das sie zu beschreiben sucht. Die Zeitgenossen Leonardos hatten zumeist einen pragmatischeren Zugang. Sie spürten die naturalistische Innovation und erkannten intuitiv, dass, wenn schon nicht vorbehaltlos seiner Weichheit und Eleganz, so doch seiner Wiedergabe der Atmosphäre und des Inkarnats die Zukunft gehörte.

Schon Lorenzo di Credi konnte sich der Faszination des Werkstattkollegen nicht entziehen, wie Giorgio Vasari zu berichten weiß. »Die Manier Lionardo's gefiel dem Lorenzo über alles wohl, er suchte sie nachzuahmen, und dies gelang in Hinsicht auf zarte und fleißige Ausführung niemand besser als ihm.«[203] So kopierte er ein Bild Leonardos, »dem Originale so ähnlich, daß man sie nicht unterschied«.[204]

Damit spricht Vasari bereits eine Problematik an, die jenen Zuschreibungszirkus auslöste, bei dem kein Ende abzusehen ist. In der folgenden Generation liegen die Dinge kaum einfacher. Sein früher Biograph, der Anonimo Gaddiano, berichtet, Leonardo habe viele Schüler gehabt, »darunter Salai aus Mailand, Zoroastro da Peretola (Tommaso Masini), den Florentiner Riccio della Porta alla Croce, den Spanier Ferrando, der sein Gehilfe war, als er im Rathaussaale malte«.[205]

Masini (1462/1466-1520) stammte aus Peretola, einem Vorort von Florenz, und es wurde gemunkelt, er sei der uneheliche Sohn von Bernardo Ruccelai, Humanist und Botschafter der Florentiner Republik, der mit der Schwester Lorenzo de' Medicis verheiratet war. Masini soll Vegetarier gewesen sein und sich als Alchemist betätigt haben. Eher Techniker als Künstler, begleitete er Leonardo bereits 1482 nach Mailand, assistierte ihm, zurück in Florenz, bei der Entwicklung seiner Fluggeräte und dem Studium der Aufwinde und Turbulenzen am Monte Ceceri. Viel mehr ist von seinem Leben nicht überliefert, auch wenn man gerne wüsste, wie er zu seinem imposanten Beinamen kam. Fährt man von Pistoia kommend nach Florenz, ist heute die erste Straße gleich nach Autobahnende nach ihm benannt, bevor sie im weiteren Verlauf Viale degli Astronauti heißt. Ein schöneres Kompliment kann man Zoroastro kaum machen.

Bei der *Schlacht von Anghiari* soll er die Farben zubereitet haben, allerdings tauchen hier auch die oben genannten Riccio und ein Fernando aus Spanien als Assistenten auf.[206] Doch allein die Assistenz bei Leonardos Flugstudien sollte ihm einen Platz in der Geschichte sichern, denn die Überlegungen des 19. Jahrhunderts hinsichtlich praktikabler Fluggeräte nahm er in wesentlichen Aspekten bereits vorweg. Erst Otto Lilienthal sollte in den 1880er Jahren einen entscheidenden Schritt weitergehen. Im Gegensatz zu Leonardo (und manchen Kollegen in Lilienthals eigener Epoche) gelangte er zu der Auffassung, dass ein Mensch sich aus eigner Kraft nicht vom Boden erheben könne. Die Idee, einen Mechanismus zu konstruieren, der den Flügelschlag des Vogels nachahmt, verwirft er zugunsten einer starren Konstruktion, die allerdings zunächst nur zum Gleitflug von einer Anhöhe hinab befähigt. Leonardo hatte immerhin schnell begriffen, dass Armmuskulatur allein nicht ausreichen könne, und in seinen Entwürfen für Fluggeräte daher auch die Kraft der Beine immer mit eingeplant. Wo Leonardo sich Gedanken über Flügelformen, Auftrieb und Luftwiderstand macht, ist er auf dem richtigen Weg, und so klingt bereits der Titel von Lilienthals bahnbrechendem Werk *Der Vogelflug als Grundlage der Fliegekunst* (1889), als habe Leonardo Pate gestanden.

Ergiebiger als zu Masini ist die Quellenlage zu Leonardos Lieblingsschüler Francesco Melzi, von dem die Besucher Leonardos in Amboise 1517 berichten, die Rechte Leonardos sei zwar gelähmt und es sei deshalb nicht mehr viel von ihm zu erwarten, »doch hat er einen mailändischen Schüler, den er sich herangebildet hat und der sehr gut arbeitet«.[207] Dass Leonardo ausgerechnet den Schmelz seiner Malerei, den auch de' Beatis als sein Markenzeichen erkannt hatte[208], nicht an die engsten Vertrauten weitergegeben hat, verwundert. Melzi pflegte einen eher hart konturierten Stil, wenn er auch in der Anmut der Körperhaltungen noch an Leonardos Werke erinnert. Anders dagegen der Venezianer Giorgione, der laut Vasari Bilder Leonardos kannte, »auf's duftigste gemalt und mit Hülfe dunkler Schatten sehr hervortretend. Diese Manier gefiel ihm ausnehmend wohl, deshalb strebte er ihr nach, so lang er lebte, ganz besonders in der Oelmalerei.«[209] Auch wenn es Vasari hier zunächst darum geht, den Besten der Venezianer in Abhängigkeit vom Besten der Florentiner seiner Generation zu sehen, und sich die Farbbehandlung sowie das Helldunkel bei Giorgione doch deutlich von Leonardo unterscheiden, hat es seine Berechtigung, dass der Biograph ihn direkt im Anschluss an die Vita Leonardos vorstellt.

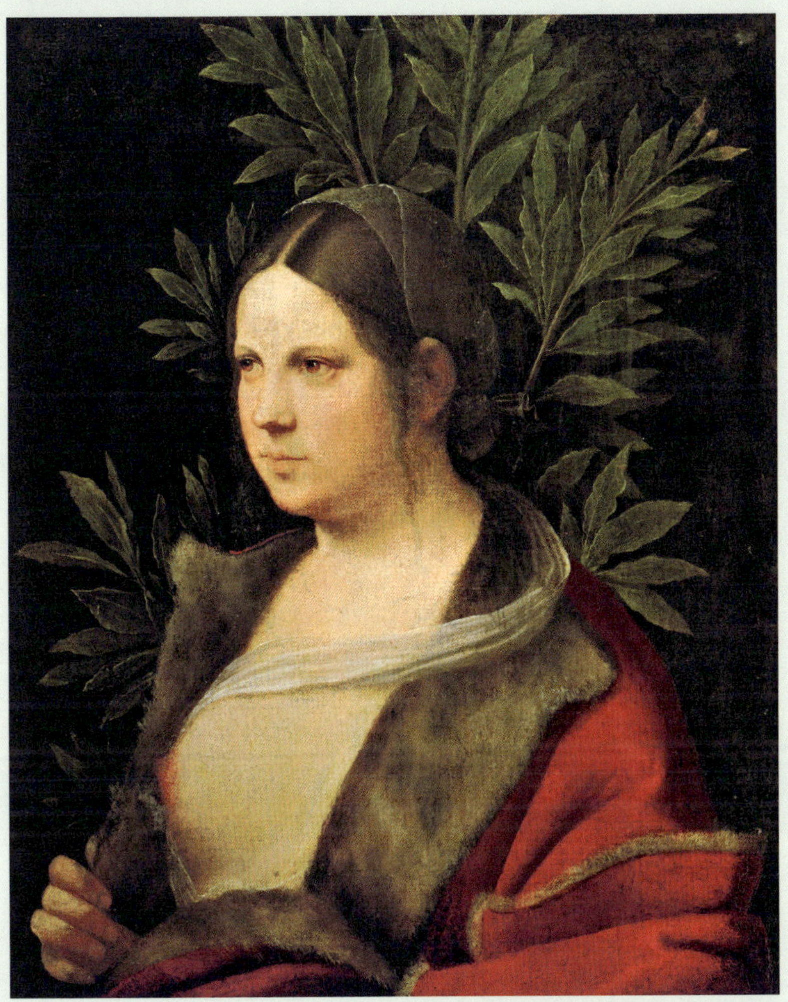

Abb. 52: Giorgione: *Laura*, 1506, Kunsthistorisches Museum, Wien

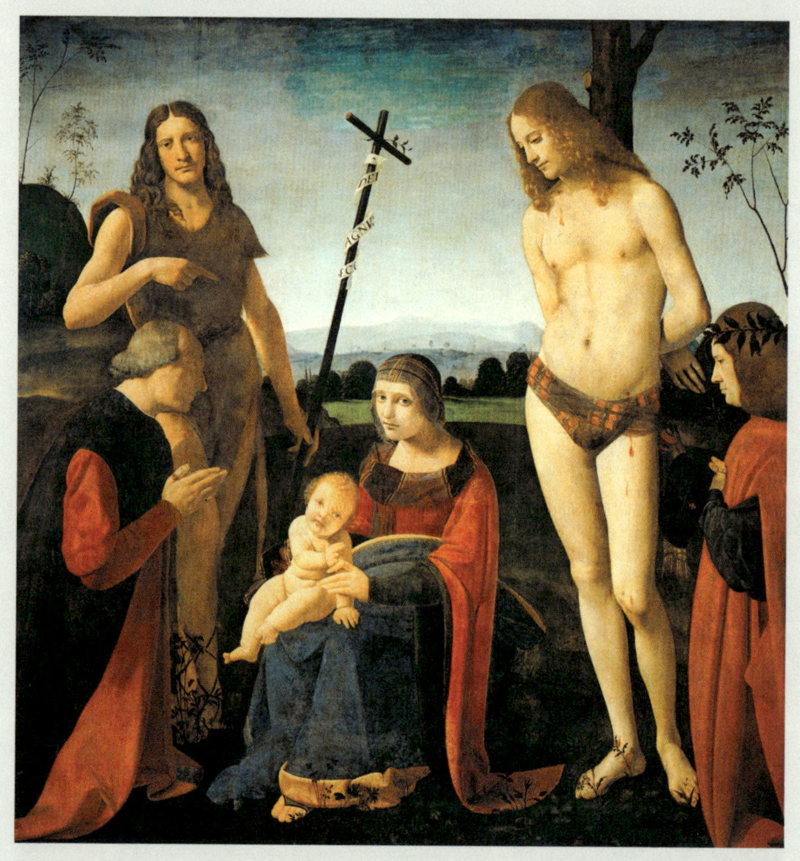

Abb. 53: Giovanni Antonio Boltraffio: *Pala Casio*, 1500, Louvre, Paris

Giorgiones Lebenslauf beginnt mit den Worten: »In der Zeit da die Werke Lionardo's der Stadt Florenz hohen Ruhm erwarben, wurde Venedig durch die Kunst und Trefflichkeit eines seiner Mitbürger verherrlicht, welcher die hochgepriesenen Bellini so wie alle anderen Meister, die bis dahin in jeder Stadt gearbeitet hatten, weit übertraf.«[210] Wie Leonardo war Georgione von eher einfacher Herkunft, besaß jedoch beste Umgangsformen, wie Leonardo spielte er die Laute und sang, wurde zu Festen gebeten und nahm sich die Natur zum Vorbild seiner Kunst. »Von Liebe zu ihrer Schönheit ergriffen, wollte er nichts in seine Werke aufnehmen, was er nicht nach ihr abgebildet hatte.«[211]

Auch über einen weiteren Star der Renaissance, Raffael, kann Vasari berichten, dass er eigens nach Florenz kam, um die Kartons von Leonardo und Michelangelo für den Palazzo Vecchio zu sehen, von denen ihm Kollegen erzählt hatten. »Dort gefiel ihm die Stadt nicht minder als die gepriesenen Werke, die er als göttlich erkannte.«[212]

Nur einer der jüngeren Mitarbeiter Leonardos sollte den Meister nicht überleben: der hochbegabte Giovanni Antonio Boltraffio (1467-1516). In seiner *Pala Casio*, die er 1500 nach dem Ende der Ära Lodovico Sforzas und der Trennung von seinem Lehrer in Bologna schuf, resümierte er die Eindrücke, die er im zurückliegenden Jahrzehnt gewonnen hatte. Vom Lichteinfall über den Zeigegestus des Johannes bis zur Sfumato-Landschaft ist Leonardos Einfluss in diesem intimen Familienbild spürbar, bei dem die Grenzen zwischen anbetenden Stifterfiguren und Heiligen nicht nur durch die Farbgebung verschwimmen, sondern darüber hinaus, da wohl zumindest auch für die Madonna ein Mitglied der Stifterfamilie Modell gesessen hat. In seinen Porträts deutet sich bereits die naturalistische Auffassung Giovanni Girolamo Savoldos (1480-1548) oder Lorenzo Lottos (1480-1557) an, so dass vermutet wurde, er könne sich mit Leonardo nach dem Sturz der Sforza zunächst nach Venedig begeben haben.[213]

Als ebenso begabte wie distanzlose Nachahmer haben sich besonders Cesare da Sesto (1477-1523) und Marco d'Oggiono hervorgetan, wobei Sesto sich nicht auf Leonardo beschränkte, sondern mit offenen Augen durch Italien bis nach Messina reiste und dabei unter anderem auch Eindrücke Michelangelos und Raffaels virtuos umsetzte. Andrea Solario (1460-1524), vor der Begegnung mit Leonardo in Venedig durch die Schule Bellinis geprägt und stark von Antonello da Messina (1429-1479) beeinflusst, kann als einer der ersten Künstler gelten, die die italienische Renaissance nach Frankreich exportierten, wo er ab 1507 für einige Zeit auf Einladung von Georges d'Amboise, dem Onkel des Statthalters von Mailand, in Gaillon in der Normandie weilte.[214]

Inwieweit Leonardos Studium nach der Natur, seine Akribie in der Darstellung von Körperdetails, Pflanzen und Tieren, Einfluss auf das Genre des Stilllebens hatte, für das sich die Lombardei als Hochburg etablierte, lässt sich kaum abschätzen. Es ist aber nicht ausgeschlossen, dass beispielsweise Caravaggios Lehrer Simone Peterzano (1540-1596) Zeichnungen Leonardos besaß[215], und Giuseppe Arcimboldo (1526-1593) dürfte als gebürtiger Mailänder ebenfalls mit Leonardos Werk vertraut gewesen sein. Als Hofkünstler der Kaiser Maximilian II. und Rudolph II. hatte er die gleichen Aufgaben zu erfüllen wie Leonardo in den Diensten Lodovicos. Er entwarf Kostüme und Dekorationen für Feste, entwickelte hydraulische Maschinen, Geheimschriften und eigentümliche Geräte zum Überqueren von Flüssen. Der Kunsttheoretiker Giovanni Paolo Lomazzo (1538-1600) weiß zu berichten, welcher Beliebtheit er sich erfreute: »Jener Kaiser lernte ihn so zu schätzen, dass er in allem nach seinem Urteil fragte und seinen Geschmack nach Arcimboldos Einschätzung richtete. Denn dieser Mann war wirklich einzigartig in seinen Erfindungen.«[216] Das klingt fast, als sei es aus Giovios Leonardo-Biographie abgeschrieben, aber schildert wohl einfach die höfischen An-

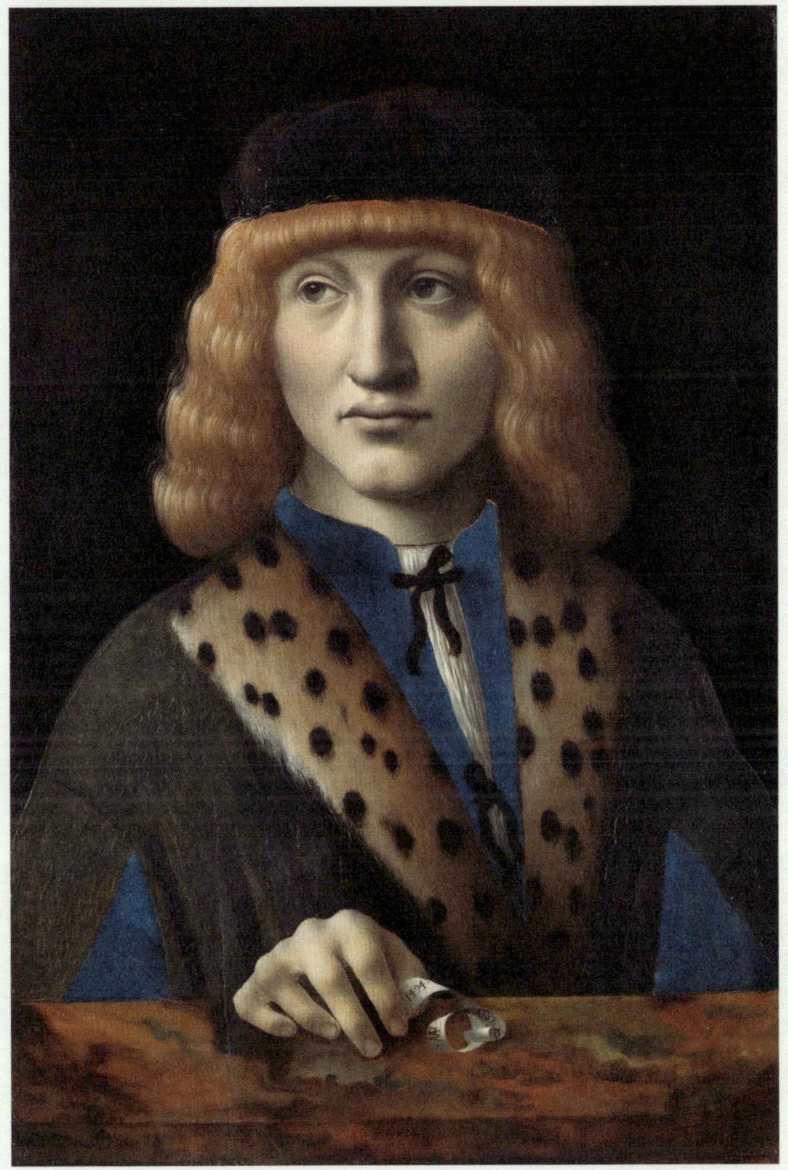

Abb. 54: Marco d'Oggiono: *Bildnis eines zwanzigjährigen Mannes (Archinto-Porträt)*, 1494, National Gallery, London

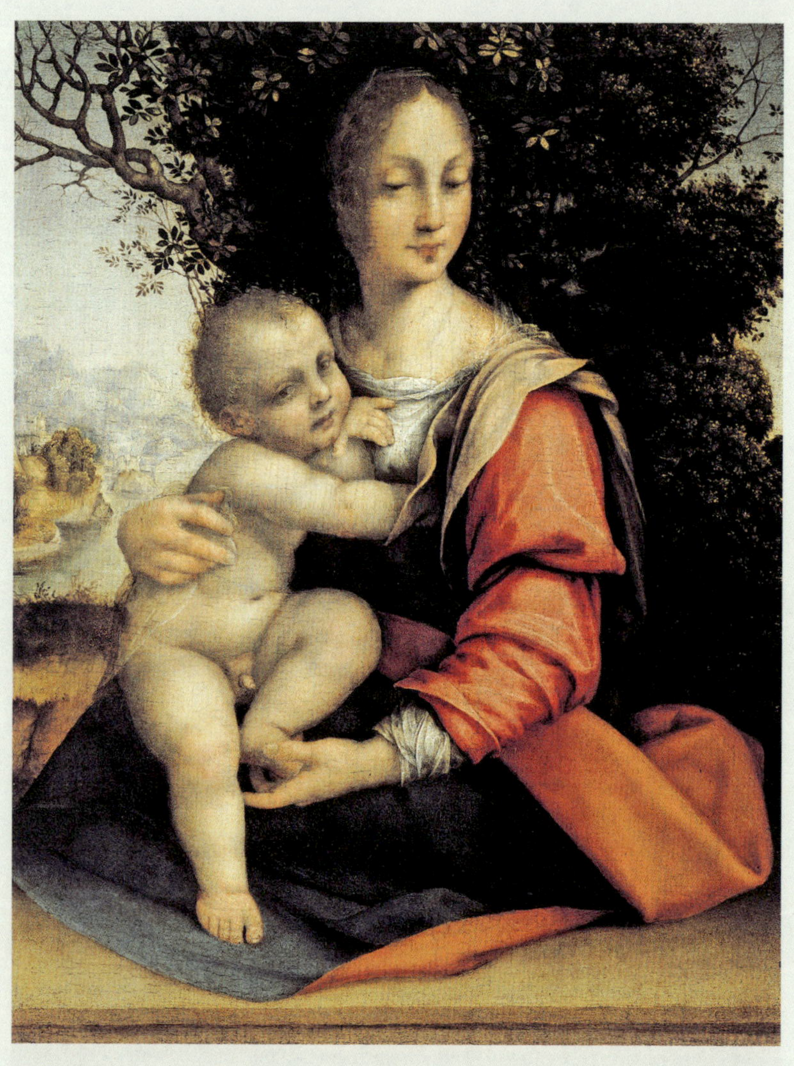

Abb. 55: Cesare da Sesto: *Madonna mit Kind*, 1512-20, Pinacoteca di Brera, Mailand

forderungen, bei denen die Verpflichtung zur Festdekoration gleichbedeutend neben der Malerei stand.

Die Grenze zwischen Unterhaltung und Kunst sowie Kunst und Naturwissenschaft zeigte sich auch ein Jahrhundert nach Leonardo noch fließend. »War an den humanistischen Höfen ›Natur‹ grundsätzlich in Bezug zur ›Kunst‹ gesetzt, erklärt sich daraus auch Arcimboldos Aufgabe, als Hofkünstler Naturalia zunächst in ihrer Realpräsenz aufzunehmen, um sie dann auch ›künstlerisch‹ zu verarbeiten«, schrieb Sylvia Ferino-Pagden.[217] Die Geistesverwandtschaft zwischen Leonardo und Arcimboldo ist evident. Im Unterschied zu Leonardo gelang es Arcimboldo jedoch, sich für die letzten Lebensjahre aus dem höfischen Zirkus zu befreien und in seine Heimat zurückzukehren.

SIGMUND FREUDS DEBAKEL: »ICH BIN SONST GANZ LEONARDO.«

Gerade weil seine Schriften so obskur und seine Auftritte so druidenhaft und gelegentlich skurril waren, gibt es keinen Künstler, um den sich mehr Geheimnisse ranken und über den mehr spekuliert worden wäre als über Leonardo. Am Phänomen Leonardo konnte deshalb auch die Psychoanalyse nicht einfach vorbeigehen. Sigmund Freud war vom Renaissancekünstler fasziniert und identifizierte sich mit ihm in manchen Aspekten seines Forschungsdranges und seiner latenten Homophilie gegenüber seinen Schülern. Es ist daher naheliegend, dass er die Ursachen für dessen Kreativität in einer eigenen Studie – *Eine Kindheitserinnerung des Leonardo* aus dem Jahr 1910 – untersuchte. »Ich bin sonst ganz Leonardo«, vermerkte er noch im Erscheinungsjahr an C. G. Jung hinsichtlich seiner unsteten und vielfältigen Interessen.[218] In seinem Essay beschäftigen Freud nun zwei zentrale Aspekte: die sogenannte Vogellegende und das Lächeln von Leonardos Mutter, das der Maler bei der *Mona Lisa* wiederentdeckt und fortan fast allen seinen Gestalten verliehen habe.

Die uneheliche Geburt sei im 15. Jahrhundert kein großer Makel gewesen[219], schwerer dagegen wiege die Abwesenheit des Vaters und die daraus resultierende übermäßige Liebe der Mutter, die Leonardo früh erotisiert und ihm so »ein Stück seiner Männlichkeit« geraubt habe.[220] Denn auf seine Erfahrung bauend, sieht der Psychologe hier die Ursache für Leonardos Homosexualität. Bei allen ihm bekannten Fällen dieser Triebvariante liege eine »Überzärtlichkeit der Mutter« und ein »Zurücktreten des Vaters« in der Kindheit vor.[221] Um die Liebesbeziehung zur Mutter verdrängen zu können, versetze sich der Knabe später selber in die Rolle der Mutter, aus der heraus er sich selbst bzw. andere ihm ähnliche Knaben narzisstisch lieben könne.[222]

Eine Phantasie, die Leonardo mit seinem Säuglingsalter verbindet, die er allerdings für eine Erinnerung hält und in seinem Traktat über den Vogelflug erwähnt, übersetzt Freud folgendermaßen: »Als ich noch in der Wiege lag, ist ein Geier zu mir herabgekommen, hat mir den Mund mit seinem Schwanz geöffnet und viele Male mit diesem seinem Schwanz gegen meine Lippen gestoßen.«[223]

Der Vogelschwanz sei dem Penis, der geschilderte Vorgang somit einer Fellatio gleichzusetzen, die wiederum an das behagliche Saugen an der Mutterbrust erinnere[224] oder eben an die passiv erduldete erotische Bedrängung durch die Küsse der Mutter. Der Geier führt Freud zudem ins alte Ägypten, wo die Muttergöttin Mut mit Geierkopf und oftmals auch mit Phallus dargestellt sei.[225] Die antike Annahme, es gebe nur weibliche Geier, deren Befruchtung der Wind besorge, nennt Freud als Begründung dieser Symbolik, die wiederum Kirchengelehrten christlicher Zeit als Indiz für die Möglichkeit nichtgeschlechtlicher Befruchtung der Muttergottes gedient habe.[226] Leonardo sei die Legende von den windgeschwängerten Geiern bekannt gewesen und er habe sich in Ermangelung eines präsenten Vaters als »Geierkind« gefühlt.[227]

Nach dem Wechsel im Alter von etwa fünf Jahren ins Haus seines Vaters sei er nun bei Ehefrau sowie Mutter seines Vaters aufgewachsen. Wenn Leonardo später in seinen Schriften die Natur über die »Alten« (sprich: über die Antike) stellt, dann stelle er damit die (großmütige) Mutter über den (autoritären) Vater. Er habe in »seiner Forschung die Fesseln der Autorität abgeworfen«[228] und damit auch die der Religion, die bekanntlich lediglich auf einem Vaterkomplex gründe. Stattdessen habe er sich seinen infantilen Forscherdrang bewahrt, der sich unter anderem in seinem Traum vom Fliegen manifestiere.[229]

Freud will mit seiner Analyse »eine Lücke in Leonardos Lebens-

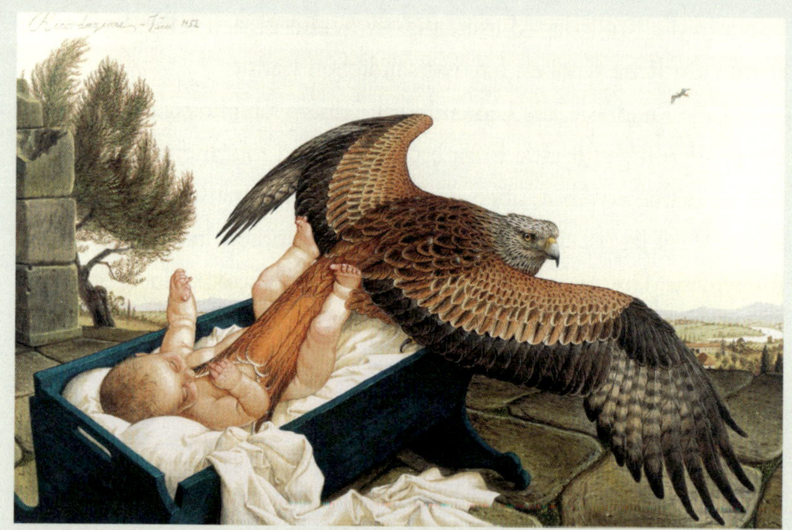

Abb. 56: Walton Ford: *Ricordazione-Vinci 1452*, 2005

geschichte ausfüllen«[230], doch seine Forschungen basieren auf einigen fragwürdigen biographischen Annahmen und bekanntlich auf einem Übersetzungsfehler. Denn Freuds »Geier« ist in Wahrheit ein Milan, auch Hühnergeier oder Gabelweihe genannt (ital. nibbio), und mit den mythologisch-psychologischen Bedeutungen, die Freud heranzieht, nicht in Verbindung zu bringen.

Der Kunsthistoriker Klaus Herding hat, wie vor ihm der Psychoanalytiker Kurt Eissler, dennoch den Versuch unternommen, Freud gegen seine Kritiker in Schutz zu nehmen. Zwar verirre sich der Analytiker in seiner Geiertheorie zu den ägyptischen Gottheiten und zum Geier als Symbol des weiblich-mütterlichen Prinzips, so Herding, aber auch für den Milan fände sich eine passende, wenn auch entgegengesetzte Interpretation, die Leonardo selbst notiert habe. Der Milan sei »zwar nicht im Sinne einer übertriebenen Zärtlichkeit« zu verstehen, »wohl aber als Symbol einer feindlichen, neidischen, ›unmütterlichen‹ Mutter, die den Sohn stößt, d. h. metaphorisch: aus dem Nest stößt«.[231] Dieses gegenteilige Verhalten passe aber, so Herding, genauso gut zum klinischen Wissen über Homosexualität, »denn die Feindseligkeit kann aus psychoanalytischer Sicht ebenso wie die übertriebene Zärtlichkeit der Mutter ein Faktor zur Verfestigung homosexuellen Verhaltens sein«.[232] Er folgt hier, immer mit Blick auf Leonardo, vollkommen unkritisch Eissler, der anmerkt, bei den Homosexuellen finde man »eine intensive Fixierung auf die Mutter [...]; dennoch hassen sie ihre Mutter auch, und ihre Treue zum männlichen Geschlecht soll auch ihre Verachtung für Frauen (die Mutter) demonstrieren«.[233] Ob zu liebevoll oder zu abweisend, in jedem Fall kann also die Mutter für homosexuelle Neigungen von Söhnen zur Verantwortung gezogen werden. (Die naheliegende Frage, welche Art von Fixierung bei weiblicher Homosexualität vorliegt, ist nicht Teil dieser Theorie.)

Herding repetiert hier lediglich eine tradierte Argumentation der

Psychoanalyse. Der vermutlich frühe Wechsel Leonardos ins Haus seiner Großeltern, die Heirat Caterinas im Jahr nach seiner Geburt und die Geburt der Halbschwester bereits im Jahr 1454 entsprechen ebenfalls nicht Freuds Interpretationsgrundlagen. Das alles ist jedoch, laut Herding, nicht entscheidend, denn was bleibt, ist »in jedem Falle ein ungesichertes Verhältnis zur Mutter«.[234]

Freuds Analyse ist allemal denkwürdig und erstaunlich. Manche Beobachtung ist scharfsinnig, wenn ihm beispielsweise auffällt, dass Leonardo nach dem Ende von Lodovicos Herrschaft notiert, dieser habe keines seiner Werke zu Ende gebracht, und damit einen Vorwurf an den Patron als verantwortliche »Person aus der Vaterreihe« weiterreicht, den die Nachwelt Leonardo selbst machen sollte.[235] Auch hier darf allerdings bezweifelt werden, dass Leonardo den gleichaltrigen Lodovico tatsächlich als Vaterfigur wahrgenommen hat.

Doch der Analytiker bemerkt noch mehr: »Heute, am Mittwoch, den 9. Juli 1504 um 7 Uhr starb Ser Piero da Vinci, Notar im Palazzo del Podestà, mein Vater, um 7 Uhr«, protokollierte Leonardo und fährt fort: »Er war 80 Jahre und hinterläßt 10 männliche Kinder und zwei weibliche.«[236] Freud weist auf die Doppelung der Todeszeit hin, ausgerechnet der unbedeutendsten aller Informationen, die dieser knappe emotionslose Text transportiert, und deutet sie als Indiz für eine Affekthemmung. Diese winzige Wiederholung, »aus der ein anderer als ein Psychoanalytiker nichts machen würde«[237], offenbart ihm unterdrückte emotionale Vorgänge. Doch es stecken in diesen wenigen nüchternen Worten noch weitere Fehler, auf die Eissler[238] hinweist. Erstens war der 9. Juli 1504 ein Dienstag, zweitens war Piero erst achtundsiebzig Jahre alt. Und drittens, wie zu ergänzen wäre, irrte sich Leonardo auch hinsichtlich der Zahl seiner Brüder, denn neben den neun ehelichen Söhnen und sich selbst vergisst er offenbar einen weiteren unehelichen Sohn, Pierfilippo, der erst 1516 starb und in der Familiengruft beigesetzt wurde.[239] Leonardo war also wohl tatsächlich verstört, denn wenn das falsche Alter des Vaters auch auf Desinteresse deuten könnte, so lässt sich die Angabe des falschen Wochentags nur mit Verwirrung erklären, während das »Vergessen« von Pierfilippo zumindest theoretisch ebenso gut Kalkül gewesen sein könnte.

Bei aller Faszination und persönlicher Seelenverwandtschaft: Insgesamt dient Leonardo seinem Analytiker in erster Linie als prominenter Aufhänger, um eine Psychogenese der Homosexualität zu entwickeln. Dass diese grandios danebengeht, liegt auch daran, dass sich seine Annahmen auf Literatur stützen, »die man schon 1910 kaum ernst nehmen konnte«, wie selbst Herding einräumen muss.[240] Während Eissler weit über Freud hinausweist, tut Herding nicht nur Freud, sondern auch der Psychoanalyse als Wissenschaft mit seinem Rettungsversuch keinen Gefallen, denn er versucht aufzuzeigen, dass Freud zwar bei zahlreichen Fakten falschlag, aber am Ende auch mit den konträren Prämissen zum mehr oder weniger gleichen Ergebnis gekommen wäre. Bei Eissler klingt immerhin der Gedanke an, dass sich der Analytiker damit dem Vorwurf aussetzt, Informationen immer so zu interpretieren, dass sie zu einem vorgefassten Resultat passen. Tatsächlich seien es aber die Widersprüche im Unbewussten, die aus entgegengesetzten Richtungen zum selben Ziel führten.[241] Das Beispiel zeige zwar sehr klar »die Empfindlichkeit des Instruments der Psychoanalyse«, doch ernsthaft in Frage gestellt worden wäre die Methode nur, »wenn weitere historische Forschung Schlüsse bestätigt hätte, die Freud aus später widerlegten Prämissen gezogen hatte«.[242] Mit anderen Worten: Dass Freud aufgrund falscher Annahmen zu falschen Ergebnissen kam, beweist die Richtigkeit seiner psychoanalytischen Untersuchung.

PHANTASTISCHE GEBILDE

Leonardos Bemerkungen zur Malerei dienten nachfolgenden Generationen und vor allem der Kunst und Kunstgeschichte des 20. Jahrhunderts immer wieder als Steinbruch, aus dem sich mit etwas Mühe gewichtige Zitatbrocken herausschneiden ließen, die prophetisch auf den Impressionismus, den Kubismus, den Surrealismus hinzuweisen scheinen.

»Vergiß ja nicht, die Schatten sollen nie so beschaffen sein, daß durch ihre Dunkelheit die Farbe an dem Ort, wo sie entstehen, ganz verloren geht, außer der Ort, wo sich die Körper befinden, ist schon von sich aus finster. Mach keine scharfen Umrisse, löse keine Haare heraus, setze keine weißen Lichter, außer auf weiße Gegenstände. Und die Lichter sollen aus den Farben, auf die sie scheinen, die größte Schönheit herausholen.«[243] Wer müsste dabei nicht an die flirrende Auflösung der Flächen in Licht und Farbe denken, wie sie etwa Claude Monet (1840-1926) praktizierte? Oder an die mediterranen Motive in der Pleinair-Malerei Paul Cézannes (1839-1906), der die Silhouetten der Dinge nicht als schwarzweiß erkennt, »sondern in Blau, in Rot, in Braun, in Violett«?[244] Wie weit Leonardo an ein Kolorit der Schatten im Sinne des Impressionismus dachte, lässt sich anhand seiner eigenen Gemälde nur bedingt feststellen; die direkte visuelle Wahrnehmung der Natur suchte er jedoch möglichst ungefiltert in eine Anschauung des Gemäldes zu überführen, aus der er parallel Gesetzmäßigkeiten abzuleiten suchte. Auf diese rekurriert seinerseits der Kubismus, ein Stil, der ohne Cézannes Schaffen nicht vorstellbar wäre: »Der Kubismus konnte bei seiner vollständigen Entfaltung nicht an einer der wichtigsten Intuitionen Leonardos vorbeigehen, die im *Trattato* dargelegt ist.

Das Universum der Erscheinungen ist in Facetten angeordnet: Das sind äußerst bewegte und flüchtige Elemente, die mit unglaublichen Geschwindigkeiten über ein Netz von Lichtstrahlen laufen«, bemerkt André Chastel und zitiert die entsprechende Passage Leonardos: »Jeder Schattenkörper erfüllt die ihn umgebende Luft mit zahllosen Bildern von sich; die Bilder, von zahllosen Pyramiden in die Luft geprägt, stellen den Körper ganz im gesamten Raum und ganz an jeder Stelle dar. Jede Pyramide, die sich aus einem langen Zusammenlaufen von Strahlen zusammensetzt, enthält in sich unendlich viele Pyramiden, und jede einzelne hat dieselbe Kraft wie alle ...«[245] Der Schatten, der seine Existenz dem Gegenstand verdankt, wird als dessen Abbild verstanden, als ein Abbild, das dieser, quasi photographisch, mit Hilfe des Lichts von der eigenen Erscheinung zeichnet. Der Gegenstand multipliziert sich also in Pyramiden, die sich dann in Facetten überlagern, splittert sich auf, verbreitet synchron diverse Ansichten seiner selbst.

Leonardo hat nicht ganz Unrecht, wenn er die Interpretationsbedürftigkeit von Worten kritisch anmerkt und Autoren ermahnt, sie vermittelten »nur wenig über die wahre Gestalt der Dinge«.[246] Das ist explizit auch an ihn selbst gerichtet, und der Zuhörer ist in diesem Falle die Nachwelt, die Leonardo nicht falsch einschätzt, wenn er bemerkt: »Je ausführlicher du schreiben wirst, desto mehr wirst du den Sinn deines Zuhörers verwirren und immer wieder wirst du neue Erklärungen brauchen.«[247] Mit dem Wissen um impressionistische und kubistische Sichtweisen lesen sich die Kommentare des Renaissancekünstlers rückblickend fraglos noch verwirrender. Am frappierendsten mag sich Leonardos Vorgriff auf eine Methode des Surrealismus lesen, die er als »eine neue Erfindung«[248] anpreist und die dazu tauge, ihrerseits »den Geist zu mannigfachen Erfindungen anzuregen«.[249] Man betrachte dazu eine brüchige, fleckige Mauer, in deren Struktur die Phantasie ebenso Landschaften wie Schlachtgetümmel, ebenso seltsame Gesichter wie

Gewänder entdecken könne.[250] Man brauche gegebenenfalls auch nur einen Schwamm, der mit verschiedenen Farben getränkt ist, an die Wand zu werfen«, und schon sehe man »phantastische Gebilde«.[251]

Paul Klee (1879-1940) inszenierte sich selbst als Leonardo-Nachfahre, indem er berichtete, er habe schon als Kind aus den Strukturen der Marmortische im Lokal seines Onkels Gesichter gelesen und mit Bleistift festgehalten, die ihn besonders begeisterten, »wenn dabei leonardeske Karikaturen herauskamen«.[252] Gleich doppelt ist hier der Meister als »Urbild aller künstlerischen Vollkommenheit« gegenwärtig, wie es in Adolf Rosenbergs Leonardo-Biographie von 1898 heißt.[253] Und Klee legte nach, indem er behauptete, er habe bereits als Knabe im Haus Carl Jahns, bei dem er seit seinem siebten Lebensjahr Geigenunterricht erhielt, in jener populären Leonardo-Biographie geschmökert, was kaum stimmen kann, da sie erst erschien, als Klee bereits neunzehn war, sein Abitur absolvierte und zur weiteren Ausbildung nach München ging. Von einer Romreise berichtete er 1901 an seine spätere Frau Lily Stumpf: »Es ist ein Jammer, wie Leonardos Werke zu Grunde gegangen sind, denn von diesem Manne stammen die höchsten Leistungen in der Malerei. Das sagt mir schon jetzt mein Dämon. Trotz Raffael und Michelangelo.«[254] Leonardo wurde für Klee der »Bahnbrecher der Tonalitäten«[255] und richtungweisend für seine eigenen theoretischen Schriften bis hin zu seiner Bauhauslehre. Seine Ausführungen über den Punkt als unsichtbaren Nukleus, der sich in Bewegung setzt, gehören ebenso zu Klees schöpferischer Konfession wie seine Hell-Dunkel-Experimente, seine Strategien des Sichtbarmachens, sein Selbstverständnis als mathematisch-denkender Künstler, seine Gedanken über Farbkontraste als kosmische Gleichnisse oder die Rangfolge der Künste, aufsteigend von der Literatur über die Musik zur Malerei, die die eigene Entscheidung für die bildende Kunst und gegen die Musik zu untermauern vermochte. Auch wenn Klee Leonardo auf den rund viertausend Manuskriptseiten seines *Pädagogischen Nachlasses* nur einmal namentlich erwähnt[256], so ist allein dieses Konvolut von Traktaten, mit dem er die Brücke zwischen Kunst und Naturbeobachtung, zwischen Ästhetik, Harmonie und Geometrie schlägt, beredtes Zeugnis seiner Ambitionen, es Leonardo gleichzutun.

Max Ernst verleiht in seinem Text *Au-delà de la peinture* dem Tag, an dem er die von Leonardo erwähnte Schwamm-Methode künstlerisch anwandte und als Resultat seine Frottagen schuf, geradezu historischen Stellenwert. »Am 10. August 1925 ließ mich eine unerträgliche visuelle Besessenheit die technischen Mittel entdecken, mit deren Hilfe ich diese Lektion Leonardos weitgehend in die Praxis umsetzen konnte ...«, schreibt er rückblickend 1937. »Da meine Neugierde einmal erwacht und voller Verwunderung war, begann ich alle Arten von Materialien, die ich in meinem Gesichtsfeld finden konnte, unterschiedslos zu untersuchen, wobei ich immer dasselbe Verfahren anwandte: Blätter und ihre Adern, die ausgefransten Ränder einer Sackleinwand, die Pinselstriche eines ›modernen‹ Gemäldes, einen abgespulten Faden usw. Da sahen meine Augen Menschenköpfe, verschiedene Tiere, eine Schlacht, die mit einem Kuß endet, Felsen, Meer und Regen, Erdbeben, die Sphinx in ihrem Stall ...«[257] Hier geht der Surrealist zunächst in keiner Weise über Leonardo hinaus. Seine Bilder in Dekalkomanie-Technik – ein Papier wird auf einen mit feuchter Farbe bestrichenen Untergrund gelegt und wieder abgezogen, so dass sich zufällige Strukturen bilden – wirken tatsächlich wie Schwammabdrücke auf einer Wand, in denen der Betrachter sich auf Reisen begeben kann. Eine konsequente Fortsetzung des Zufallsprinzips waren seine späteren Experimente mit Dripping-Technik, bei der eine gelochte Dose, die an drei Fäden kreiste und mit Farbe gefüllt war, zum Einsatz über einem Bildträger kam. 1941 führte Max Ernst die Technik dem verblüfften Jackson Pollock vor.[258] Dass er sich aber auch schon vor 1925 mit Leonardo be-

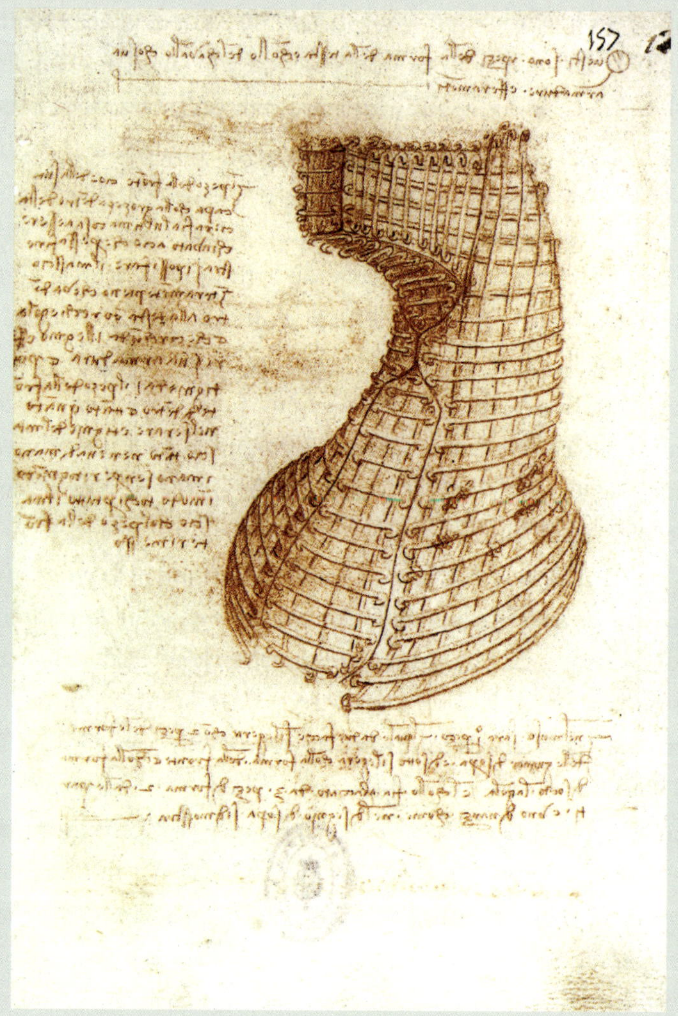

Abb. 57: Leonardo: *Armierungen für den Guss des Sforza-Denkmals*, 1491, Biblioteca Nacional de España, Madrid

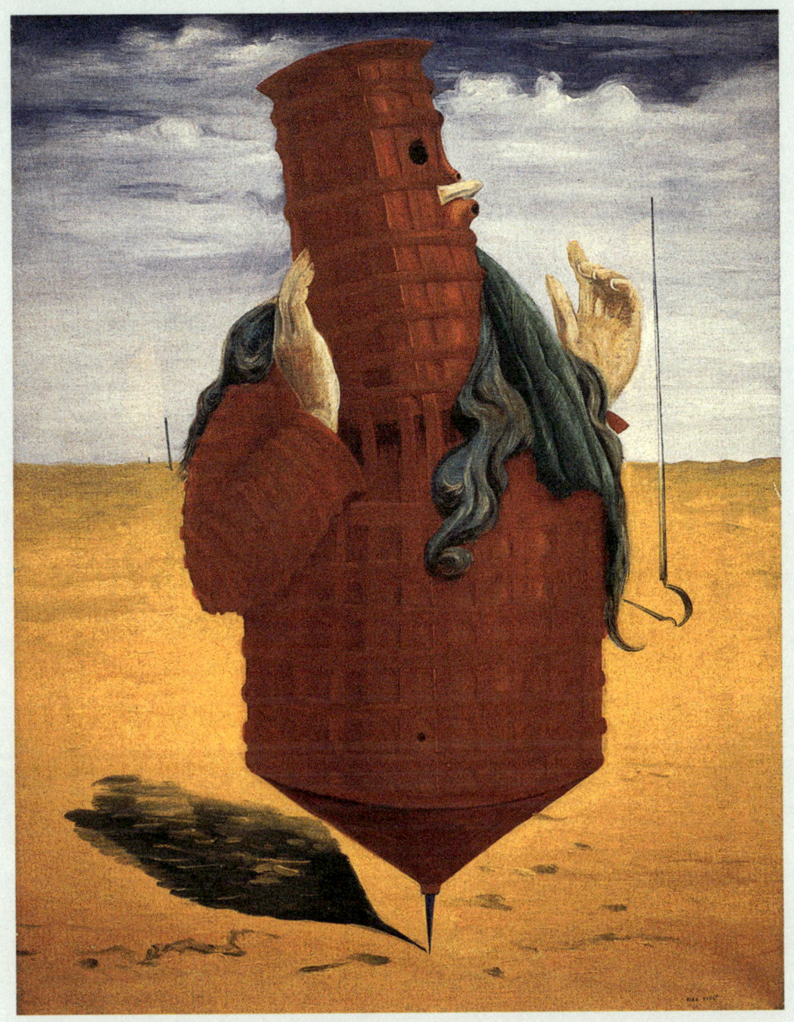

Abb. 58: Max Ernst: *Ubu Imperator*, 1923, Centre Georges Pompidou, Paris

fasst hatte und einen Blick auch für das surreale Potential von dessen Forschungen und Erfindungen besaß, zeigt etwa sein *Ubu Imperator* von 1923, in dem unverkennbar die Armierungen für das Reiterstandbild für Francesco Sforza wieder auftauchen.

Direkten Bezug auf Leonardos Schwamm-Methode schien Yves Klein zu nehmen, der, vom Blau in der Basilika von Assisi fasziniert, 1957 nicht nur ein eigenes Blau patentieren ließ (International Klein Blue – IKB), sondern wiederholt auf seinen monochromen Leinwänden Schwämme platzierte, die zwar keine Abdrücke hinterließen, weil sie haften blieben, aber als amorphe Körper selbst zu Landschaften wurden. Unterfüttert wurden seine so dekorativen wie provokanten Werke mit sakralen Deutungen durch den Künstler selbst, der sich als Alchemist und Mystiker gebärdete, in den Spongien zugleich die Qualität des Absorbierens und der Unendlichkeit erkannte und stets kosmisch-komische Sentenzen über die ideale Welt als Schwamm bereithielt.

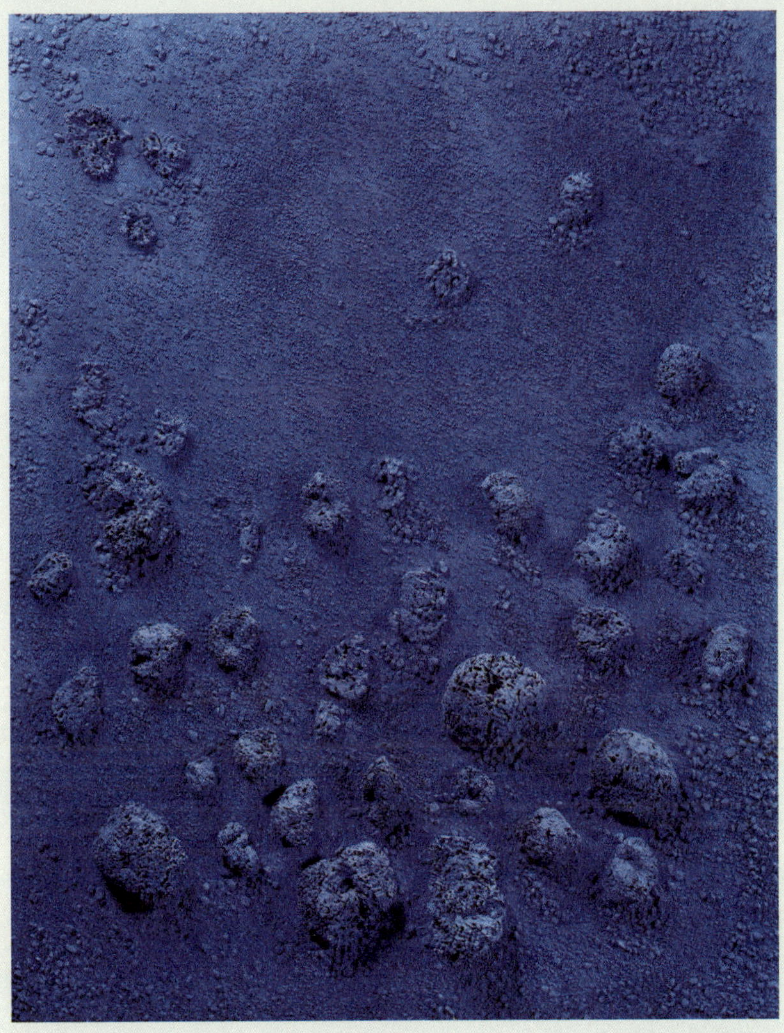

Abb. 59: Yves Klein: *Blaues Schwammrelief*, 1960, Städel Museum, Frankfurt am Main

BOTSCHAFTER IM DIENST ALLER IDEOLOGIEN?

Wie die Deutschen 1936 mit den Olympischen Spielen der Welt ihre Stärke und Aufgeschlossenheit zu zeigen suchten, so demonstrierten die Italiener drei Jahre später, vom 9. Mai bis 30. September 1939, ihre Modernität und technologische Tradition anhand einer aufsehenerregenden Leonardo-Ausstellung in Mailand. Die Retrospektive fiel in die politisch brisantesten Monate des 20. Jahrhunderts. Vier Wochen vor Eröffnung hatte Italien Albanien annektiert, zwei Wochen nach Eröffnung wurde der Bündnisvertrag, der sogenannte Stahlpakt, zwischen Italien und Deutschland geschlossen, und noch während der Ausstellung begann der Zweite Weltkrieg. Der Architekt Giuseppe Pagano Pogatschnig (1896-1945), Verfechter einer rationalistischen Architektur, Bewunderer Le Corbusiers (1887-1965) und tonangebend durch seine Stellung als Chefredakteur der Zeitschriften *Casabella* und *Domus*, übernahm die Gestaltung des Kulturspektakels. Die sensationelle und innovative Präsentation Leonardos überführte das Renaissancegenie in eine Zeitlosigkeit und überhistorische Gültigkeit, die auch der Selbstwahrnehmung Mussolinis entsprach.

Am 31. Oktober 1936, rund zwei Monate nach den Olympischen Spielen, war ein Befehl des »Duce« ergangen, »eine *Mostra di Leonardo da Vinci e delle Invenzioni italiane* vorzubereiten«, eine Show, die, »auf Initiative des größten lebenden Italieners, den größten Italiener der Vergangenheit feiern würde«.[259] Wie die Deutschen Michelangelo zu einem der Helden ihrer martialischen Ästhetik stilisierten und ein Künstler wie Arno Breker seinen Romaufenthalt als »schicksalhafte Wende« begreifen konnte[260], hatte sich der italienische Faschismus den Rationalisten Leonardo als Leitfigur auserkoren. Wo Breker Michelangelo als Geistesverwandten bemühte, um die deutsche Kriegsbereitschaft ästhetisch zu fassen, da stellte der noch 1939 überzeugte Faschist Pagano noch direkter Kriegsmaschinen und Festungsentwürfe ins Zentrum des Leonardo-Kosmos. Als Fortsetzung der Ansprüche Italiens mit anderen Mitteln wurde vermutlich auch das U-Boot *Leonardo da Vinci* verstanden, das am 8. März 1940 den Dienst in der Marine antrat, in den folgenden drei Jahren bis zu seiner Vernichtung mitsamt der Besatzung durch die Briten siebzehn Frachtschiffe versenkte und damit zum »erfolgreichsten« Boot der italienische Flotte wurde.

Neben den Kriegsmaschinen fand sich auch eine monumentalisierte Darstellung von Leonardos Illustration zu den menschlichen Proportionen nach Vitruv in der Sala dell'anatomia der Mailänder Ausstellung. Leonardos Anatomie, sein Studium menschlicher Motorik, seine Wahrnehmung des Körpers als Maschine – das entsprechende Zitat diente als Motto der Abteilung – kulminierte in dieser Zeichnung als Symbiose von Funktonalität und Geometrie, Schönheit und wissenschaftlicher Erkenntnis.

Die Zeichnung Leonardos belegt jedoch zunächst einmal das tiefere Verständnis dessen, was Vitruv gemeint haben könnte. Leonardo ist dabei selbstbewusst genug, kleine Korrekturen vorzunehmen, wo sie ihm angemessen erscheinen. Vitruv spricht zum einen über die Proportionen der Körperteile zueinander, zum andern über den Kreis mit dem Bauchnabel als Zirkelpunkt, in den sich der Mensch bei ausgestreckten Armen und Beinen einfüge. Dabei würden Finger- und Zehenspitzen den Kreis berühren. Bei (waagerecht) ausgestreckten Armen wiederum lasse sich ein Quadrat um den Menschen zeichnen, sofern man als Maß die Höhe des Körpers vom Scheitel bis zur Sohle wähle.

Von den vitruvianischen Proportionsangaben – die Distanz vom Scheitel bis zu den Brustwarzen entspricht der Distanz vom Ellenbogen bis zu den Fingerspitzen und ergibt zugleich ein Viertel der gesamten Körperlänge, die Höhe des Kopfes ist ein Achtel der Gesamthöhe, die Stirn ist ein Drittel des Gesichts etc. – macht Leonardo nur eine Ausnahme. Seine Füße messen nicht ein Sechstel, sondern ein Siebtel der Körperhöhe, und auch darüber, dass sie bei ausgestreckten Armen lediglich mit den Zehenspitzen den Kreis berühren, hat sich der Künstler hinweggesetzt. Die Beine wären dadurch doch allzu kurz geraten. Auch wird deutlich, dass die Arme nur in einem bestimmten Winkel abgespreizt wirklich den Kreis berühren. Vergleicht man eine entsprechende Zeichnung Cesare Cesarianos (1477-1543) aus seiner Vitruv-Edition von 1521, die vor allem wegen ihrer verblüffenden Erektion eine gewisse Popularität genießt, so wird nicht nur deutlich, dass er von Leonardos Interpretation keine Kenntnis besaß, sondern vor allem, wie Cesariano um jeden Preis das Quadrat im Kreis unterbringen möchte (wovon bei Vitruv nicht die Rede ist) und die Fuß- und Fingerspitzen nicht nur die Peripherie des Kreises, sondern zugleich auch die Ecken des Quadrats berühren lässt. Da er in dieser Körperhaltung zudem den Proportionen Vitruvs gerecht werden möchte – beispielsweise ist die Distanz vom Scheitel zur Brust ein Viertel der Gesamthöhe –, führt das unweigerlich zu einem Körper mit überlangen Extremitäten und riesigen Händen und Füßen.

Während Cesariano also Vitruv missversteht und zugleich alles unternimmt, dessen Schema zu folgen, zwängt Leonardo gerade nicht den Menschen in eine geometrische Form und folgt auch nicht blind den Vorgaben der Überlieferung, sondern begreift Vitruv, überprüft obendrein die Richtigkeit der Tradition und korrigiert sie, wo er es für angebracht hält. Denn jede Theorie muss sich in seinen Augen an der Natur und ihren Phänomenen, in diesem Fall am menschlichen Körper, überprüfen lassen.

Vitruvs zehn Bücher zur Architektur, ohne Abbildungen überlie-

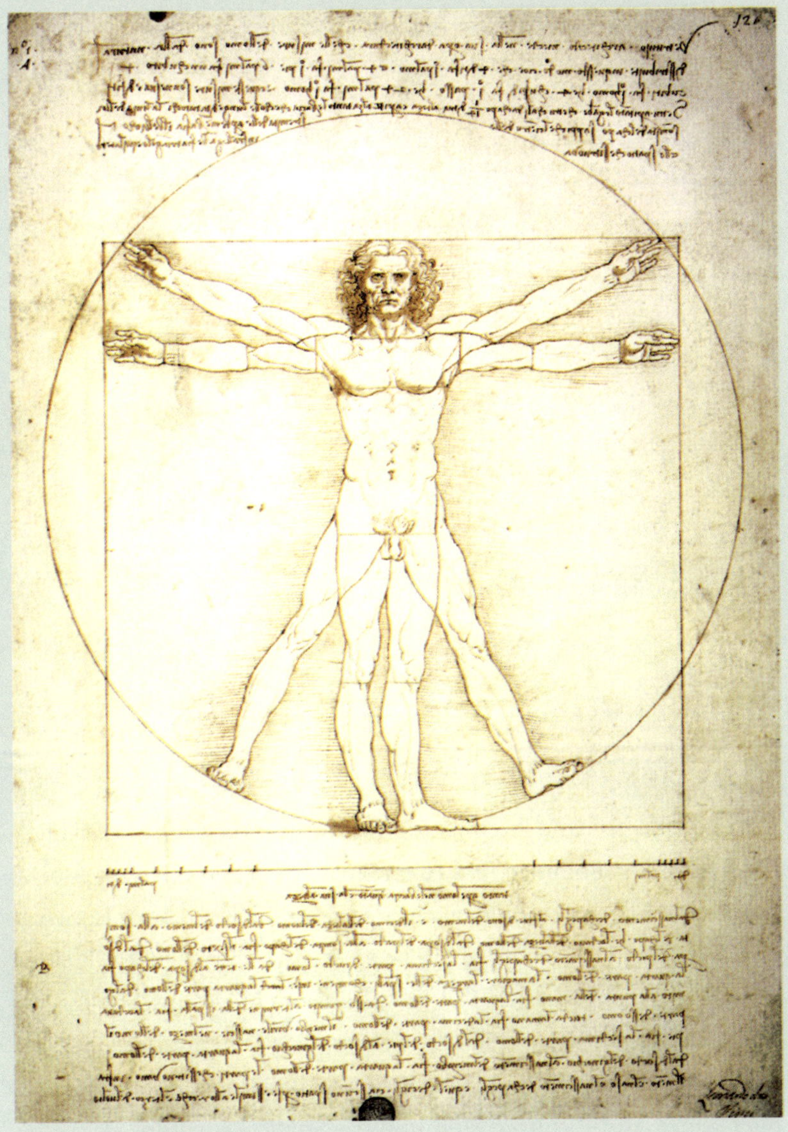

Abb. 60: Leonardo: *Homo Vitruvianus*, um 1490, Gallerie dell'Accademia, Venedig

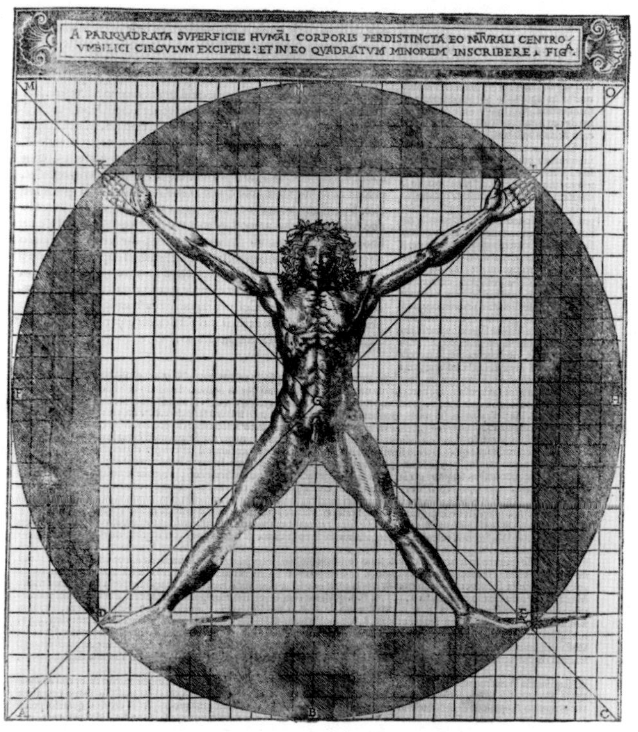

Abb. 61: Cesare Cesariano: *Homo Vitruvianus*, 1521

fert und entsprechend interpretationsbedürftig, wurden zwar reichlich zur Kenntnis genommen und ediert, aber schon Leon Battista Alberti dachte wohl daran, mit seinen eigenen zehn Büchern einen Ersatz zu schaffen. Man war sich durchaus bewusst, dass Vitruv obskur bleiben musste und nicht wirklich als Vorbild einer architektonischen Innovation dienen konnte. So erstaunt es nicht, dass seine Kommentare zur menschlichen Proportion inzwischen mit Abstand das bekannteste Kapitel seiner Ausführungen sind und die Studie Leonardos als die berühmteste Zeichnung der Welt gelten kann. Ihren Siegeszug trat die zuvor wenig beachtete Proportionsstudie vom faschistischen Italien aus an, erreichte 1940 im Rahmen der Leonardo-Ausstellung New York und zierte 1952 das Cover von Charles O'Melleys und John B. de C. M. Saunders' *Leonardo da Vinci on the Human Body*.

Heute ist sie omnipräsent, schmückt die italienische Euromünze, fand unter anderem Eingang in die Firmenlogos einer deutschen Krankenkasse, einer Hotelkette und einer italienischen Firma für Handtuchwärmer, die mit dem Slogan »genialità, design, tecnologia made in Italy« wirbt. Der vitruvianische Mann steht für Gesundheit, Technik und Wissenschaft, Erziehung und Bildung, Kultur und Entertainment.[261] Leonardos Zeichnung scheint zu belegen, dass das Streben nach trainierten, wohlproportionierten und letztlich normierten Körpern keine Frage der Gesinnung ist, sondern der Mathematik, die doch über jede Ideologie erhaben sein sollte. Das Beispiel belegt jedoch auch eindrucksvoll, wie schmal der Grat zwischen der Benennung eines ästhetischen Ideals und der Perfektionierung durch Anpassung und Entindividualisierung sein kann.

Das Gemälde, welches der Mailänder Ausstellung von 1939 die Krone aufgesetzt hätte, die *Mona Lisa*, fehlte im Kreis der beachtlichen Werkschau internationaler Provenienz. Es war zuletzt 1911-1913 als Opfer einer Entführung in Italien unterwegs gewesen. Der Italiener Vincenzo Peruggia hatte die *Mona Lisa* unbemerkt unter seinem Mantel aus dem Louvre getragen und damit einen Wirbel verursacht, der international Schlagzeilen machte und den Museumsdirektor seinen Job kostete. Vielleicht mussten die Mailänder auch wegen dieses Skandals verzichten, dem die italienische Polizei zwar ein erfreuliches Ende bereitet hatte, der aber auch fünfundzwanzig Jahre später noch nicht vergessen war. Die Publicity, die Peruggia mit seiner Aktion der *Mona Lisa* verschafft hatte, wurde zur Grundlage jener boulevardesken Berühmtheit, die sie bis heute genießt und aufgrund deren sie 1963 zu einer heiklen diplomatischen Mission in die USA aufbrechen konnte.

Am 8. Januar 1963 gab sich die Berühmtheit in der National Gallery die Ehre. Auf persönliche Einladung des Präsidenten und seiner Gemahlin, die als offizielle Leihnehmer firmierten, erreichte die *Mona Lisa*, beschützt von vier Bodyguards, New York. Wer weiß, vielleicht waren die Kennedys einfach durch den Song über eine Frau, kalt wie ein Kunstwerk, den Nat King Cole 1950 populär gemacht hatte, auf das Gemälde aufmerksam geworden: »Many dreams have been brought to your doorstep, / They just lie there and they die there. / Are you warm, are you real, Mona Lisa? / Or just a cold and lonely, lovely work of art?«[262]

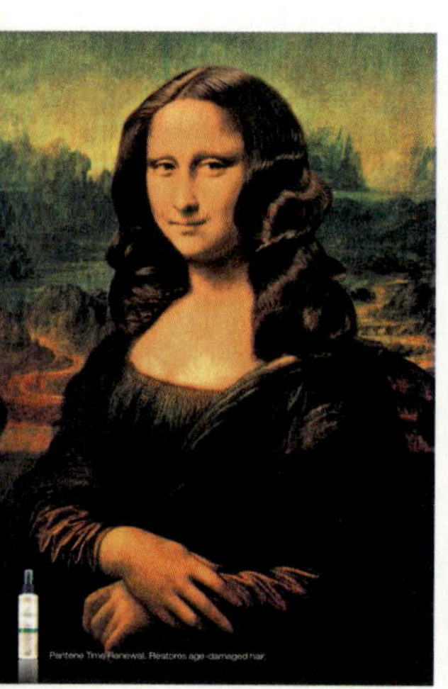

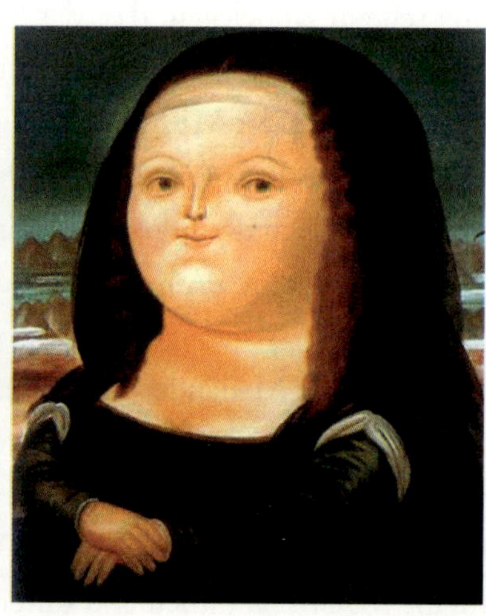
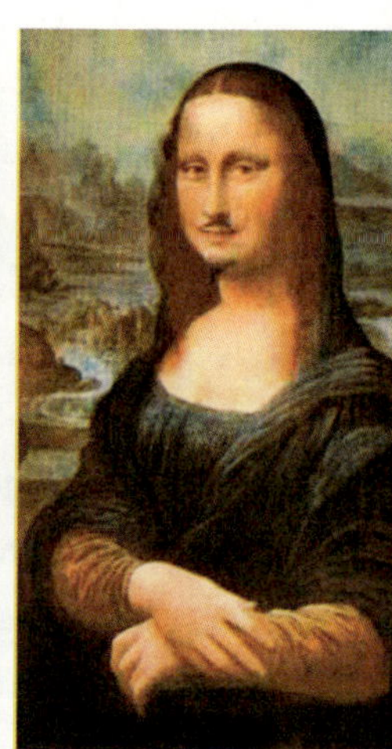

Abb. 62: *Mona-Lisa*-Interpretationen, u. a. von Fernando Botero, Marcel Duchamp und Banksy

Nun allerdings wurde das Bild noch einmal mit einer ganz anderen Botschaft überfrachtet. Die Küstenwache hatte den seinerzeit größten Dampfer der Welt, das Traumschiff *France*, in den Hafen von New York eskortiert, wo die Marine das Gemälde mit militärischen Ehren empfing. FBI und Nationalgarde sorgten für die Sicherheit der *Gioconda*, die sich vor einer 67 m^2 großen Wand aus rotem Samt präsentierte, während sie der Präsident persönlich den geladenen Repräsentanten der Macht, den Mitgliedern des Kongresses, des Kabinetts und des Obersten Gerichtshofs, vorstellte. Ein in der Geschichte der USA einzigartiges Ereignis.[263] *Mona Lisa* wurde als Zeugin für ein Gelübde instrumentalisiert, das John F. Kennedy als selbst ernannter Vertreter der Freiheit und der zivilisierten Welt gegenüber den europäischen Verbündeten – repräsentiert durch de Gaulles Staatsminister für Kultur, den bekehrten Ex-Kommunisten André Malraux – bekräftigte: »Heute, hier in dieser Galerie, vor diesem großartigen Gemälde, erneuern wir

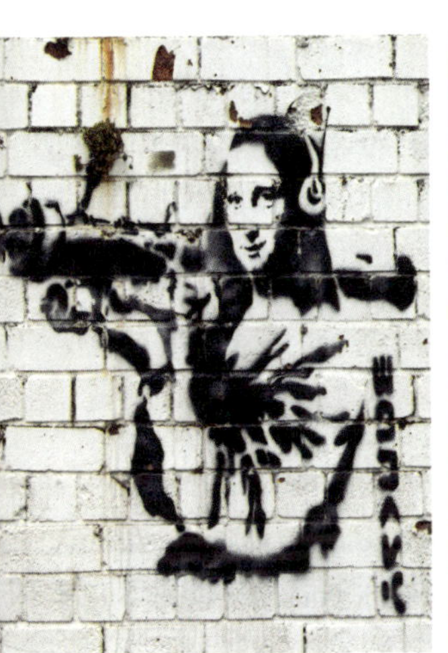

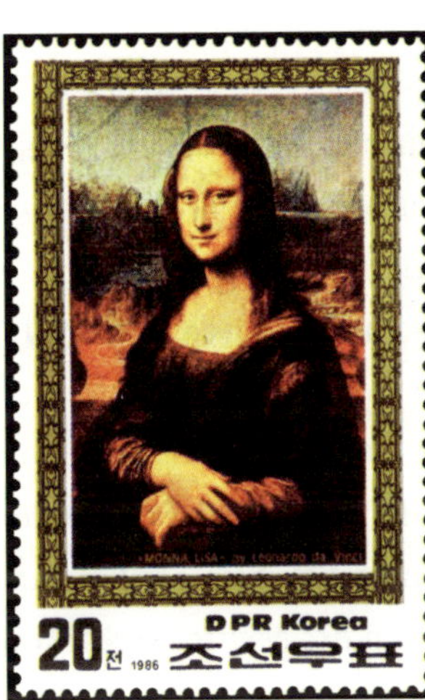

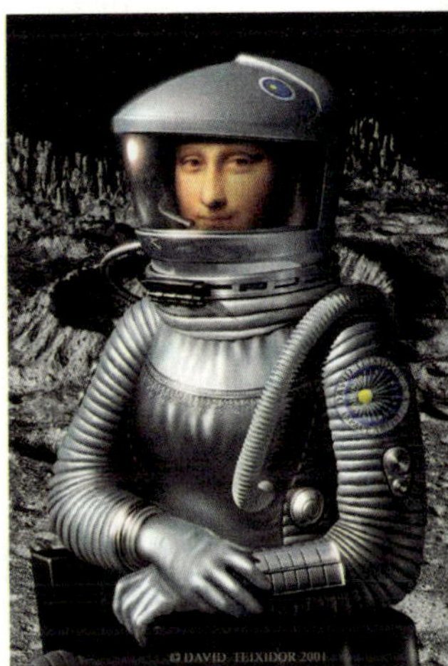

unsere Verpflichtung gegenüber jenen Idealen, die sich in so vielen Fährnissen als starkes Band erwiesen haben.«[264] Malraux betitelte er als Oberkommandierenden, der eine Nation vertrete, mit der die Amerikaner Seite an Seite im Geiste ihrer Revolutionen für die Demokratie gestritten hätten. Der Besuch der *Mona Lisa* war für Kennedy, wie er schon im Vorfeld verkündet hatte, »ein Memento der Freundschaft zwischen den Vereinigten Staaten und Frankreich«.[265] Noch während sich die Regierungsvertreter angesichts des Kalten Krieges und der gerade überstandenen Kuba-Krise Treue schworen, war die amerikanische Öffentlichkeit so weit in Wallung geraten, dass die Redaktionen der Zeitungen mit Anrufen von Bürgern überschwemmt wurden, die Genaueres über Frisur, Augenfarbe und Alter des prominenten Gastes zu wissen wünschten. Aus diesem Anlass erkannte auch Andy Warhol *Mona Lisas* Status als Pop-Ikone, vergleichbar mit Elvis Presley oder Marylin Monroe, widmete sich ihr in verschiedensten schwarzweißen und farbigen Siebdruck-Varianten, konterkarierte so ihre singuläre Bedeutung, ihren Unikatsstatus sowie die herausragende handwerkliche Umsetzung, offenbarte und propagierte einmal mehr die schludrigen und auf Effizienz ausgelegten Produktionsbedingungen der Konsumgesellschaft und lieferte so einen süffisanten Kommentar zu Walter Benjamins Vorstellungen von der Aura des Originals.

»Die Massen strömten und Museumsbesucher schnappten sich zehntausende von Ausstellungskatalogen im Museumsshop«, berichtete Margaret Leslie Davis vom Besuch der *Mona Lisa* in New York. »Vor dem Museum verhökerten Straßenhändler geschäftig Mona-Lisa-Fanartikel. Postkarten des Meisterwerks wurden gedruckt mit der Bildunterschrift *Mona Lisa. Wir begrüßen die First Lady des Landes, Mrs. John F. Kennedy, die uns die First Lady der Welt gebracht hat*. Fast zwei Millionen Amerikaner kamen, um sie zu sehen. In vieler Hinsicht veränderte die Ausstellung den Charakter von Museen und ihre Beziehung zur Öffentlichkeit.«[266]

ALLES IN BEWEGUNG

Bei Leonardo ist alles im Fluss, die Bewegungen seiner Figuren, die Übergänge zwischen den Körpern, die Vieldeutigkeit seiner Sujets. Entsprechend interessierte er sich auch in technischen Fragen weniger für statische Konstruktion als vielmehr für die Mechanik der Bewegung. Roboter, Panzer, Flugmaschinen sprechen hier eine ebenso deutliche Sprache wie sein *Codex über den Vogelflug*. Selbst eine Ingenieurleistung, wie die 2001 in Akershus (Norwegen) verwirklichte Brücke nach Skizzen Leonardos, scheint von der Dynamik der Naturbewegung inspiriert. Sie sollte – für Sultan Bayezid II. entwickelt – wohl ursprünglich in einer Länge von dreihundertdreißig Metern ohne Stützpfeiler im Wasser dort das Goldene Horn überspannen, wo 1845 die erste Galatabrücke errichtet wurde.

»Mit vielen seiner Überlegungen lieferte er Bausteine zum Erkenntnisgebäude der später so genannten klassischen Mechanik, das durch Galilei, Newton, Descartes und andere exakt errichtet wurde«, merkt Heinz Lüdecke an. Leonardos energetische Weltsicht reichte vom Mikrokosmos bis zu den Bewegungen der Himmelskörper. So erklärte er etwa das aschfarbene Licht, in das die Partien des Mondes getaucht erscheinen, die nicht direkt durch die Sonne angestrahlt werden, als Licht, das durch die Erde reflektiert wird. Publiziert wurde diese Erkenntnis erst hundert Jahre später durch Johannes Kepler in seiner *Astronomiae pars optica* (Frankfurt 1604).

1965 wiederentdeckt, ist der zweiteilige *Codex Madrid*, aus dem auch der Brückenentwurf stammt, eines der bemerkenswertesten Manuskripte Leonardos. Überwiegend technischen Fragen und Naturbeobachtungen gewidmet, inspirierte diese lose Sammlung auch einen

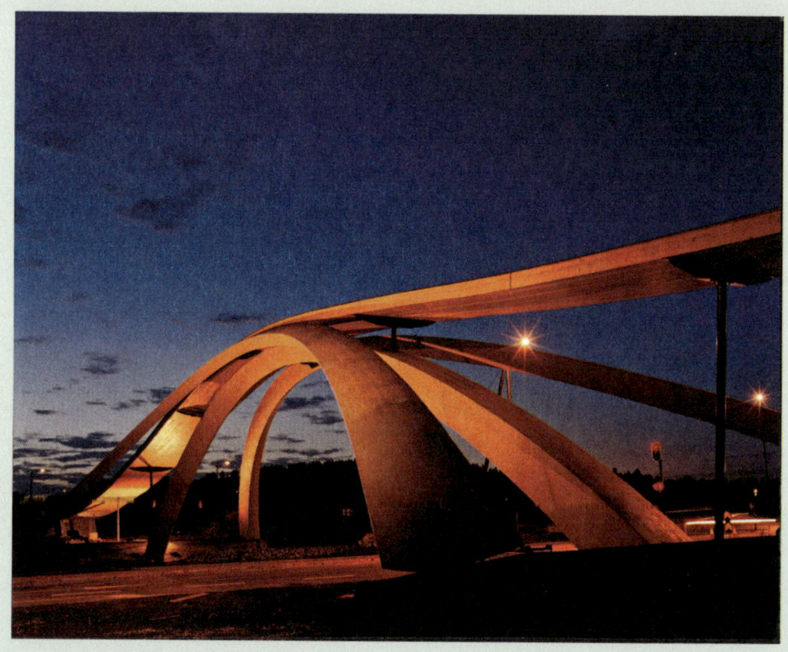

Abb. 63: Vebjørn Sand: *Leonardo-da-Vinci-Brücke*, Akershus, 2001

Künstler wie Joseph Beuys (1921-1986), der sich bereits zuvor mit Leonardo befasst hatte. Vermutlich angeregt durch einen Artikel im *Spiegel* (41/1959) über einen Sammler von *Mona-Lisa*-Produkten, der seine Kollektion als *Giocondologie* titulierte, schuf Beuys 1963 zum einen den gleichnamigen Werkkomplex, zum anderen hatte er bereits Illustrationen zu einer Arbeit über Leonardo beigesteuert, die seine zukünftige Frau Eva 1959 verfasste. Mit ihrer Unterstützung kreierte er auch den eigenen Mythos als Schamane, der unverkennbar leonardeske Züge trägt. »Die Spannweite und historische Verankerung, die Komplexität und Unsystematik seiner Gedanken und Anspielungen im Werk und in der eigenen Werkkommentierung, die ungewöhnliche, einer traditionellen Kunstwissenschaft kaum zugängliche Ausweitung der Materialien und ihrer Bedeutungsauffassung erschweren eine systematische und umfassende Darstellung seiner Werke«, schrieb Renate Bunk über Beuys.[267] »Eine große Zahl der frühen Blätter zeigt Küsten- und Gebirgslandschaften. Sie erwecken keine anheimelnde oder heroisch gefärbte Naturstimmung, sondern zeigen – in geistiger Annäherung an die Landschaften Leonardos, der Beuys in diesen Jahren zur Schlüsselfigur wird – dramatische Szenen terrestrischer Oberflächenbildungen.«[268] Die *Codices Madrid* faszinierten Beuys, der nach dem Abitur selbst Seminare in Geografie, Botanik und Zoologie besucht hatte, als Produkt einer assoziativen Verschränkung von Wissenschaft und Kunst, die unübersehbar Anknüpfungspunkte für einen alle Lebensbereiche umfassenden, »erweiterten Kunstbegriff« bietet.

Leonardos Werke verschwanden aufgrund physikalischer Bedingungen, aber sein Bedürfnis nach analytischer Erkenntnis macht ihn dessen ungeachtet auch zu einem der Väter eines spezifischen Modus des Verschwindens, der, folgt man Jean Baudrillard, nichts mit Naturgesetzen zu tun hat. Das von ihm prognostizierte Verschwinden der Welt habe seinen Anfang mit der wissenschaftlichen Ergründung dieser

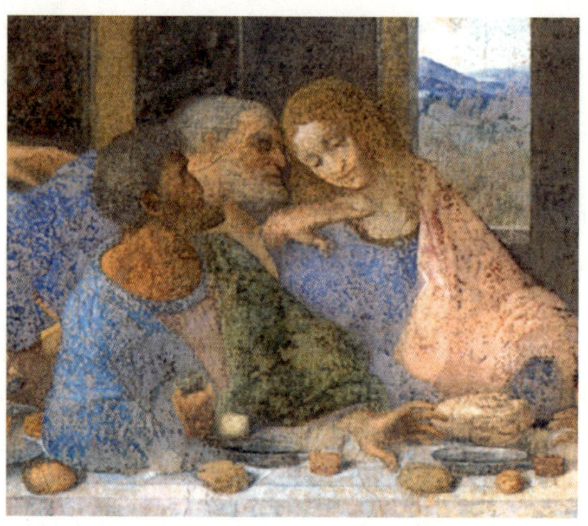

Abb. 64: Leonardo: *Das Letzte Abendmahl*, Detail

Welt genommen. »Wenn man nun aber genauer hinsieht, sieht man, daß die reale Welt in der Moderne mit dem Entschluß beginnt, sie umzuwandeln, und zwar durch Wissenschaft«, konkretisiert er. »Das ist der Moment, da der Mensch sich der Welt zum einen entledigt, indem er sie analysiert und verwandelt, ihr gleichzeitig aber auch Realitätskraft verleiht. Man kann also sagen, daß die reale Welt paradoxerweise genau zu jenem Zeitpunkt zu verschwinden beginnt, da sie zu existieren beginnt.«[269]

Leonardo verkörpert dieses Bedürfnis nach Erkennen und Begreifen und das daran geknüpfte Existieren und Verschwinden. Sein prozessualer Zeichenmodus unterstreicht dabei den Vorgang noch auf signifikante Weise. Die Bewegung erschafft und löscht aus im selben Augenblick. Zeichnend kreiert und vernichtet Leonardo Momente und zögert den singulären Moment des definitiven Bildes so lange hinaus, bis es schon wieder unsichtbar zu werden droht. Es ist evident, dass sich das digitale Zeitalter genau dieses Verfahrens bedient. An die Stelle der Illusion tritt die Simulation. »Es ist vorbei mit der in einem unwiederbringlichen Augenblick direkt geschossenen Aufnahme, dem letzten Schimmer von Aktualität in einer virtuellen Dimension, in der das Bild nichts mehr mit der Zeit zu tun hat«, formuliert Baudrillard mit Blick auf die Fotografie.[270]

Das Aufnehmen, Weiterreichen und Weiterspinnen eines Fadens ist zur Methode des virtuellen Netzes geworden, in dem alles in Bewegung und nichts definitiv erscheint. Die Fluidität der Information bestimmt das Denken, Verankerungen sind in dieser Welt nicht vorgesehen, Positionierungen obsolet. »Als erstes möchte ich einmal sagen, daß jeder Standpunkt, weil er ein Standpunkt ist, falsch ist«, betont Vilém Flusser, einer der Apologeten des digitalen Zeitalters. Leonardo, dessen Werk und Denken vom Wandel und Wechsel der Perspektiven lebt, hätte ihm vermutlich zugestimmt.

IMAGE UND MYTHENBILDUNG. LEONARDO IN FILM UND LITERATUR

Leonardo ist in unseren medialen Alltag eingegangen. Wir begegnen ihm inzwischen in der Ratgeberliteratur (*Die Da-Vinci-Formel. Die sieben Erfolgsgesetze für innovatives Denken*, 2018, von Jens Möller), in der Jugendliteratur (*Das Lächeln meiner Mutter. Ein Jahr mit Leonardo da Vinci*, 2011, von Marie Sellier) und bereits seit den 1980er Jahren als mutierter Schildkröte in der Clique der *Ninja Turtles* von Kevin Eastman und Peter Laird. Außerdem erfuhren wir 2009 aus der Werbung für das Computerspiel *Assassin's Creed*, dass sich der Hersteller »in die spannende Geschichte der italienischen Renaissance gestürzt hat, um den Fans ein einzigartiges, abwechslungsreiches und innovatives Erlebnis zu bieten« (Patrice Desilets, Ubisoft). Der Spieler schleicht als smarter Meuchelmörder durchs Land, um sich blutig für eine erlittene Schmach zu rächen. Im Internet wurde derweil verzweifelt unter den Spielern diskutiert, wo in Venedig Leonardo da Vinci zu finden sei, da man sich von ihm neue Waffentypen und Flugmaschinen versprach, die das Leben als Killer erleichtern. In der virtuellen Welt wird Leonardo so zu einer Art Q der Renaissance, entsprechend jenem Quartiermeister, der in James-Bond-Filmen den Agenten 007 mit skurrilen, aber wirkungsvollen Erfindungen ausstattet.

2008 fragte der Regisseur Matthias Unterburg im ZDF-Film über den »wissbegierigsten Menschen, der je gelebt hat«, ob Leonardo uns einen verborgenen Code hinterlassen habe. Der Fernsehsender Pro7 setzte in der Sendung *Galileo Mystery* nach und spekulierte über Gralsbotschaften, die Leonardo verschlüsselt haben könnte, und der SWR erforschte in einer neunzigminütigen Dokumentation mögliche Spuren der Ketzerei (*Der Leonardo-Code*, Regie: Rudij Bergmann). Diese Reaktionen auf den Weltbestseller *The Da Vinci Code* (deutsch *Sakrileg*) von Dan Brown aus dem Jahr 2003 (bis 2010 angeblich 86 Millionen Mal verkauft) verbrämen Leonardo zum Mysterium. *The Da Vinci Code* wurde ebenfalls aufwendig verfilmt und schwimmt auf der Welle der Verschwörungstheorien, die – wie es für einen Roman legitim ist – selbstverständlich keiner seriösen Nachforschung standhalten, aber dennoch eine Leonardo-Hysterie auslösten, die so weit ging, dass im Louvre eine Sonderabteilung für *Da-Vinci-Code*-Führungen eingerichtet werden musste. Im Fahrwasser des Bestsellers schwimmen auch Publikationen wie *Der echte Da-Vinci-Code* (2016), dessen Autor Jean Bauer den Anspruch hat, nicht weniger als das gesamte Geheimwissen, alle Religionen und Verschwörungen der Menschheit in seinem Buch darzulegen, oder Josef Nyárys *2: Das letzte Geheimnis des Leonardo da Vinci* (2013), das unter anderem die Frage aufwirft, ob im Louvre wirklich das Original der *Mona Lisa* hängt. Bereits 1988 zeigte sich der Philosoph Wolfgang Welsch davon überzeugt, dass es sich nur um eine Kopie handeln könne, denn allein die Blitzlichtfrequenz, gegen die nur sehr halbherzig eingeschritten werde, würde niemand dem Original zumuten: »Ein Bild wie die *Mona Lisa* kann im Zeitalter des musealen Massentourismus nur noch auf diesem Weg geschützt werden. Man muß es fernhalten, aber auch das funktioniert nur, wenn man seine Präsenz am erwarteten Ort perfekt simuliert. Die Simulation ist die Rettung des Originals.«[271]

Doch die Phantasien, die der Künstler auszulösen imstande ist, lassen sich bis ins 16. Jahrhundert zurückverfolgen. Schon bei Giovanni Paolo Lomazzo war aus dem bärtigen Künstler-Gelehrten eine Gestalt geworden, vergleichbar nur dem magischen »Druiden Hermes [Trismegistos] oder dem antiken Prometheus«.[272] Bereits kurz nach Erfindung des Films waren der vermeintliche Magier und sein Werk als Stoff

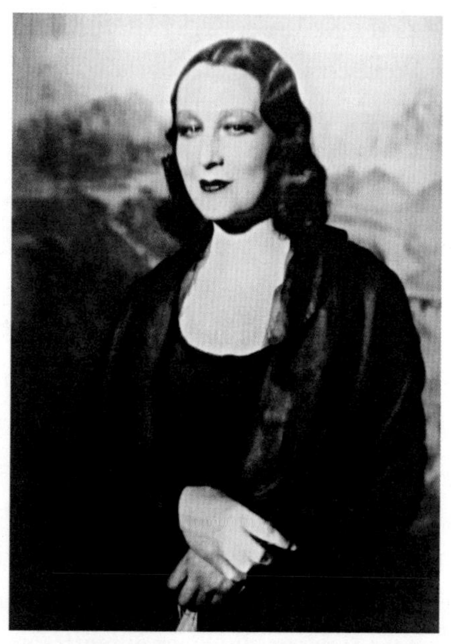

Abb. 65: Trude von Molo als *Mona Lisa*, 1931

willkommen. 1912 inszenierte Albert Cappellani (1874-1931) nach einem Drehbuch von Abel Gance (1889-1981) mit *Un tragique amour de Mona Lisa* einen Stummfilm, an den sich geradezu perfekt die Oper *Mona Lisa* von Max von Schillings (1868-1933) anfügt, das erfolgreichste Werk des von Wilhelm II. 1912 geadelten Generalmusikdirektors in Stuttgart, der noch kurz vor seinem Tod als Präsident der Akademie der Künste den Ausschluss nichtarischer Mitglieder in die Wege leiten sollte. *Mona Lisa* wurde 1915 am Stuttgarter Neuen Königlichen Hoftheater uraufgeführt und beschreibt, eingespannt in eine Rahmenhandlung, die traurige Geschichte einer Perlenhändlergattin, deren Ehemann ihren Liebhaber in seinem Tresor erstickt. Mit ihrem berühmten Lächeln auf den Lippen rächt sie sich an ihrem Mann, indem sie ihn am nächsten Tag dasselbe Schicksal erleiden lässt. Unverkennbar, wie hier noch die Sichtweise des 19. Jahrhunderts nachklingt, das in der Dargestellten auf dem Leonardo-Gemälde die personifizierte dämonische Verführung sah: »Die Gestalt, die hier so seltsam neben den Wassern auftaucht, drückt die Erfüllung eines tausendjährigen Begehrens des Mannes aus«, dichtete Walter Pater 1869. »Es ist eine Schönheit [...], in welche die Seele mit all ihrem kranken Sinnenleide hineingeflossen ist! [...] Gleich dem Vampyr hat sie schon viele Male sterben müssen und kennt die Geheimnisse des Grabes; sie tauchte hinunter in die See und trägt der Tiefe verfallenen Tag in ihrem Gemüt.«[273] Da verwundert es nur noch wenig, dass die erste Schauspielerin, die sich den Künstlernamen Mona Lisa zulegte, den aufregendsten Auftritt ihrer Karriere als ein herzloser Vamp hatte, der ihren Mann in den Selbstmord treibt und ein naives Mädchen »auf den Weg ins Vampirland« schickt, indem sie ihr eine heimtückische Zigarette zu rauchen gibt, die auch ihr die Kraft verleiht, ihren Kleinstadt-Verehrer zu kriminellen Machenschaften zu verleiten (in *To Please One Woman* von Lois Weber aus dem Jahr 1920).[274]

Die Wirkung des Markennamens Leonardo war ungebrochen. Nach einer Verfilmung seines Lebens durch Giulia Cassini-Rizzotto und Mario Corsi 1919 wurde vor allem *Der Raub der Mona Lisa* (Regie: Géza von Bolváry) 1931 zu einem rauschenden Erfolg. »Das Publikum saß oft atemlos gefesselt und dann prasselte Beifall mitten im Spiel los oder ein Heiterkeitssturm bei den zahlreichen witzigen Einfällen des Films«, berichtete der *Filmkurier*.[275] Selbst Willi Forst in der Rolle des Vincenzo Peruggia »durchbricht seine eigene Schablone«, und für Trude von Molo findet der Rezensent das begeisterte Lob: »Eine Schauspielerin muß schon viel können, wenn der Zuschauer ihr glaubt, daß um ihretwillen die ›Mona Lisa‹ gestohlen wurde!« Die Produzenten der operettenhaften Kriminalkomödie (Musik: Robert Stolz) um den heißblütigen Italiener, der für die Angebetete, die der *Mona Lisa* so ähnlich sieht, jene »Weltköpenickiade des Louvrediebstahls« veranstaltete, »haben der Bestie Publikum in ihre tiefste Seele geschaut«[276] und konnten an ihren Vorjahreserfolg *Zwei Herzen im Dreivierteltakt* anknüpfen. 1966 versuchte sich sogar Michel Deville an einem Remake des Stoffs. 1968 drehte Werner Schroeter einen *Mona Lisa*-Kurzfilm mit einer Reproduktion des Gemäldes und Maria Callas als Hauptdarstellerinnen zu Musik von Cherubini, Donizetti und Verdi; 1983 entstand *Der Eimer und die Mona Lisa*, eine Humoreske des Regisseurs und Satirikers Joachim Roering auf die Kunstszene, und 2006 *Mona Lisa lächelt*, ein Kurzfilm aus Kinderzeichnungen von Dorit Kiesewetter. *Mona Lisa* war und ist, wie schon der *Filmkurier* konstatierte, ein zugkräftiger Titel, der auch – von Neil Jordans *Mona Lisa* (1987) bis zu Mike Newells *Mona Lisas Lächeln* (2003) – in nur lockerer Assoziation mit dem berühmten Bild für Kinoproduktionen gern genutzt wurde.

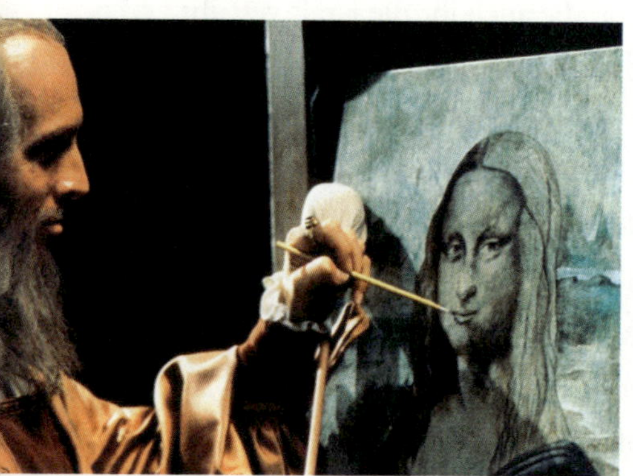

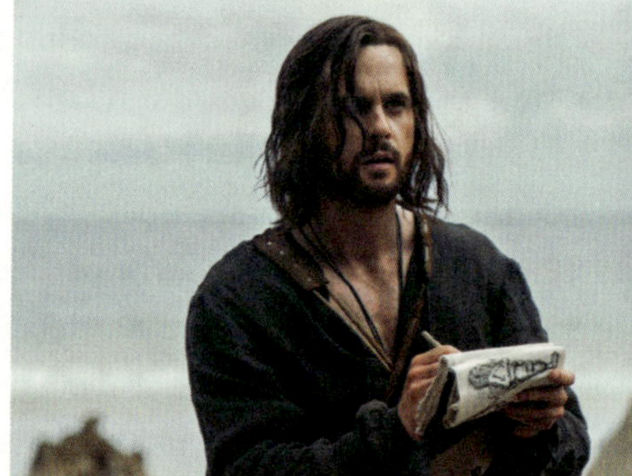

Abb. 66: Philippe Leroy in *Das Leben des Leonardo da Vinci*, 1986, und Tom Riley in *Da Vinci's Demons*, 2013

Vor allem in den letzten Jahrzehnten häufte sich die Auseinandersetzung mit Leonardo in Kino- und Fernsehproduktionen.

So führte 1971 Renato Castellani Regie im dreihundertminütigen Fünfteiler *Das Leben des Leonardo da Vinci*, 1986 widmete sich eine finnische Produktion dem Genie (*Leonardon ikkunat*, Regie: Pirjo Honkasalo), 1996 drehte Richard Rich *Leonardo da Vinci*, 1998 ging es unter der Regie von Allan King um Leonardo. *A Dream of Flight* und 2006 dann um *The Secret Life of Leonardo da Vinci* (Regie: Michael Bouson). 2009 wurde in *The Nostradamus Effect* der Weltuntergang als *Da Vinci's Armageddon* angekündigt (Regie: Luke Ellis), 2013 starteten Fantasy-History-Episoden unter dem Titel *Da Vinci's Demons* (Regie: David S. Goyer), und 2016 hatte *Leonardo da Vinci. Genius of Milan* Premiere (Regie: Nico Malaspina / Luca Lucini). Dutzende Schauspieler von Franco Nero (in Jeff Blyths Kurzfilm *From Time to Time*, 1992) bis John Rhys-Davies (in *Star Trek: Raumschiff Voyager*, 1996) versuchten sich in den vergangenen hundert Jahren in der Rolle des Renaissancekünstlers, und im August 2017 wussten Medien zu berichten, dass auch Leonardo di Caprio alsbald in einem Biopic (bei Paramount nach einer Biographie von Walter Isaacson) als Leonardo da Vinci zu sehen sein werde.[277]

Geschrieben wurde über keinen Künstler mehr als über Leonardo da Vinci, er ist nicht nur Forschungsobjekt, sondern auch Held zahlreicher Romane und Dramen geworden, von denen hier nur eine kleine Auswahl genannt sei. Aus dem Jahr 1901 stammt Dimitri Mereschkowskis Roman *Leonardo da Vinci*, den der Autor als Mittelteil seiner Trilogie *Christ und Antichrist* konzipierte, und 1959 erschien posthum *Der Judas des Leonardo* von Leo Perutz, bei dem sich der Maler auf die Suche nach dem »allerschlechtesten Menschen in ganz Mailand« begibt, der ihm Modell für den Verräter stehen soll. Im selben Jahr veröffentlichte Ernst Bacmeister seine Tragödie *Lionardo da Vinci* im Selbstverlag, ein letztes Drama, mit dem der einst erfolgreiche, inzwischen fünfundachtzigjährige Autor sich vergebens gegen das eigene Vergessenwerden zu stemmen suchte.

Aus der Perspektive seines Schülers Salaì erzählt Christoph Grey in *Leonardo's Shadow* (2006) das Dasein im Gefolge des Künstlers, und auch die Graphic Novel *Leonardo und Salaï* von Benjamin Lacombe und Paul Echegoyen (2015) schildert die Beziehung zwischen den beiden in blumigen Phantasien, während Susanne Gogas *Das Leonardo-Papier* (2009) im England des frühen 19. Jahrhunderts angesiedelt ist und von einer jungen Frau berichtet, der ein Leonardo-Skript in die Hände fällt, das eine Kette dramatischer Ereignisse auslöst.

Die Perspektiven auf Leonardo sind so vielfältig wie die Auslegungen seiner Werke. Sie überlagern sich wie die Linien seiner Zeichnungen, verwischen immer wieder aufs Neue die Konturen, sind in Bewegung und gebären Überraschungen. Das Bildnis Leonardos wird nicht fertig werden, solange Forscher unter Putz verschollene Werke vermuten, solange noch nicht alle Spekulationen ausgereizt sind und Kriminologen seine Fingerabdrücke auf längst vergessenen Bildern entdecken.

Leonardo, schon zu Lebzeiten der Weltbürger unter den Renaissancekünstlern, ist endgültig und im wahrsten Sinne des Wortes zum Weltkulturerbe geworden. Doch immer noch tun sich neue Fragen auf, und jede Generation macht sich Leonardo aufs Neue zu eigen. Auch für diejenigen, die denken, alles sei schon gesagt und geschrieben worden, gibt es immer wieder neue Details zu entdecken. Er selbst ermuntert die Forscher und beschreibt seine ganz eigene Methode der Erforschung der Welt: »Da ich sehe, daß ich keinen sehr nützlichen oder ergötzlichen Stoff mehr finden kann, weil die vor mir Geborenen schon alle nützlichen und notwendigen Themen genommen haben, werde ich es so machen, wie derjenige, der aus Armut als letzter auf den Markt kommt«, gibt er seinen Leserinnen und Lesern mit auf den Weg. »Da er nichts anderes bekommen kann, nimmt er alles, was die anderen schon gesehen und nicht gewollt, sondern wegen seines geringen Wertes abgelehnt haben; diese verachtete und verschmähte Ware, welche die vielen Käufer übriggelassen haben, werde ich auf meinen schwachen Körper laden und sie, nicht durch

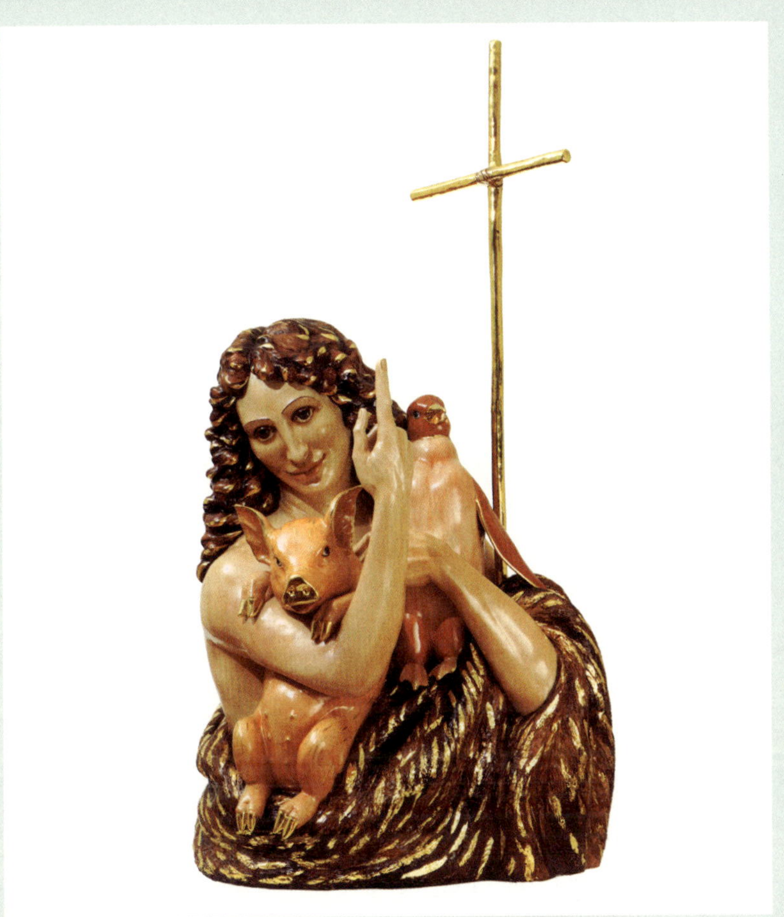

Abb. 67: Jeff Koons: *Johannes der Täufer* aus der *Banality*-Serie, 1988

die großen Städte, sondern durch die armen Dörfer ziehend, verteilen und den Preis bekommen, den mein Angebot verdient.«[278]

Solange man internationale Flughäfen, Premium-Katzenfutter, rosa Beetrosen, eine britische Firma für Luftabwehrtechnologie, eine Systemsoftware oder ein europäisches Programm für berufliche Bildung nach ihm benennt und selbst Marketing-Clowns wie Jeff Koons Leonardo zur ultimativen Banalisierung des Kunstbetriebs nutzen (*Johannes der Täufer mit Ferkel und Pinguin*, 1988) oder Pop-Sternen wie Britney Spears sein Werk als Metapher dient, um sich über die Kälte im Showbusiness zu verbreiten (*Mona Lisa*, 2005), wird er in allen Gesellschaftsschichten ein Begriff bleiben. Erstaunlich, wie sich Leonardos Name strapazieren lässt – und was er alles aushält. Man darf sicher sein, er wird weiter durchleuchtet und mystifiziert, verklärt, entzaubert und trivialisiert werden. Dass das Interesse erlahmen könnte, ist nicht abzusehen.

Es bedarf eigentlich nicht der besonderen Erwähnung, aber selbstverständlich stammt das für den bislang höchsten Preis verkaufte Gemälde ebenfalls von Leonardo. Genauer gesagt: Es wurde ihm zugeschrieben. Es handelt sich um einen Weltenretter, einen *Salvator Mundi*, das Bildnis eines Christus mit Segensgestus und Weltenkugel, der dem Betrachter frontal in die Augen blickt. Dieser Bildtypus ist alles andere als eine Erfindung Leonardos, aber dass es von seiner Hand einen *Salvator Mundi* gegeben hat, legen nicht nur zeitgenössische Quellen nahe, sondern auch die mehr als zwanzig existierenden Fassungen. Möglicherweise existierte auch nur ein Karton, nach dem verschiedene Schüler und Nachfolger gearbeitet haben könnten. Sollte aber doch ein Original von Leonardo existieren: Welches ist es? Aus dem Jahr 1650 stammt eine Radierung von Wenzel Hollar (1607-1677), die große Übereinstimmungen mit der 2017 versteigerten Fassung aus der Cook Collection (hier Version C genannt) aufweist. Hollar vermerkt, ihm habe das Original als Vorlage gedient. Doch wie verlässlich ist eine solche

Aussage, getroffen hundertfünfzig Jahre nach der mutmaßlichen Entstehung des Bildes?

Der sonst in der Ikonographie übliche Kreuznimbus ist verweltlicht, indem vor der Brust des Christus zwei goldene Bänder ornamental miteinander verwebt erscheinen. Auch auf das Kreuzsymbol, das in der Regel die Kugel bekrönt und so zu einem Reichsapfel macht, wurde in dieser Fassung vom Maler verzichtet, beides Indizien, die auf Leonardo als Künstler weisen könnten, der vordergründiger Symbolik und der Darstellung metaphysischer Phänomene bekanntlich abgeneigt war. Das extreme Sfumato dagegen scheint eher auf eng an ihm orientierte Nachfolger der Jahre nach 1520 hinzuweisen. Andere Versionen, wie die Tafel aus der Collection Marquis de Ganay (hier Version G genannt), von deren Authentizität sich der Kunsthistoriker Carlo Pedretti überzeugt zeigte[279], sind sowohl mit Nimbus als auch mit Reichsapfel versehen. Version C wird überwiegend auf etwa 1500 datiert, während Version G möglicherweise um 1515 entstand – parallel zu Leonardos *Johannes der Täufer* (Louvre, Paris) auf einer Tafel von gleicher Höhe. Es spräche zunächst nichts dagegen, dass beide Werke von Leonardo oder aus seiner Werkstatt stammen, wie das etwa bei der *Felsgrottenmadonna* der Fall ist. Die Existenz einer Replik hätte jedoch möglicherweise den jeweiligen Wert der Tafeln ein klein wenig mindern können, so dass von den Parteien vehement der Unikatstatus ihrer Favoriten verteidigt wurde.[280]

1649 findet sich vermutlich Version C im Inventar der Sammlung des englischen Königs Karl I., wo sie Hollar wohl gesehen hat. Nach 1767, als sie möglicherweise als Teil der Sammlung des Herzogs von Buckingham versteigert wurde, verschwand das Gemälde bis ins Jahr 1900, um als Werk Bernardino Luinis in der Cook Collection zu landen. Dann trat es bei einer Sotheby's-Versteigerung 1958 als Kopie nach Giovanni Antonio Boltraffio in Erscheinung und wechselte für

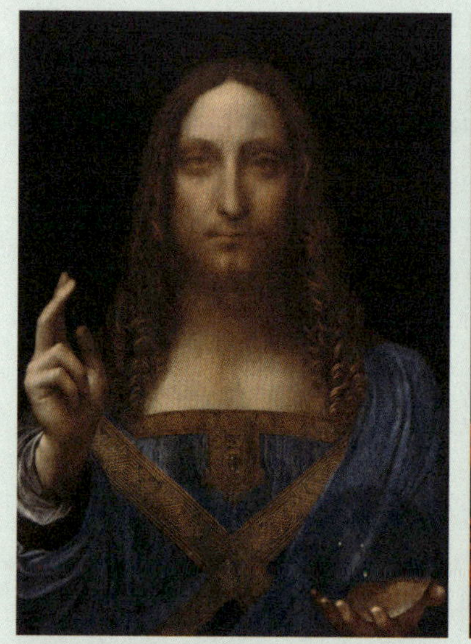
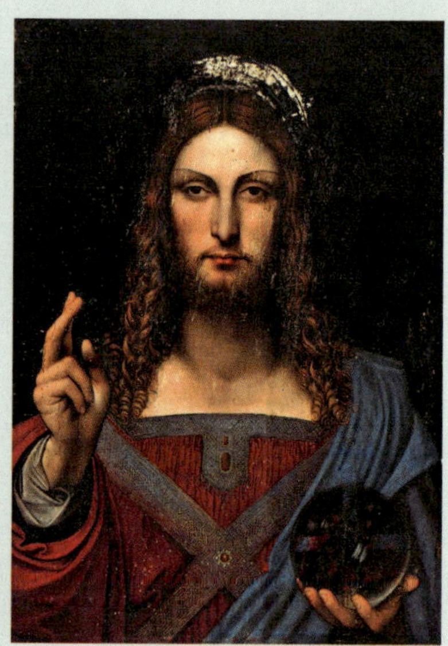
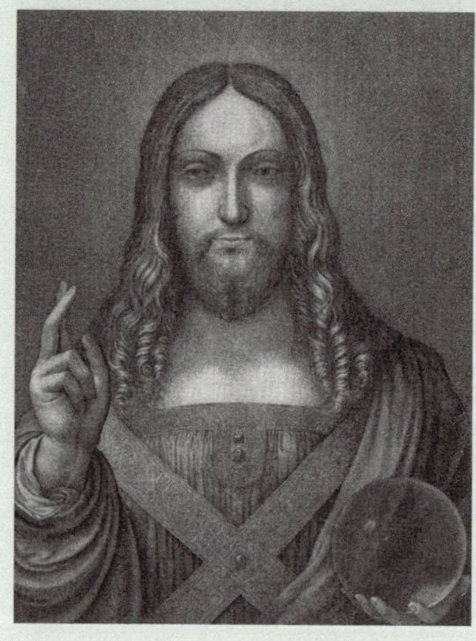

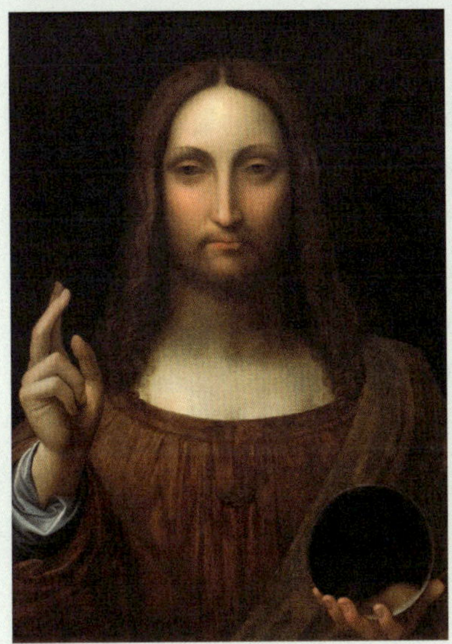

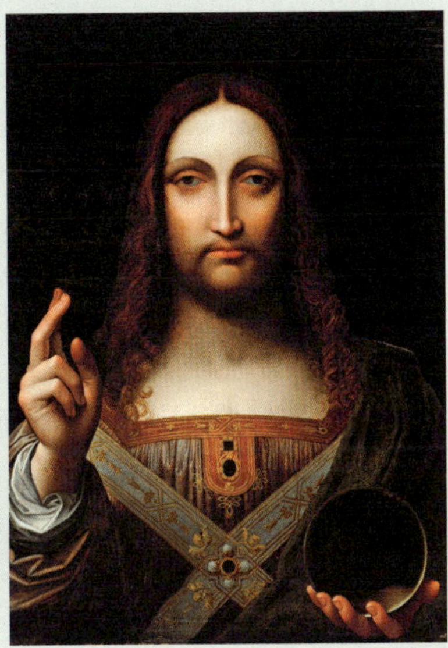

Abb. 68-72: Mehr oder weniger spekulative Zuschreibungen der Fassungen des *Salvator Mundi* an Leonardo da Vinci (Louvre Abu Dhabi, Version C), Werkstatt Leonardos (Museo Diocesano, Neapel, Sammlung Marquis de Ganay, Version G), Cesare da Sesto (Wilanow Palast, Warschau), Giampetrino (Institute of Arts, Detroit) – und der Stich von Wenzel Hollar

fünfundvierzig Pfund erneut den Besitzer. Carlo Pedretti sprach bei den Vermutungen über royale britische Vorbesitzer durchaus nachvollziehbar von einer »fantomatica provenienza«[281], dennoch geriet die von ihm favorisierte Version G ins Hintertreffen, wurde 2001 bei Sotheby's lediglich als Werk aus dem Umkreis Leonardos für zwölftausendsechshundert Dollar versteigert und befindet sich heute im Museo Diocesano in Neapel. Der hier ausgetragene Konkurrenzkampf der Auktionshäuser verdient also ebenfalls ein Augenmerk, denn auch Sotheby's zog beim unmittelbaren Vergleich mit seinem Konkurrenten Christie's den Kürzeren: Dort erzielte die Fassung C im November 2017 in New York – unterstützt durch ein faszinierendes Marketing, das das Bild als »letzten (auf dem Markt verfügbaren) Leonardo« und zur männlichen *Mona Lisa* stilisierte – die Summe von vierhundertfünfzig Millionen Dollar. Es hat den Anschein, dass dieser Preis auch deshalb zustande kam, weil zwei saudi-arabische Kronprinzen aufgrund mangelnder Absprache, aber mit dem unbedingten Willen zum Erwerb, versehentlich am Telefon gegeneinander geboten hatten. Sie sollen im jeweils anderen einen Bieter aus dem verfeindeten Katar vermutet haben, den sie in die Schranken zu weisen beabsichtigten. Es ging beim Erwerb also weniger um Leonardo als um ein weiteres, eher groteskes Kapitel im »Showdown am Golf«.[282] Das Gemälde sollte eigentlich ab Herbst 2018 im Louvre Abu Dhabi präsentiert werden, wurde auch in New York verpackt, kam jedoch nicht in Abu Dhabi an. Dies mag damit zu tun haben, dass die Stimmen, die Leonardo als Urheber in Zweifel ziehen, lauter und zahlreicher wurden und sich Abu Dhabi zum Leonardo-Jahr 2019 den Spott ersparen wollte. Verglichen mit den fünfhundertfünfundzwanzig Millionen Euro, die Abu Dhabi für eine auf dreißig Jahre befristete Nutzung des Namens »Louvre« nach Paris überwies, ist der Kaufpreis des *Salvator Mundi* allerdings immer noch ein Schnäppchen.

Der Erhaltungszustand beider konkurrierender Versionen ist beklagenswert, und es wäre zu klären, inwieweit spätere Restaurierungen die Version G verfälschen könnten, denn vor der Restaurierung, die die Bezeichnung »Rekonstruktion« verdienen würde, war auch die Version C in weiten Teilen ein seltsam somnambuler Christus des 19. Jahrhunderts. Was nach der radikalen »Reinigung« blieb, war nur noch eine Idee des ursprünglichen Motivs, so dass wesentliche Ergänzungen des heutigen Zustands aus den Jahren nach 2005 stammen, in denen ein Leonardo geschaffen wurde, wie man ihn sich im frühen 21. Jahrhundert nur wünschen kann.

Was Leonardo gedacht und vollbracht hat, fasziniert weltweit bis in die Gegenwart, und was mit seinem Namen in Berührung kommt, das wird magisch aufgeladen. Am 1. Juni, wenige Wochen nach seinem Tod, schrieb der achtundzwanzigjährige Francesco Melzi einen Brief an Leonardos Halbbrüder in Florenz, in dem er dem eigenen Schmerz Ausdruck verleiht, aber zugleich auch eine Erkenntnis vorwegnimmt, die bei mancher Wertschätzung seiner Zeitgenossen erst weit später allgemeine Zustimmung erfahren sollte: »Ich nehme an, dass der Tod eures Bruders, des Meisters Leonardo, Euch schon berichtet worden ist. Für mich war er der beste aller Väter, und es ist unmöglich für mich, die Trauer in Worte zu fassen, die mir sein Tod verursacht hat. [...] Sein Verlust ist ein Schmerz für alle, denn es liegt nicht in der Macht der Natur, uns noch einmal einen Menschen wie ihn wiederzugeben.«[283]

ANHANG

ZEITTAFEL

1452 Am 15. April wird Leonardo als ältester Sohn von Ser Piero und Catarina unehelich geboren.

1469 Leonardos Großvater, in dessen Haus er aufwuchs, stirbt. – Leonardo kommt zum Vater nach Florenz und in die Lehre bei Verrocchio.

1472 Leonardo ist Mitglied der Malergilde in Florenz.

1478 Erster eigenständiger Auftrag Leonardos. – Der sog. Pazzi-Verschwörung fällt Giuliano I. de' Medici zum Opfer.

1482 Leonardo wechselt an den Hof Lodovico Sforzas nach Mailand.

1483 Auftrag zur *Felsgrottenmadonna*.

1486 Vitruvs Architekturtraktat wird in Rom gedruckt.

1491 Giovanni Antonio Boltraffio und Marco d'Oggiono arbeiten in Leonardos Werkstatt.

1492 Lorenzo Magnifico stirbt.

1493 Eine Catarina, möglicherweise seine Mutter, zieht zu Leonardo.

1594 Die Medici werden aus Florenz vertrieben.

1495 Luca Pacioli zieht nach Mailand. – Leonardo beginnt mit dem *Abendmahl*.

1498 Karl VIII. von Frankreich stirbt.

1499 Ludwig XII., der neue französische König, vertreibt Lodovico Sforza. – Leonardo verlässt Mailand.

1500 Nach kürzeren Aufenthalten in Mantua und Venedig ist Leonardo zurück in Florenz.

1501 Romreise Leonardos.

1502 In den Diensten Cesare Borgias inspiziert er von diesem eroberte Festungen.

1503 Leonardo beginnt vermutlich mit der *Mona Lisa*.

1504 Leonardo ist in Florenz Mitglied der Kommission, die über die Aufstellung von Michelangelos *David* berät. – Luca Pacioli ist in Florenz. Leonardos Vater stirbt.

1505 Leonardo beginnt mit der Ausführung der *Schlacht von Anghiari* im Palazzo Vecchio in Florenz.

1506 Erneut verlässt Leonardo Florenz, um in Mailand zu arbeiten.

1512 Die Medici kehren nach Florenz zurück. Massimiliano Sforza versucht ein Comeback als Herzog von Mailand.

1513 Leo X. Medici wird Papst. – Leonardo reist nach Rom, um in die Dienst Giuliano II. de' Medicis zu treten.

1515 Ludwig XII. stirbt. – Franz I. wird französischer König.

1516 Giuliano II. de' Medici stirbt. – Giovanni Antonio Boltraffio stirbt. – Leonardo bricht seine Zelte in Rom ab und reist auf Einladung Franz' I. nach Amboise.

1517 Der Kardinal von Aragon in Begleitung seines Sekretärs Antonio de' Beatis besucht Leonardo.

1519 Leonardo verfasst sein Testament (23. April) und stirbt am 2. Mai in seinem Haus Clos Lucé bei Amboise.

1524 Gian Giacomo Caprotti, gen. Salaì, stirbt.

1527 Die Kurzbiographie Paolo Giovios erscheint.

1530 Marco d'Oggiono stirbt.

1545 Die Kurzbiographie des Anonimo Gaddiano erscheint.

1550 Vasaris Künstlerviten erscheinen in erster Auflage.

1570 Francesco Melzi stirbt, und Leonardos Nachlass wird zerstreut.

1604 Johannes Keplers *Astronomiae pars optica* erscheint.

1651 Leonardos *Traktat über die Malerei* erscheint.

1712 Thomas Newcomen erfindet die atmosphärische Dampfmaschine.

1869 In einer bemerkenswerten Leonardo-Renaissance erscheinen in den folgenden fünfzig Jahren fünfzig Bücher über den Künstler.

1901 Dimitri Mereschkowskis Roman *Leonardo da Vinci* erscheint.

1910 Sigmund Freud veröffentlicht *Eine Kindheitserinnerung des Leonardo da Vinci.*

1911 Die *Mona Lisa* wird von Vincenzo Peruggia aus dem Louvre gestohlen.

1912 Albert Cappellani (Regie) und Abel Gance (Drehbuch) verfilmen *Un tragique amour de Mona Lisa.* – Kandinsky und Delaunay äußern sich zur Rangfolge der Künste im Sinne Leonardos.

1915 Max von Schillings' Oper *Mona Lisa* wird in Stuttgart uraufgeführt.

1924 Paul Klee hält seinen *Jenaer Vortrag* und eine *Bauhaus-Vorlesung*, in denen er Leonardos Gedanken zur Rangfolge der Künste adaptiert.

1925 Max Ernst entdeckt nach eigener Angabe das Assoziieren von Figurativem angesichts zufälliger abstrakter Formen, das Leonardos »Schwamm-Methode« entspricht.

1931 *Der Raub der Mona Lisa* (Regie: Géza von Bolváry) kommt in die Kinos.

1939 Große Leonardo-Ausstellung in Mailand.

1963 Die *Mona Lisa* wird in der National Gallery in Washington ausgestellt. – Andy Warhol multipliziert die *Mona Lisa* als Siebdruck (*Thirty Are Better Than One*) und befasst sich bis zu seinem Tod immer wieder mit Leonardo (*Last Supper*, 1986).

1975 Joseph Beuys publiziert eine Reihe von Zeichnungen, angeregt durch die 1965 wiederentdeckten *Codices Madrid.*

2003 Dan Browns Bestseller *The Da Vinci Code* (dt. *Sakrileg*, 2004) erscheint und wird 2006 verfilmt.

2009 *La Bella Principessa* taucht auf dem Kunstmarkt auf.

2013 Die restaurierte *Mona Lisa* des Prado wird der Öffentlichkeit präsentiert.

2017 Das Gemälde *Salvator Mundi* wird bei Christie's in New York für 450,3 Millionen Dollar durch den saudi-arabischen Prinzen Badr Al Saud (seit Juni 2018 Kulturminister seines Landes) ersteigert.

REGISTER DER ABGEBILDETEN WERKE LEONARDOS

Alter Mann und Junge (Zeichnung), Uffizien, Florenz
Anatomische Zeichnungen: Schädel, Royal Library, Windsor Castle
Anatomische Zeichnung: Koitus, Royal Library, Windsor Castle
Anbetung der Könige, Uffizien, Florenz
Anbetung der Könige (Zeichnung), Uffizien, Florenz
Anghiari-Schlacht, Studie, Gallerie dell'Accademia, Venedig
Anna Selbdritt, Louvre, Paris
Archimedische Schraube und andere Förder- und Nutzungsarten des Wassers (Zeichnung), Biblioteca Nacional de España, Madrid
Dame mit dem Hermelin, Muzeum Narodowe, Krakau
Gehängter Bernardo Bandini Baroncelli (Zeichnung), Musée Bonnat, Bayonne
Ginevra de' Benci, National Gallery of Art, Washington, D.C.
Hieronymus, Vatikanische Museen, Rom
Hubschrauber-Studie, Institut de France, Paris
Homo Vitruvianus, Gallerie dell'Accademia, Venedig
Isabella d'Este (Zeichnung), Louvre, Paris
Johannes der Täufer/Bacchus, Louvre, Paris
Johannes der Täufer, Louvre, Paris
Karikaturen (Zeichnung), Gallerie dell'Accademia, Venedig
Katzen- und Drachen-Studien (Zeichnung), Royal Library, Windsor Castle
Kirschen, Erbsen und technische Details (Zeichnung), Institut de France, Paris
Kopf und Architektur (Zeichnung), Royal Library, Windsor Castle
La Belle Ferronnière, Louvre, Paris

La Bella Principessa, Privatsammlung

Leda mit dem Schwan (Zeichnung), Duke of Devonshire's Collection, Chatsworth

Das Letzte Abendmahl, Santa Maria delle Grazie, Mailand

Madonna in der Felsengrotte, Louvre, Paris

Madonna in der Felsengrotte, National Gallery, London

Männlicher Rückenakt (Zeichnung), Royal Library, Windsor Castle

Maria, Elisabeth und ihre Söhne (?), National Gallery, London

Mörser (Zeichnung), Biblioteca Ambrosiana, Mailand

Mona Lisa, Louvre, Paris

Pflanzenstudien (Zeichnung), Royal Library, Windsor Castle

Reitermonument für Francesco Sforza, Armierung (Zeichnung), Biblioteca Nacional de España, Madrid

Reitermonument für Gian Giacomo Trivulzio (Zeichnung), Royal Library, Windsor Castle

Salvator Mundi, Louvre Abu Dhabi

Sintflutzeichnungen, Royal Library, Windsor Castle

Verkündigung, Uffizien, Florenz

REGISTER DER ABGEBILDETEN WERKE ANDERER KÜNSTLER

Anonym: *Mona Lisa*, Mona Lisa Foundation, Zürich
Giovanni Antonio Boltraffio: *Pala Casio*, Louvre, Paris
Géza von Bolváry: *Der Raub der Mona Lisa* (Film)
Cesare Cesariano: *Homo Vitruvianus*
Lorenzo di Credi: *Thronende Madonna*, San Zeno, Pistoia
Max Ernst: *Ubu Imperator*, Centre Georges Pompidou, Paris
Walton Ford: *Ricordazione-Vinci 1452*, 2005
Giampetrino: *Salvator Mundi*, Institute of Art, Detroit
Giorgione: *Laura*, Kunsthistorisches Museum, Wien
Wenzel Hollar: *Salvator Mundi*
Yves Klein: *Blaues Schwammrelief*, Städel Museum, Frankfurt am Main
Jeff Koons: *Johannes der Täufer*, Staatsgalerie Stuttgart
Leonardo-Mitarbeiter: *Leonardo da Vinci*, Royal Library, Windsor Castle
Leonardo-Mitarbeiter: *Mona Lisa*, Prado, Madrid
Leonardo-Mitarbeiter: *Salvator Mundi*, Museo Diocesano, Neapel
Cesare Maccari: *Leonardo da Vinci malt die Mona Lisa*, Soprintendenza per i Beni Artistici e Storici, Siena
Marco d'Oggiono: *Bildnis eines zwanzigjährigen Mannes (Archinto-Porträt)*, National Gallery, London
Raffaello Sanzio Morghen: *Leonardo da Vinci*
Raffael: *Schule von Athen*, Vatikan, Rom
Peter Paul Rubens: *Schlacht von Anghiari*, Louvre, Paris
Francesco Rustici: *Giebelskulpturen des Baptisterium-Portals*, Florenz
Vebjørn Sand: *Leonardo-da-Vinci-Brücke*, Akershus
Aristotile da Sangallo (nach Michelangelo): *Schlacht von Cascina*
Cesare da Sesto: *Salvator Mundi*, Wilanow Palast, Warschau

Cesare da Sesto: *Madonna mit Kind*, Pinacoteca di Brera, Mailand
Sodoma: *Leda mit dem Schwan*, Galleria Borghese, Rom
Andrea Verrocchio: *Frauenkopf* (Zeichnung), British Museum, London
Andrea Verrocchio: *Taufe Christi*, Uffizien, Florenz
Andrea Verrocchio: *Reiterstandbild des Bartolomeo Colleoni*, Venedig
Verrocchio-Werkstatt (Leonardo da Vinci ?): *Kopf eines Jungen*, möglicherweise Studie für die Maria der *Verkündigung* (Zeichnung), Pierpont Morgan Library, New York
Andy Warhol: *Thirty are better than one*, Privatbesitz

BIBLIOGRAPHIE

SIGLEN

GV = Vasari Giorgio: *Leben der ausgezeichnetsten Maler, Bildhauer und Baumeister*, Darmstadt 1983

ZITIERTE SCHRIFTEN LEONARDOS

(Die Ziffern in Klammern beziehen sich auf die Auflistung der Handschriften Leonardos bei Chastel und auch die Seitenangaben in den Anmerkungen beziehen sich auf diese Publikation.)

AZ = *Kommentierte anatomische Zeichnungen*, 1489-1516, Royal Library, Windsor (34)

BIF = *Buch aus zwei Teilen*, Blätter 1-94/95-142, 1493-1494, Institut de France, Paris (12/13)

BM = *Aufzeichnungen und Traktate*, 283 Blätter, 1480-1518, British Museum, London (3)

CA = *Codex Atlanticus*, 401 Folioblätter, 1478-1518, Biblioteca Ambrosiana, Mailand (1)

CU = *Codex Urbinas*, Auswahl von F. Melzi, 1480-1516, Biblioteca Vaticana, Rom (35)

FIF = *Fragment einer Handschrift*, 64 Blätter, 1490-1491, Institut de France, Paris (9)

HIF = *Heft*, 96 Blätter, ca. 1510-11 und 1515, Institut de France, Paris (32)

NIF = *Notizbuch*, 74 Blätter, ca. 1497-1502 (oder 1504), Institut de France, Paris (22)

VA = *Notizbuch*, ehemalige Sammlung Forster II a+b, 63 Blätter, ca. 1495-ca. 1497, Victoria and Albert Museum, London (16 + 17)

VA3 = *Notizbuch*, ehemalige Sammlung Forster III, 88 Blätter, ca. 1493, Victoria and Albert Museum, London (15)

W = *Seiten aus der Sammlung Leoni*, 600 Zeichnungen, 1478-1518, Royal Library, Windsor (2)

WEITERE LITERATUR

Ames-Lewis, Francis: *Isabella and Leonardo. The Artistic Relationship between Isabella d'Este and Leonardo da Vinci*, New Haven 2012

Anonimo Gaddiano: *Leben des Leonardo da Vinci* (1545), in: André Chastel: *Leonardo da Vinci. Sämtliche Gemälde und die Schriften zur Malerei*, München 1990, S. 76-79

Arasse, Daniel: *Meine Begegnungen mit Leonardo, Raffael und Co.*, Köln 2006

Attenborough, David: *Amazing Rare Things. The Art of Natural History in the Age of Discovery*, London 2007

Baudrillard, Jean: *Warum ist nicht schon alles verschwunden?*, Berlin 2008

Beck, James: *The Dream of Leonardo da Vinci*, in: *artibus et historiae*, Nr. 27, 1993, S. 185-198

Badt, Kurt: *Andrea Solario. Sein Leben und seine Werke*, Leipzig 1914

Beckmann, Verena: *Das Mysterium La Madonna del Lago. Leonardo da Vinci, Raffael, Marco d'Oggiono, Giuseppe Longhi*, Bonn 2015

Bell, Janis: *Sfumato and Acuity Perspective*, in: Claire Farago (Hrsg.): *Leonardo da Vinci and the Ethics of Style*, Manchester / New York 2008

Benn, Gottfried: *Altern als Problem für Künstler*. Gesammelte Werke, hrsg. v. Dieter Wellershoff, Wiesbaden 1968

Bergdolt, Klaus: *Dialoge zwischen Wissenschaft, Kunst und Literatur in der Renaissance*, Wiesbaden 2011

Beyer, Andreas: »… *il gran pittore Giuseppe Arcimboldi*«. *Zur Konstruk-*

tion von Arcimboldos Ruhm, in: Sylvia Ferino-Pagden (Hrsg.): *Arcimboldo*, Ostfildern 2008

Blatt, Katy: *Leonardo da Vinci and the Virgin of the Rocks. One Painter, two Virgins, twenty-five Years*, Newcastle-upon-Tyne 2017

Bonnefoit, Régine: *Paul Klees Wahlverwandtschaft mit Leonardo da Vinci im Spiegel seiner Bauhaus-Lehre*, in: *Zeitschrift für Kunstgeschichte*, Jahrgang 71, 2008, Nr. 2

Bordonali, Paolo: *Leonardo a Venezia e nel Veneto*, Treviso 2007

Boussel, Patrice: *Leonardo da Vinci. Leben und Werk*, Stuttgart/Zürich 1989

Brauchitsch, Boris von: *Michelangelo*, Frankfurt am Main 2009

Brewer, John: *The American Leonardo. A Tale of 20th Century Obsession, Art and Money*, London 2009

Brown, David Alan: *Andrea Solario*, Mailand 1987

Bunk, Renate L.: *Natur und Kunst bei Leonardo da Vinci, Paul Klee und Joseph Beuys*, Dortmund 1992

Burckhardt, Jacob: *Die Kultur der Renaissance in Italien. Ein Versuch* (1860), Ausg. Hamburg 2004

Burckhardt, Jacob: *Cicerone. Anleitung zum Genuss der Kunstwerke Italiens* (1855), 2 Bde., Ausg. Leipzig 1884

Capati, Massimiliano: *Leonardo. A Life Through Paintings*, Florenz 2009

Carminati, Marco: *Cesare da Sesto*, Mailand/Rom 1994

Caroli, Flavio: *Tutti i volti dell' arte: da Leonardo a Basquiat*, Mailand 2007

Chastel, André: *Leonardo da Vinci. Sämtliche Gemälde und die Schriften zur Malerei*, München 1990

Chotjewitz, Peter O.: *Alles über Leonardo*, Hamburg 2004

Christie's: *Leonardo da Vinci. Salvator Mundi. Wednesday 15 November 2017*, New York 2017

Ciotti, Eros: *I paesaggi di Leonardo. Leonardo da Vinci e i suoi sfondi pittorici*, Latina 2016

Clayton, Martin: *Leonardo da Vinci. The Mechanics of Man*, London 2010

Colombo, Davide: *Lucio Fontana e Leonardo da Vinci. Un confront possible*, Mailand 2017

Cremante, Simona: *Leonardo da Vinci. Artist, Scientist, Inventor*, Florenz 2005

Davis, Margaret Leslie: *Mona Lisa in Camelot. How Jacqueline Kennedy and Da Vinci's Masterpiece Charmed and Captivated a Nation*, New York 2008

Eissler, Kurt R.: *Leonardo da Vinci. Psychoanalytische Notizen zu einem Rätsel*, München 1994

Farago, Claire (Hrsg.): *Re-reading Leonardo. The Treatise on Painting across Europe 1550-1900*, Farnham 2009

Feinberg, Larry J.: *The Young Leonardo. Art and Life in Fifteenth-Century Florence*, Cambridge 2011

Ferino-Pagden, Sylvia: *Arcimboldo als ›conterfeter‹ der Natur*, in: *Arcimboldo*, Ostfildern 2008

Fiorio, Maria Teresa, in: Mauro Natale (Hrsg.): *Die Sammlung Borromeo. Malerei und Skulptur in der Nachfolge Leonardo da Vincis*, Mailand 2007

Forcellino, Antonio: *Leonardo. Genio senza pace*, Rom 2016

Freud, Sigmund: *Eine Kindheitserinnerung des Leonardo da Vinci* (1910), Ausgabe Frankfurt am Main 1990

Freud, Sigmund / Carl Gustav Jung: *Briefwechsel*, hrsg. v. William McGuire und Wolfgang Sauerländer, Frankfurt am Main 1974

Frommel, Sabine: *Leonardo da Vinci und die Typologie des zentralisierten Wohnbaus*, in: *Mitteilungen des Kunsthistorischen Institutes in Florenz*, Bd. 50, 2006, S. 257-300

Frommel, Sabine: *An welchem Ort huldigt man dem neugeborenen Christus? Leonardos Anbetung von San Donatoin Scopeto unter dem Zeichen des produktiven Widerspruchs zwischen christlicher Tradition und Antikenrezeption*, in: *Acta historiae artium Academiae Scientiarum Hungaricae*, Bd. 57, Budapest 2016

Frosinini, Cecilia: *Leonardo e Raffaello per esempio. Disegni, e studi d'artista*, Florenz 2008

Garrard, May D.: *Who was Ginevra de' Benci? Leonardos Portrait and Its Sitter Recontextualized*, in: *artibus et historiae*, Nr. 53, 2006, S. 23-56.

Ghiberti, Lorenzo: *Denkwürdigkeiten*, Ausg. Berlin 1920

Giovio, Paolo: *Leben des Leonardo da Vinci* (1527), in: André Chastel: *Leonardo da Vinci. Sämtliche Gemälde und die Schriften zur Malerei*, München 1990, S. 71-76

Goldscheider, Ludwig: *Leonardo da Vinci. Leben und Werk, Gemälde und Zeichnungen*, Köln 1960

Gombrich, Ernst: *Eine Kompositionsmethode Leonardos*, in: *Die Kunst der Renaissance I. Norm und Form*, Stuttgart 1985

Gregori, Mina: *Painters of Reality. The Legacy of Leonardo and Caravaggio in Lombardy*, New York 2004

Hatfield, Rab: *Finding Leonardo. The Case for Recovering the Battle of Anghiari*, Prato 2007

Held, Heinz Georg: *Die Leichtigkeit der Pinsel und Federn. Italienische Kunstgespräche der Renaissance*, Berlin 2016

Herding, Klaus: *Freuds »Leonardo«*, in: Uwe Schneede (Hrsg.): *Re-Visionen des Politischen*, Hamburg 1998

Hess-Haeberli, Max: *Zum Problem der Homosexualität aus der Sicht des Sozialarbeiters*, in: Ruth Berg (Hrsg.): *Sexuelle Fehlhaltungen*, München 1968

Hohenstatt, Peter: *Leonardo da Vinci*, Königswinter 2007

Holtzhauer, Helmut u.a.: *Leonardo da Vinci: 1452/1952*, Berlin 1952

Kauffeldt, Alfons: *Der Naturforscher und Techniker Leonardo*, in: Helmut Holtzhauer: *Leonardo da Vinci: 1452/1952*, Berlin 1952

Kemp, Martin: *Der Körper der Erde*, in: *Leonardo da Vinci. Der Codex Leicester*, München 1999

Kemp, Martin: *Leonardo*, Oxford 2004

Kemp, Martin: *Living with Leonardo. Fifty Years of Sanity and Insanity in the World of Art*, London 2018

Klee, Paul: *Tagebücher 1898-1918*, Stuttgart 1988

Krause-Zimmer, Hella: *Die zwei Jesusknaben in der bildenden Kunst*, Stuttgart 1977

Kropmanns, Peter: *Cézanne. Eine Biographie*, Stuttgart 2006

Jahn, Johannes: *Leonardos Aufzeichnungen*, in: Helmut Holtzhauer, *Leonardo da Vinci: 1452/1952*, Berlin 1952

Jacobs, Federica H.: *Leonardo, grazia, and the gendering of style*, in: Claire Farago (Hrsg.): *Leonardo da Vinci and the Ethics of Style*, Manchester 2008

Jaspers, Karl: *Lionardo als Philosoph*, in: Marianne Schneider, *Unterwegs zu Leonardo*, München 2006

Johanning, Katinka Mariève: *Landschaftsdarstellungen in der Malerei der lombardischen Renaissance*, Hamburg 2011

Lahanier, Christian: *La Joconde. Essai scientifique*, Paris 2008

Leader, Anne: *In the Tomb of Ser Pier. Death and Burial in the Family of Leonardo da Vinci*, in: *Renaissance Studies*, Bd. 31, 2017, S. 324-345

Leuschner, Eckhard: *Wie die Faschisten sich Leonardo unter den Nagel rissen: eine architekturgeschichtliche Station auf dem Weg des ›Vitruvianischen Menschen‹ zum populären Bild*, in: Christian Hecht (Hrsg.): *Beständig im Wandel. Festschrift für Karl Möseneder zum 60. Geburtstag*, Berlin 2009

Leisch-Kiesl, Monika: *Verbergen und Entdecken. Arnulf Rainer im Diskurs von Moderne und Postmoderne*, Wien 1996

Ludwig, Emil: *Lionardo*, in: *Genie und Charakter. Zwanzig männliche Bildnisse*, Berlin 1929

Machiavelli, Niccolò: *Discorsi. Gedanken über Politik und Staatsführung* (1531), Ausg. Stuttgart 1977

Mackowsky, Hans: *Verrocchio*, Bielefeld/Leipzig 1901

Mallardi, Chiara: *L'antropologia di Leonardo*, in: *Le forme dell'imaginario*, Bergamo 2017

Manni, Paola: *Percorsi nella lingua di Leonardo. Grafie, forme, parole*, Vinci 2008

Marani, Pietro: *Leonardo. Das Werk des Malers*, München 2005

Marani, Pietro (Hrsg.): *Leonardo. The Design of the World*, Mailand 2015

Menu, Michel: *Leonardo da Vinci's Technical Practice. Drawings and Influence*, Paris 2014

Moffatt, Constance: *Illuminating Leonardo. A Festschrift for Carlo Pedretti*, Leiden 2016

Mohan, Jean-Pierre (Hrsg.): *Im Herzen der Mona Lisa. Dekodierung eines Meisterwerks*, München 2006

Muntz, Eugenio: *Leonardo da Vinci: el sabio, el artista, el pensador*, 2005 Barcelona 2005

Nanni, Romano: *Leda. Storia di un mito dalle origini a Leonardo*, Florenz 2007

Nova, Alessandro: *Die Legende des Künstlers*, in: *Leonardo da Vinci – Joseph Beuys. Der Codex Leicester im Spiegel der Gegenwartskunst*, München 1999

Occhiointi, Carmelo: *Leonardo da Vinci e la corte di Francia. Fama, ecfrasi, stile*, Rom 2011

Pedretti, Carlo: *Leonardo a Donnaregina. I Salvator Mundi per Napoli*, Rom 2017

Probst, Veit: *Zur Entstehungsgeschichte der Mona Lisa. Leonardo da Vinci trifft Niccolò Machiavelli und Agostino Vespucci*, Heidelberg 2008

Roeck, Bernd: *Gelehrte Künstler. Maler, Bildhauer und Architekten der Renaissance über Kunst*, Berlin 2013

Rosheim, Mark Elling: *L'automa programmabile di Leonardo*, Vinci 2000

Saviello, Julia: *Verlockungen. Haare in der Kunst der frühen Neuzeit*, Berlin 2017

Schlosser, Julius v.: *Lorenzo Ghibertis Denkwürdigkeiten*, Berlin 1920

Schneider, Marianne: *Unterwegs zu Leonardo*, München 2006

Schofield, Richard: *Realtà e utopia nel pensiero architettonico di Leonardo*, in: Pietro C. Marani / Maria Teresa Fiorio (Hrsg.): *Leonardo da Vinci. Il disegno del mondo 1452-1519*, Mailand 2015, S. 325-331

Snow-Smith, Joanne: *The Salvator Mundi of Leonardo da Vinci*, Seattle 1982

Scholz, Bernhard F.: *Der Mensch – eine Proportionsfigur. Leonardo da Vincis Illustration zu Vitruvs De Architectura als Bildtopos*, in: *Zeitschrift für Semiotik* 16, 1994, S. 255-295

Schuetze, Irene: *Sprechen über Farbe: Rubens und Poussin*, Weimar 2004

Schulz, Georg Friedrich: *Leonardo da Vinci*, München 1976

Schumacher, Andreas: *Florentiner Malerei. Alte Pinakothek*, Berlin 2017

Sierra, Javier: *Das geheime Abendmahl*, München 2006

Soest, Magdalena: *Caterina Sforza ist Mona Lisa. Die Geschichte einer Entdeckung*, Baden-Baden 2011

Sparti, Donatella: *Cassiano dal Pozzo. Poussin and the Making and Publication of Leonardo's Trattato*, Journal of the Warburg and Courtauld Institutes, London, Bd. 66, 2003

Sguaitamatti, Domenico: *Das Letzte Abendmahl. Neu entdeckt durch hochauflösende Detailaufnahmen*, Novarra 2013

Spies, Werner: *Traum und Revolution*, Ostfildern 2008

Spike, John T.: *Leonardo da Vinci and the Idea of Beauty*, Florenz 2015

Uhlitzsch, Joachim: *Leonardo da Vinci*, Leipzig/Jena 1956

Ullmann, Ernst: *Leonardo da Vinci – Raffael Santi. Studien zu bisher kaum beachteten Werken*, Leipzig 2006

Vahland, Kia: *Lorbeeren für Laura. Sebastiano del Piombos lyrische Bildnisse schöner Frauen*, Berlin 2011

Vahland, Kia: *Leonardo da Vinci und die Frauen. Eine Künstlerbiographie*, Berlin 2019

Verspohl, Hans-Joachim: *Michelangelo Buonarroti und Leonardo da Vinci*, Göttingen/Bern 2007

Villa, Giovanni: *Leonard de Vinci peintre. L'œuvre complet*, Cinisello Balsamo 2011

Vitruvius Pollo, Marcus: *De architectura libri decem.* Übersetzt von Cesare Cesariano. Kommentar von Cesariano, Benedetto Giovio und Bono Mauro da Bergamo. Como 1521

Welsch, Wolfgang: *Unsere postmoderne Moderne*, Weinheim 1988

Zapperi, Roberto: *Frauentausch in Öl*, Interview mit Kia Vahland, *Süddeutsche Zeitung*, 15.10.2009

Zöllner, Frank: *Leonardo da Vinci. 1452-1519*, Köln 2005

Zöllner, Frank: *Leonardos Mona Lisa. Vom Porträt zur Ikone der Freien Welt*, Berlin 2006

Zöllner, Frank: *Bewegung und Ausdruck bei Leonardo da Vinci*, Leipzig 2010

Zöllner, Frank: *Leonardo. Sämtliche Gemälde*, Köln 2011

Zöllner, Frank/Johannes Nathan: *Leonardo. Das zeichnerische Werk*, Köln 2011

ANMERKUNGEN

1 GV III, 1, S. XII.
2 Ebd., S. XII f.
3 Ebd., S. 10.
4 Ebd., 1, S. 11.
5 Zuletzt Johanning 2011.
6 Eissler 1994, z. B. S. 21 und 222.
7 Zit. n. Eissler 1994, S. 62.
8 Ghiberti 1920, S. 50.
9 GV I, S. 35.
10 Eissler 1994, S. 96.
11 Leader 2017, S. 324.
12 GV III, 1, S. 6.
13 Ebd.
14 Burckhardt 1884, II, 2, S. 668.
15 GV II, 2, S. 269.
16 Burckhardt 1884, II, 2, S. 669.
17 GV II, 2, S. 267.
18 Burckhardt 1884, II, 2, S. 670.
19 Vgl. z. B. Marani 2005, S. 60.
20 FIF 110v, S. 350.
21 Vahland 2019, S. 18 ff.
22 CU 5r, S. 165.
23 Eissler 1994, S. 103.
24 Marani 2005, S. 38.
25 Garrard 2006, S. 43.
26 Vahland 2012, S. 77 ff.
27 Marani 2005, S. 181.
28 Goldscheider 1960, S. 198.
29 Zit. n. Boussel 1989, S. 8.
30 Mackowsky 1901, S. 9.
31 GV III, 1, S. 13.
32 Ebd.
33 FIF 109r, S. 323.
34 GV III, 1, S. 8.
35 Anonimo Gaddiano 1990, S. 76.
36 GV III, 1, S. 38.
37 Ebd., S. 29.
38 Ebd., S. 38.
39 Ebd., S. 4.
40 Ebd., S. 44.
41 Chastel 1990, S. 122.
42 CU 131v, S. 162
43 CU 34-35, S. 380.
44 CU 60v, S. 208.
45 CU 130v-131, ebd.
46 FIF 88v, ebd.
47 CU 59v, S. 209.
48 NIF 79r, S. 212.
49 CU 46rv, S. 209.
50 Bell 2008, S. 177.
51 CU 72v, S. 207.
52 CU 133rv, S. 213.
53 CU 33v-34r, S. 212.
54 Leisch-Kiesl 1996, S. 99.
55 Gombrich 1985, S. 79 f.
56 GV III, 1, S. 3.
57 Ebd., S. 43.
58 Ebd., S. 10.
59 Ebd.
60 GV III, 1, S. 4.
61 Leader 2017, S. 328.
62 Burckhardt 2004, S. 58 ff.
63 Ebd., S. 67 f.
64 Zit. n. Holtzhauer 1952, S. 85.
65 Goldscheider 1960, S. 34.
66 Giovio 1990, S. 6.

67 Burckhardt 1884, II, 2, S. 384.
68 Zit. n. Goldscheider 1960, S. 37.
69 Capati 2009, S. 81.
70 GV III, 1, S. 18.
71 CU 75v, S. 270.
72 CU 75v-76r, S. 269.
73 Giovio 1990, S. 72.
74 Zit. n. Chastel 1990, S. 284.
75 Feinberg 2011, S. 44 f.
76 Nathan, in: Zöllner/Nathan 2011, S. 406.
77 Giovio 1990, S. 72.
78 Machiavelli 1977, S. XXIV.
79 GV III, 1, S. 29.
80 Ludwig 1929, S. 161.
81 Eissler 1994, S. 107.
82 Ludwig 1929, S. 161.
83 Saviello 2017, S. 65.
84 Kemp 2004, S. 37.
85 Zit. n. Eissler 1994, S. 108.
86 Eissler 1994, S. 326.
87 VA 62v-63r, S. 194.
88 GV III, 1, S. 21.
89 Ebd.
90 FIF 108r, S. 378.
91 Goldscheider 1960, S. 47.
92 Blatt 2017, S. 97.
93 Marani 2005, S. 262.
94 Goldscheider 1960, S. 174.
95 Krause-Zimmer 1977, S. 7 f.
96 Chastel 1990, S. 72.
97 Marcus Woeller, Ist sie von Leonardo oder vom Supermarkt?, in: *Die Welt*, 30.11.2015.
98 Ames-Lewis 2012, S. 160. 2015 tauchte in einem Schweizer Banksafe ein Gemälde auf, das sich an der Louvre-Zeichnung zu orientieren scheint und an einen arabischen Interessenten für einhundertzwanzig Millionen Euro verkauft werden sollte. Pedretti hielt das Bild für ein Original, Zöllner und Kemp votierten dagegen.
99 GV III, 1, S. 29.
100 Zit. n. Goldscheider 1960, S. 40.
101 Ebd., S. 38.
102 Ebd., S. 40.
103 Ebd.
104 Anonimo Gaddiano 1990, S. 76 f.
105 Zit. n. Goldscheider 1960, S. 41.
106 Machiavelli 1977, S. 242.
107 Ebd., S. 244.
108 Ebd.
109 Probst 2008, S. 31.
110 W 19074, S. 154.
111 Jahn 1952, S. 57.
112 GV III, 1, S. 28.
113 Roeck 2013, S. 101.
114 Codex Atlanticus, Blatt 132/133.
115 Zit. n. Kauffeldt 1952, S. 80 ff.
116 Schofield 2015, S. 326.
117 Held 2016, S. 75.
118 Eissler 1994, S. 117.
119 Zöllner 2010, S. 179.
120 Ebd., S. 199.
121 Ebd., S. 158.
122 Probst 2008, S. 37.
123 CA 4rv, S. 196.
124 GV III. 1, S. 240.
125 Ebd.
126 Verspohl 2007, S. 102.
127 Zit. n. Chastel 1990, S. 44.
128 Ames-Lewis 2012, S. 238.

129 Zit. n. Verspohl 2007, S. 105.
130 Giovio 1990, S. 76.
131 GV IV, S. 121.
132 Burckhardt 1884, II, 3, S. 668.
133 Uhlitzsch 1956, S. 36.
134 Vgl. The Mona Lisa Foundation/ monalisa.org.
135 Zit. n. Boussel 1989, S. 88.
136 Zöllner 2006, S. 19.
137 GV III, 1, S. 32 f.
138 Ebd., S. 33.
139 Schlosser 1920, S. 25 f.
140 GV III, 1, S. 6.
141 Ebd., S. 33 f.
142 Soest 2011, passim.
143 Zuletzt durch Zapperi 2009.
144 Kemp 2004, S. 212.
145 Zit. n. Boussel 1989, S. 89.
146 Probst 2008, S. 13 ff.
147 GV III, 1, S. 27.
148 GV IV, S. 119.
149 GV V, S. 70.
150 GV III, 1, S. 44.
151 GV V, S. 67.
152 Ebd., S. 69 f.
153 Nova 1999, S. 60.
154 Zit. n. Chastel 1990, S. 134.
155 Zit. n. Uhlitzsch 1956, S. 30.
156 CU 34r-35v, S. 180.
157 FIF 5v.
158 BIF 67r.
159 Maffeis, in: Marani 2015, S. 399.
160 FIF 109r.
161 AZ 21r, S. 296.
162 CA 203r.
163 Ebd., S. 320.
164 Chastel 1990, S. 60.
165 BM 155r, S. 323.
166 Giovio 1990, S. 71 f.
167 Zit. n. Chastel 1990, S. 119.
168 CU 1rv, S. 136.
169 Bonnefoit 2008, S. 252.
170 Codex Leicester 32r.
171 Kemp 1999, S. 37.
172 VA3 66v, zit. n. Holtzhauer 1952, S. 86.
173 Zuccari, Idea de' pittori, scultori e architetti, Turin 1607; zit. n. Chastel 1990, S. 67.
174 CU 5v-7v, S. 140.
175 CU 18r-19r, S. 142 ff.
176 Zit. n. Roeck 2013, S. 107.
177 CU 18r-19r, S. 142 ff.
178 CU 13r, S. 139.
179 CU 16v-17r, S. 145.
180 Zit. n. Jahn 1952, S. 63.
181 CU 21v, S. 153.
182 CU 20v, S. 147.
183 CA 141r, S. 214.
184 CA 250r, S. 228.
185 FIF, 104v, zit. n. Chastel 1990, S. 206.
186 FIF 92v und 98r, S. 271.
187 CU 77rv, S. 272.
188 HIF 22v, S. 273.
189 W 12388, 19150r, S. 275 und 278.
190 HIF 24r, S. 273.
191 W 19150r, S. 279.
192 CU 60v, S. 305.
193 CU 127r, S. 308.
194 Frommel 2006, S. 261.
195 GV III, 1, S. 42.
196 Probst 2008, S. 10.
197 Anonimo Gaddiano 1990, S. 77 f.

198 GV III, 1, S. 42.
199 CA 345r, S. 161.
200 CA 147r, S. 162.
201 Zöllner/Nathan, S. 620.
202 Jaspers 2006, S. 150.
203 GV III, 1, S. 344.
204 Ebd., S. 345.
205 Anonimo Gaddiano 1990, S. 77 f.
206 Muntz 2005, S. 226. Vermutlich handelt es sich um Fernando de los Llanos oder Fernando Yáñez de la Almedina (1505-1537).
207 Zit. n. Goldscheider 1960, S. 42.
208 Ebd.
209 GV III, 1, S. 51.
210 Ebd., S. 49.
211 Ebd., S. 50.
212 GV III, 1, S. 185.
213 Fiorio 2007, S. 138.
214 Brown 1987, S. 20.
215 Gregori 2004, S. 17.
216 Zit. n. Beyer 2008, S. 29.
217 Ferino-Pagden 2008, S. 111.
218 Am 6. 3. 1910. Zit. n. Freud 1974, S. 332.
219 Freud GW, Bd. VIII, S. 148.
220 Ebd., S. 187.
221 Ebd., S. 169.
222 Ebd., S. 170.
223 Ebd., S. 150.
224 Ebd., S. 154.
225 Ebd., S. 163.
226 Ebd., S. 158 f.
227 Ebd., S. 159.
228 Ebd., S. 195.
229 Ebd., S. 197 ff.
230 Ebd., S. 153.
231 Herding 1998, S. 14.
232 Ebd.
233 Eissler 1994, S. 26.
234 Herding 1998, S. 16.
235 Freud 1990, S. 193.
236 Ebd., S. 191.
237 Ebd.
238 Eissler 1994, S. 319.
239 Leader 2017, S. 328.
240 Herding 1998, S. 23.
241 Eissler 1994, S. 26.
242 Ebd., S. 28.
243 CU 145r, zit. n. Chastel 1990, S. 264.
244 Zit. n. Kropmanns 2006, S. 77 f.
245 FIF 1, 86v., S. 53 f.
246 W 19074, S. 154.
247 Ebd.
248 FIF 102v, S. 385.
249 Ebd.
250 Ebd.
251 CU 33v-34r, S. 212.
252 Klee 1988, S. 504.
253 Zit. n. Bonnefoit 2008, S. 244.
254 Ebd., S. 245.
255 Ebd.
256 Bonnefoit 2008, S. 258.
257 Zit. n. Chastel 1990, S. 56.
258 Spies 2008, S. 12.
259 Leuschner 2009, S. 425.
260 Zit. n. Brauchitsch 2009, S. 137.
261 Scholz 1994, S. 713.
262 »Mona Lisa«, geschrieben von Ray Evans und Jay Livingston, wurde 1992 in die Grammy Hall of Fame aufgenommen.
263 Zöllner 2006, S. 81.
264 Zit. n. Zöllner 2006, S. 84.

265 Zit. n. *Der Spiegel*, 16.1.1963.
266 Davis 2008, S. 187.
267 Bunk 1992, S. 222.
268 Ebd., S. 225.
269 Baudrillard 2008, S. 6 f.
270 Ebd., S. 42 f.
271 Welsch 1988, S. 204.
272 Zit. n. Nova 1999, S. 64.
273 Zit. n. Zöllner 2006, S. 7 f.
274 *Photoplay*, XIX, Februar 1921, S. 52-53.
275 *Filmkurier*, 26.8.1931.
276 Ebd.
277 Unter anderem *Vanity Fair*, 14.8.2017, und *Daily Mail*, 16.8.2017.
278 FIF 13r, S. 125.
279 Pedretti 2017 passim.
280 Christie's 2017, passim.
281 Carlo Pedretti: Se Leonardo è una chimera, in: *L'Osservatore Romano*, 12.7.2011.
282 So ein *Spiegel*-Titel vom 5.6.2017.
283 Zit. n. Schulz, S. 5.

BILDNACHWEIS

akg-images, Berlin: Abb. 16, 21 links, 40; 66 links (Album); 33 (Cameraphoto); 53 (De Agostini Picture Library / G. Dagli Orti); 37 (Eric Vandeville / Vatikanische Museen); 2 links oben & unten, 28, 41, 42, 68 (Heritage Images / Fine Art Images); 3, 6 links, 27 (Erich Lessing); 55 (MPortfolio / Electa); 17 (Mondadori Portfolio / Veneranda Biblioteca Ambrosiana / Metis e Mida Informatica); 31 (Science Photo Library / Sheila Terry); 1 (Science Source); 61 (WHA / World History Archive)

Alamy, Abingdon: 66 rechts (A. F. Archive)

Artothek, Spardorf: 59 (Foto: © Städel Museum / U. Edelmann)

Fernando Botero: 62, 2. von links

Boris von Brauchitsch: 18

bpk, Berlin: 13 (Alinari Archives / Serge Domingie); 11 (RMN – Grand Palais, Christian Jean); 50 (RMN – Grand Palais, Hervé Lewandowski); 39 (RMN – Grand Palais, Michel Urtado); 5, 10 (Scala); 7, 24, 47 (Scala – courtesy of the Ministero Beni e Att. Culturali)

Bridgeman Images, Berlin: 23, 71; 72 (Royal Collection Trust / © Her Majesty Queen Elizabeth II 2019)

Kasmin Gallery, New York: 56 (mit freundlicher Genehmigung von Walton Ford)

Jeff Koons, New York: 67 (Foto: © Jeff Koons Studio / Douglas M. Parker Studio, Los Angeles)

Los Angeles County Museum of Art, Los Angeles: 51

Museum des Schlosses Königs Jan III., Wilanów: 70 (Wenzel Hollar)

The National Gallery, London: 54

National Gallery of Art, Washington, D. C.: 9

The Pierpont Morgan Library & Museum, New York: 8 (IV, 34a, erworben von Pierpont Morgan im Jahr 1909)

Royal Collection Trust, London: 21 rechts, 22, 29, 45, 46 (© Her Majesty Queen Elizabeth II 2019)

Scala, Florenz: 43 (Museo dell'Opera del Duomo)

Knut Selberg, Trondheim: 63

Shutterstock, Berlin: 62, 2. & 3. von rechts

Stiftung Deutsche Kinemathek, Berlin: 65

Für die Wiedergabe des Werkes von Marcel Duchamp (62, 3. von links): © Association Marcel Duchamp / VG Bild-Kunst, Bonn 2019

Für die Wiedergabe des Werkes von Max Ernst (58): © VG Bild-Kunst, Bonn 2019

Für die Wiedergabe des Werkes von Yves Klein (59): © The Estate of Yves Klein / VG Bild-Kunst, Bonn 2019

Für die Wiedergabe des Werkes von Andy Warhol (40): © 2019 The Andy Warhol Foundation for the Visual Arts, Inc. / Licensed by Artists Rights Society (ARS), New York

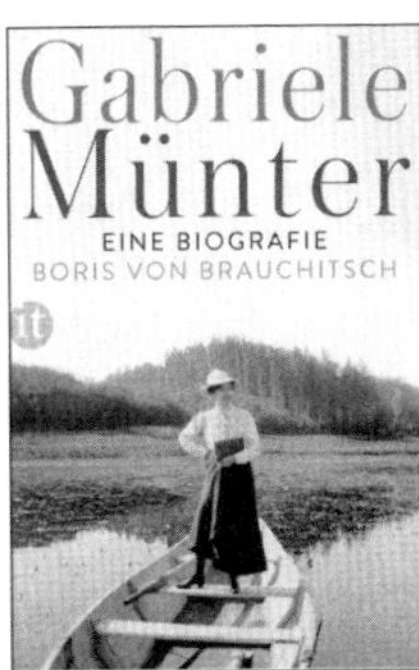

»Ich male immer noch so, wie mir der Pinsel gewachsen ist.«

Gabriele Münter ist ein frühes und herausragendes Beispiel einer selbstbestimmten und weltoffenen Künstlerin. In ihrem Haus in Murnau gab sie dem Blauen Reiter eine Heimat, ging gegen alle Widerstände des Kunstmarkts ihren ganz eigenen künstlerischen Weg in den Expressionismus und sah sich gefeiert, vergessen und wiederentdeckt.
Kompakt und differenziert zugleich schildert Boris von Brauchitsch die gesellschaftlichen Rahmenbedingungen für eine Künstlerinnen-Karriere um 1900, die kreative Selbstbehauptung Münters an der Seite Wassily Kandinskys, die Intrigen der Künstlerkollegen, die emotionalen Höhen und Abgründe sowie die Einsamkeit, der sie immer wieder Bilder entgegensetzt, die Vitalität und Melancholie gleichermaßen zum Ausdruck bringen.

»Eine Biografie, die ohne viele Worte eine ganze Epoche einfängt.«
art, Das Kunstmagazin

Boris von Brauchitsch, Gabriele Münter – Eine Biografie.
insel taschenbuch 4590. 175 Seiten

NF 450/1/2.19